U0299219

# 现代舰船

## 鉴赏指南 （珍藏版）

### ★第3版★

《深度军事》编委会 编著

清华大学出版社

北京

## 内 容 简 介

本书在第2版的基础上进行了精心修订，使其内容更新、更全，设计更美观。与第2版相比，本书删除了少数老旧的舰船，同时新增了多种新式舰船，并替换了一些质量较差的配图，补充了不少观赏性较强的精美大图。本书所收录的300余种舰船，均对研制厂商、制造数量、服役时间、主要结构、作战性能等内容进行了详细介绍，并配有详细而准确的参数表格。

本书结构严谨、内容分析讲解透彻，而且图片精美丰富，不仅适合广大军事爱好者阅读和收藏，也可作为青少年的军事科普读物。

**图书在版编目(CIP)数据**

现代舰船鉴赏指南：珍藏版/《深度军事》编委会编著. —3版. —北京：清华大学出版社，2020.5（2024.1 重印）
（世界武器鉴赏系列）
ISBN 978-7-302-54935-2

Ⅰ. ①现… Ⅱ. ①深… Ⅲ. ①军用船—世界—指南 Ⅳ. ①E925.6-62

中国版本图书馆CIP数据核字(2020)第024664号

责任编辑：李玉萍
封面设计：郑国强
责任校对：张彦彬
责任印制：沈　露
出版发行：清华大学出版社
　　　　网　　址：https://www.tup.com.cn，https://www.wqxuetang.com
　　　　地　　址：北京清华大学学研大厦A座　　　邮　　编：100084
　　　　社 总 机：010-83470000　　　　　　　　邮　　购：010-62786544
　　　　投稿与读者服务：010-62776969，c-service@tup.tsinghua.edu.cn
　　　　质量反馈：010-62772015，zhiliang@tup.tsinghua.edu.cn
印 装 者：小森印刷（北京）有限公司
经　　销：全国新华书店
开　　本：146mm×210mm　　印　　张：13.375　　字　　数：342千字
版　　次：2014年6月第1版　　2020年5月第3版　　印　　次：2024年1月第6次印刷
定　　价：75.00元

产品编号：086017-01

## 丛书序
### FOREWORD

当今世界正处于大变革时期，美苏争霸的两极格局已经终结，新的世界格局尚未形成。西方大国都在进行自二战以来最深刻、最广泛的军事战略调整。其共同的趋势是：在加强威慑和保持军事实力的基础上，由过去准备打世界性战争转为重点应付区域性冲突；由过去强调军事安全转为以经济安全为主的全方位安全政策。由于各国、各地区之间在经济上的相互依存加强，国际经济竞争日趋激烈，世界安全和国家利益均与经济密切相关，在综合国力的较量中经济因素的作用相对突出。然而，无论世界形成怎样的新秩序，军事实力仍将是一个国家综合国力的重要组成部分。

俗话说："国无防不立，人无兵不安。"一个国家的强大和安全，离不开军人的无私奉献，他们用汗水与鲜血浇灌出了一个国家强大的国防力量。不过，国家安全并不只是军人的责任，国防建设也需要人民群众的共同努力。对于人民群众来说，参与国防建设最基本的方式是增强自己的国防意识和国防精神，而最简单有效的方式是阅读军事科普图书。与其他军事强国相比，我国的军事图书在写作和制作水平上还存在许多不足之处。以全球权威军事刊物《简氏防务周刊》（英国）为例，其信息分析在西方媒体和政府中一直被视为权威，其数据库被各国政府和情报机构广泛购买。而由于种种原因，我国的军事图书在专业性、全面性和影响力等方面还存在许多不足之处。

为了给广大军事爱好者提供一套全面而专业的兵器科普图

书，并为广大青少年提供一套通俗易懂的军事入门读物，我们精心编撰了"世界武器鉴赏系列"图书，其内容涵盖飞机、舰船、单兵武器、特种作战装备、枪械、坦克与装甲车等。本丛书于 2014 年上市后取得了不错的销售成绩，也收到了不少热心读者的反馈意见。

2017 年，我们对第 1 版进行了精心修订，虚心接受了广大读者朋友的宝贵意见，推出了内容更新、更全的第 2 版。不过，由于军事知识更新较快，在近两年里出现了不少新式武器，而一些现役的武器也在不断发生变化。为了将"世界武器鉴赏系列"打造成经久不衰的兵器科普图书，我们决定再次作出修订，进一步提升图书的质量。与第 2 版相比，第 3 版删除了少数老旧的武器，同时新增了多种新式武器，并对第 2 版的一些过时信息进行了更新，删除了阅读价值不大的"研发历史"部分。此外，一些清晰度不高、构图不严谨的配图也被替换，并额外补充了不少精美图片。

本丛书由国内资深军事研究团队编写，力求内容的全面性、专业性和趣味性。我们在吸收国外同类图书优点的同时，还加入了一些独特的表现手法，努力做到化繁为简、图文并茂，以符合国内读者的阅读习惯。本丛书内容丰富、结构严谨，在带领读者熟悉武器历史的同时，还可以提纲挈领地了解各种武器的作战性能。在武器的相关参数上，我们参考了武器制造商官方网站的公开数据，以及国外的权威军事文档，做到有理有据。每本图书都有大量的精美图片，配合别出心裁的排版，具有较高的观赏性和收藏价值。

本丛书由《深度军事》编委会创作，参与本丛书编写的人员还有黄成、阳晓瑜、陈利华、高丽秋、龚川、何海涛、贺强、胡姝婷、黄启华、黎安芝、黎琪、黎绍文、卢刚、罗于华等。在本丛书的编写过程中，我们在内容上进行了去伪存真的甄别，让内容更加符合客观事实，同时全书内容经过了严格的筛选和审校，力求准确与客观，便于读者阅读参考。

# 前言

## PREFACE

在海陆空三军中，海军的发源时间仅次于陆军，而海军的壮大又与军用舰船的发展密不可分。我国造船技术在历史上一度处于领先地位，在7000年前已能制造独木舟和船桨，春秋战国时期已建造用于水战的大型战船。三国时期，有高三四层的"楼船"以及"蒙冲""走舸""赤马"等多种船型，并且已有风帆战船。15世纪，我国舰船已成为世界上最大、适航性最好的船舶。

西方国家发展海军和建造舰船的历史同样悠久，英国、瑞士和其邻近地区，均发现了新石器时代的独木舟，最早可以追溯到10000年前。地中海国家在公元前5世纪就已建立海上舰队。古代史上著名的布匿战争中，罗马舰队击溃海上其他强国，从而建立起了其在地中海上的霸权地位。

18世纪，蒸汽机的发明，冶金、机械和燃料工业的发展，使得造船的材料、动力装置、武器装备和建造工艺发生了根本变革，为近代海军技术奠定了物质基础。至此，海军和军用舰船进入了高速发展时期。在两次世界大战中，军用舰船都是决定战争进程的重要力量。时至今日，世界上已有100多个国家或地区拥有海军，并建造了数量庞大的各式军用舰船。航空母舰，是以舰载机为主要武器并作为其海上活动基地的大型水面战斗舰艇。它是海军水面战斗舰艇的最大舰种，主要用于攻击水面舰艇、潜艇和运输舰船，袭击海岸设施和陆上战略目标，夺取作战海区的制空权和制海权，支援登陆和抗登陆作战。

巡洋舰，是一种火力强、用途多，主要在远洋活动的大型水面舰艇。巡洋舰装备有较强的进攻和防御型武器，具有较高的航速和适航性，能在恶劣气候下长时间进行远洋作战。它的主要任务是为航空母舰和战列舰护航，或者作为编队旗舰组成海上机动编队，攻击敌方水面舰艇、潜艇或岸上目标。驱逐舰，是海军舰队中突击力较强的中型军舰之一。它装备有防空、反潜、对海等多种武器，既能在海军舰艇编队担任进攻性的突击任务，又能承担作战编队的防空、反潜护卫任务，还可在登陆、抗登陆作战中担任支援兵力，担任巡逻、警戒、侦察、海上封锁和海上救援任务以及提供无人舰载机的起飞和降落。

护卫舰，是在吨位和火力上仅次于驱逐舰的水面作战舰只，主要任务是为舰艇编队担负反潜、护航、巡逻、警戒、侦察及登陆支援作战任务以及提供无人舰载机的起飞和降落。潜艇，是能够在水下运行的舰艇。自第一次世界大战后，潜艇得到广泛运用，其功能包括攻击敌人军舰或潜艇、近岸保护、突破封锁、侦察和掩护特种部队行动等。此外，潜艇还是公认的战略性武器，弹道导弹核潜艇更是核三位一体的关键一极。

两栖舰艇，是一种用于运载登陆部队、武器装备、物资车辆、直升机等进行登陆作战的舰艇。它出现于第二次世界大战中，并于20世纪50年代以后迅速发展壮大。小型水面舰艇，一般是指排水量在1000吨以下的海军作战舰艇，主要用于近海作战，包括护卫艇、扫雷舰、导弹艇等。

辅助战斗舰艇，是执行辅助战斗任务的舰艇，又称勤务舰艇，主要用于战斗保障、技术保障和后勤保障，包括补给舰、支援舰、观测船、医疗船、破冰船、油船、训练舰等。

本书将逐一介绍上述军用舰船，力求帮助读者全面认识现代海军的作战装备。通过阅读本书，你会对各类军用舰船有一个全新的了解。由于时间和编者经验有限，书中难免有疏漏和不足之处，恳请专家和读者不吝赐教。

目 录
CONTENTS

# Chapter 01

# 军用舰船漫谈

军用舰船是在海上执行战斗任务的船舶，直接执行战斗任务的称为战斗舰艇；执行辅助战斗任务的称为辅助战斗舰艇。

# 军用舰船发展史

早期的军用舰船主要依靠人力划桨，在船首带有撞角，作战方式是接舷战。先使用撞角将敌船撞伤，然后手持利刃的士兵迅速跳到敌人的战船上展开白刃格斗，直到将敌人赶尽杀绝，夺取对方的战船为止。

15世纪后，火炮逐渐成为欧洲风帆战舰的主要武器。17世纪中叶，开始依甲板层数和火炮数量给战舰分级：第一、二、三级舰火力强，作战时排成一线进行射击，故称"战列舰"，它们构成海军的基本战斗核心；第四、五级舰火力较弱，但航速较快，被称为"巡航舰"，其使命是进行侦察和在海运航线上活动；第六级舰主要用于通信勤务。

19世纪在军舰发展史上占有特殊的地位，在动力、船体、火炮等方面完成了由古代战船向现代军舰的演变。1813年，建成了第一艘以蒸汽机为动力的军舰——装有20门大炮的"德莫罗哥斯"号。它是由著名的美国科学家、"蒸汽船之父"富尔顿设计的，这实际上是一座用明轮推动的浮动炮台。明轮效率低，在海战和风浪中容易受损，这在某种程度上限制了蒸汽动力军舰的发展。

1816年螺旋桨推进器诞生之后，英国大约在1844年建造了第一艘螺旋桨战舰——"响尾蛇"号，蒸汽机终于成为军舰的主要动力。但在此后相当长的一段时间内，军舰上仍保留风帆作为辅助动力。19世纪末，人们开始研制以汽轮机为动力的军舰，第一艘装有汽轮机的军舰是 1904 年下水的英国"紫石英"号巡洋舰。

早在火炮开始用于海军时，人们就萌发了建造装甲舰的想法。1792 年，西班牙和法国人围攻直布罗陀要塞时，就曾在木质风帆战船上安装装甲，以抵御岸炮的炮火。但是由于动力的问题，建造装甲舰的想法在当时难以实现，直到蒸汽机得到应用后，才使它从梦想变为现实。

1854 年，法国建造了一座装有 10 厘米厚钢板的装甲浮动炮台，用它来袭击俄国的克里米亚要塞，它经受住了俄军的猛烈炮火，而俄军却在法国军舰的攻击下被迫投降。这使各海军大国接受了需要装甲舰的思想，开始大规模建造这种军舰。

1859 年，法国首先建造了世界上第一艘装甲舰——"光荣"号装甲巡洋舰。"光荣"号是一艘木壳装甲舰，木质船身，包有铁皮装甲，以蒸汽机为主机，以风帆为辅助动力，排水量为 5617 吨，装备有 36 门舷炮。它的设计师是杜普罗梅。

1861 年，英国建造了世界上第一艘铁壳装甲舰——"勇士"号。初期的装甲舰是在木壳或铁壳军舰的两舷中部或整个船舷装上装甲，蒸汽机功率不足，还需辅以风帆。直到 19 世纪 70 年代后，工业上能够生产出马力大而又经济可靠的蒸汽机，不需风帆助力之后，才得以建造全装甲的军舰。

**第一艘铁壳装甲舰——"勇士"号**

早期的蒸汽动力军舰装备的还是固定的舷炮，并且是从炮口装填球形实心炮弹的前装式滑膛炮。就在装甲舰问世之际，开始出现了安装在军舰纵轴线上用装甲防护的旋转炮塔型舰炮。它可以根据需要向各个方向开炮，这使舰炮的数量一下子减少一半。1906 年，英国制造的以汽轮机为主机、装有 5 座双联装炮塔的装甲舰——"无畏"号下水了，标志着现代军舰时代的开始。

之后的两次世界大战使军舰得到了飞速发展，出现了航空母舰、巡洋舰、驱逐舰、护卫舰和潜艇等各种战舰。现代海战已经从水面变成水下、水面、空中的三维立体战争。

美国濒海战斗舰"沃斯堡"号

 现代军用舰船的分类

### 航空母舰

  航空母舰常简称为"航母"，是以舰载机为主要武器并作为其海上活动基地的大型水面战斗舰艇，其舰体通常拥有巨大的甲板和坐落于左右其中一侧的舰岛。航母是航空母舰战斗群的核心，舰队中的其他船只为其提供保护和供给，而航母则提供空中掩护和远程打击能力。发展至今，航母已是现代海军不可或缺的武器，也是海战最重要的舰艇之一。

### 战列舰

  战列舰也被称为战斗舰或主力舰。这是一种以大口径火炮作为主要攻击手段，并拥有厚重装甲且具备强大防护力的大吨位海军作战舰艇。战列舰自19世纪60年代问世，到二战末期日渐式微，其间一直是各主要海权国家的主力舰种之一。不过，随着导弹的出现，火炮在军舰上的作用大幅降低，而主要依靠大口径火炮作战的战列舰自然就被淘汰了。

### 巡洋舰

　　巡洋舰是一种在火力、排水量和装甲防护等方面仅次于战列舰的大型水面作战舰艇，它拥有同时对付多个作战目标的能力，并能胜任多种任务。历史上，巡洋舰一开始是指可以独立行动的战舰，而与之相对的驱逐舰则需要其他船只的协助才行。不过，随着战列舰的消失、巡洋舰的凋零，现在这个区分已经消失了。

## 驱逐舰

驱逐舰是现代海军舰队中作战能力较强的舰种之一，通常用于攻击水面舰船、潜艇和岸上等目标，并能执行舰队防空、侦察、巡逻、警戒、护航和布雷等任务，是现代海军舰艇中用途最广泛、建造数量最多的主战舰艇之一。现代的驱逐舰以导弹、鱼雷和舰炮等武器为攻防手段，具有多种作战能力。

## 护卫舰

护卫舰曾被称为护航舰或护航驱逐舰，武器装备以中小口径舰炮、导弹、鱼雷、水雷和深水炸弹为主，是当代世界各国建造数量最多、分布最广，且参战机会最多的一种中型水面舰只。护卫舰功能多、用途广，可执行反潜、防空、护航、侦察、布雷、警戒巡逻、支援登陆和保障陆军濒海翼侧等作战任务。

## 潜艇

潜艇也叫潜水艇，是一种能在水下运行的舰艇。现代潜艇按照动力可分为常规动力潜艇与核潜艇；按照作战使命分为攻击潜艇与战略导弹潜艇；按照排水量，常规动力潜艇可分为大型潜艇（排水量在 2 000 吨以上）、中型潜艇（排水量为 600~2 000 吨）、小型潜艇（排水量为 100~600 吨）和袖珍潜艇（排水量为 100 吨以下）4 类，而核潜艇的排水量通常在 3 000 吨以上。

## 两栖舰艇

两栖舰艇也称登陆舰艇，它是一种用于运载登陆部队、武器装备、物资车辆、直升机等进行登陆作战的舰艇，是出现于二战中，并于 20 世纪 50 年代以后得到大力发展的新舰种。两栖舰艇分为登陆舰、登陆艇、两栖攻击舰、登陆运输舰、两栖物资运输舰等。

## 小型水面战斗舰艇

小型水面战斗舰艇是相对于大型水面战斗舰（航空母舰、战列舰、巡洋舰等）和中型水面战斗舰艇（驱逐舰、护卫舰等）而言的，主要包括护卫艇、鱼雷艇、导弹艇、猎潜艇等。在水面战斗舰艇中，标准排水量在 500 吨以上的通常称为舰；500 吨以下的通常称为艇。

## 辅助战斗舰艇

辅助战斗舰艇就是执行辅助战斗任务的军用舰艇，又称勤务舰艇，主要用于战斗保障、技术保障和后勤保障，它包括：侦察船、海道测量船、运输舰、补给舰、训练舰、防险救生船、医疗船、工程船、海洋调查船、试验船、维修供应舰、消磁船、破冰船、布设舰船、基地勤务船等。

# Chapter 02

# 航空母舰

　　航空母舰是一种以舰载机为主要作战武器的大型水面舰艇。依靠航空母舰，一个国家可以在远离其国土的地方、在不依靠当地机场的情况下施加军事压力和进行作战。时至今日，航空母舰已是现代海军不可或缺的利器，也成为一个国家综合国力的象征。

美国"埃塞克斯"级航母

"埃塞克斯"级航母是美国历史上建造数量最多的大型航空母舰。

## 性能解析

　　"埃塞克斯"级航母吸取了美国以往航空母舰的优点，舰体长宽比为 8∶1。舰首、舰尾及左舷外部各设 1 座升降台，甲板及机库各设 1 座弹射器。在舰尾与舰首各设有 1 组拦阻索，能阻拦降落重量达 5.4 吨的舰载机。水平装甲设于机库甲板而非飞行甲板，以腾出更多机库空间。该舰的水下、水平防护和对空火力都有所加强，舰体分隔更多的水密舱室。虽然有多艘"埃塞克斯"级航母在战争中屡遭重创，但没有一艘被击沉。

| 基本参数 | |
| --- | --- |
| 服役时间 | 1942—1991 年 |
| 同级数量 | 24 艘 |
| 满载排水量 | 36 380 吨 |
| 全长 | 250 米 |
| 全宽 | 28 米 |
| 吃水 | 8.66 米 |
| 最高航速 | 33 节 |
| 续航距离 | 15 440 海里 |
| 舰员 | 2631 人 |

## 舰船特点

　　为了满足反舰和防空的需要，"埃塞克斯"级航空母舰装有 12 座双联装 127 毫米高平两用炮，用于对付远距离目标。此外，该舰还有大量 40 毫米和 20 毫米高炮，其数量在整个战争期间变动较大，各舰配置不一。

# 美国"独立"级航母

"独立"级航母是美国在二战时期建造的轻型航母。

## 性能解析

　　"独立"级航母原计划搭载战斗机、俯冲轰炸机与鱼雷轰炸机各 9 架，但到 1944 年时的标准飞行大队编制为 25 架战斗机与 9 架鱼雷轰炸机。这些轻型航母对美军从 1943 年 11 月至 1945 年 8 月的作战有相当重要的贡献。以菲律宾海战为例，同级舰中有 8 艘参战，并提供了 40% 的战斗机与 36% 的鱼雷轰炸机。虽然如此，这些改装航母仍是属于一种应急的航母，狭窄而且较短的飞行甲板使得舰载机起降的风险较正规航母高，其他方面如飞机搭载量与防护力也都有许多限制。

| 基本参数 | |
|---|---|
| 服役时间 | 1943—1956 年 |
| 同级数量 | 9 艘 |
| 满载排水量 | 15 100 吨 |
| 全长 | 189.7 米 |
| 全宽 | 21.8 米 |
| 吃水 | 7.9 米 |
| 最高航速 | 31.5 节 |
| 续航距离 | 12 500 海里 |
| 舰员 | 1 569 人 |

## 舰船特点

　　"独立"级航母是以"克利夫兰"级轻型巡洋舰为基础，为了增加稳定性，舰艇在改造期间装配了肿膨出部。"独立"级航母的主要缺点是机库容量有限，每艘航母只能搭载小型的航母战斗群。二战以后，3 艘"独立"级航空母舰被转交给了其他国家的海军。

# 美国"中途岛"级航母

"中途岛"级航母在美国海军数个历史时期服役，堪称"三朝元老"。

## 性能解析

　　"中途岛"级航母是一种全新的设计，修正了"埃塞克斯"级航母存在的一些问题，但仍存在不少缺点，如潮湿、拥挤和过于复杂化等，这些缺点一直没有得到解决。总体来说，"中途岛"级航母的设计不能令人满意，但出于对大型航母的迫切需求，它们仍在美国海军中服役了很长时间。

## 舰船特点

| 基本参数 | |
| --- | --- |
| 服役时间 | 1945—1992 年 |
| 同级数量 | 3 艘 |
| 满载排水量 | 45 000 吨 |
| 全长 | 295 米 |
| 全宽 | 34 米 |
| 吃水 | 10 米 |
| 最高航速 | 33 节 |
| 舰载机容量 | 55 架 |
| 舰员 | 4 104 人 |

　　尽管"中途岛"级航母没有参加二战的作战活动，但却作为主力参加了朝鲜战争、中东危机以及海湾战争。"中途岛"级航母的首舰"中途岛"号和第二艘"珊瑚海"号在其接近半个世纪的使用时间里，共有 20 多万名美国海军官兵为其效力。

# 美国"塞班岛"级航母

"塞班岛"级航母是美国在二战期间建造的轻型航母。

## 性能解析

　　"塞班岛"级航母以"巴尔的摩"级重型巡洋舰为基础改建，其外形酷似"独立"级航母，但排水量稍大。该级舰在一段时间内被用作飞机运输舰。后来，又利用它们的宽大飞行甲板和机库，改建成了指挥舰。舰上装备了各种情报搜集和处理设备，同时增设了作战室和参谋室，以便向世界各地的美国军舰传送命令。为了装设强有力的通信设备，在飞行甲板上竖起了高度为 25 米的天线杆，从而使该舰面目全非。

| 基本参数 | |
| --- | --- |
| 服役时间 | 1946—1970 年 |
| 同级数量 | 2 艘 |
| 满载排水量 | 19 000 吨 |
| 全长 | 208.7 米 |
| 全宽 | 35 米 |
| 吃水 | 8.5 米 |
| 最高航速 | 33 节 |
| 舰载机容量 | 42 架 |
| 舰员 | 1 700 人 |

## 舰船特点

　　"塞班岛"级航母的首舰是"塞班岛"号，在二战期间建造，由巡洋舰舰体改建而成。其在战后 1946 年才服役，因为其作战用途远低于"中途岛"级航空母舰，于 1965 年被改装成了"阿灵顿"号主要通信中继舰。

# 美国 "福莱斯特" 级航母

"福莱斯特" 级航母是美国海军在二战结束后，首批为配合喷气式飞机的诞生而建造的航母。

## 性能解析

"福莱斯特" 级航母的满载排水量比前一代的 "中途岛" 级航母大幅增加了，因此被视为是跨越了一个崭新的船舰尺码门槛，被认为是世界上第一个真正付诸生产的超级航空母舰级别。"福莱斯特" 级航母装有斜向飞行甲板，舰首甲板与斜向飞行甲板最前端设有 4 部蒸汽弹射器和配合 4 部设在船侧的升降机，这些都是之后的美国航母一直沿用的设计标准。

| 基本参数 | |
| --- | --- |
| 服役时间 | 1955—1998 年 |
| 同级数量 | 4 艘 |
| 满载排水量 | 81 101 吨 |
| 全长 | 300 米 |
| 全宽 | 39.42 米 |
| 吃水 | 11 米 |
| 最高航速 | 33 节 |
| 续航距离 | 8 000 海里 |
| 舰员 | 5 540 人 |

## 舰船特点

"福莱斯特" 级航母是一款多用途航空母舰。它的舰体底部至飞行甲板形成整体式箱形结构，增强了整体强度，同时增大了舰内容积，使载机数量增多；飞机保障条件和舰员居住性有全套改善。1992 年，"福莱斯特" 号航母 (CV59) 被用作训练航空母舰。据美国《星条旗报》网站 2013 年 10 月 23 日的报道，美国海军在一项声明中说，美国全明星金属公司 10 月 22 日以 1 美分的价格买下了曾经的 "福莱斯特" 号航母，当作废料回收处理。

# 美国"小鹰"级航母

　　"小鹰"级航母是美国建造的最后一级常规动力航母，也是世界上最大的常规动力航母。

### 性能解析

　　"小鹰"级航母从底层到舰桥大约有18层楼高。甲板以上的岛式建筑分为8层，分别是消防、医务、通信、雷达等部门和航母战斗群的司令部。甲板以下分为10层。该舰的甲板总面积约为16 592平方米，飞行甲板的弹射跑道长度为80米，降落跑道的长度为11米。全舰共有4部蒸汽弹射器、4条拦阻索、1道拦阻网和4部升降机。

| 基本参数 | |
|---|---|
| 服役时间 | 1961—2009 年 |
| 同级数量 | 4 艘 |
| 满载排水量 | 83 301 吨 |
| 全长 | 325.8 米 |
| 全宽 | 40 米 |
| 吃水 | 12 米 |
| 最高航速 | 33 节 |
| 续航距离 | 4 000 海里 |
| 舰员 | 5 624 人 |

### 舰船特点

　　"小鹰"级航母是美国海军所拥有的一个常规动力超级航空母舰系列，是"福莱斯特"级航空母舰的大幅强化版本，也是美国最后一个常规动力航空母舰系列。与"福莱斯特"级相比，"小鹰"级优化了舰艇的整体结构，提高了航空支援能力，改善了装备和电子设施。

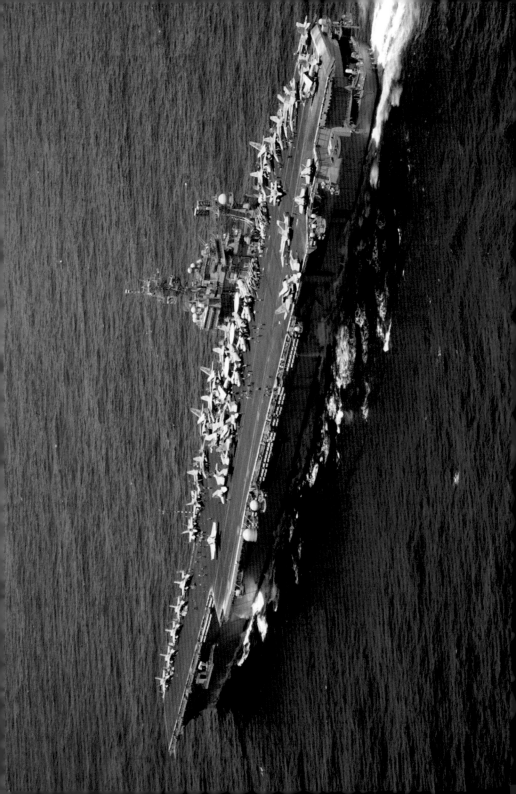

# 美国"企业"号航母

"企业"号航母是世界上第一艘核动力航空母舰。

## 性能解析

　　"企业"号航母的外形与"小鹰"级航母基本相同，采用了封闭式飞行甲板，从舰底至飞行甲板形成整体箱形结构。飞行甲板为强力甲板，厚达 50 毫米，并在关键部位加装装甲。水下部分的舷侧装甲厚达 150 毫米，并设有多层防雷隔舱。该舰的机库为封闭式，长度为 223.1 米，宽度为 29.3 米，高度为 7.6 米。在斜直两段甲板上分别设有 2 部 C-13 蒸汽弹射器，斜角甲板上设有 4 条 Mk-7 拦阻索和 1 道拦阻网，升降机的布局为右舷 3 部，左舷 1 部。

| 基本参数 | |
| --- | --- |
| 服役时间 | 1961—2012 年 |
| 同级数量 | 1 艘 |
| 满载排水量 | 94 781 吨 |
| 全长 | 342 米 |
| 全宽 | 40.5 米 |
| 吃水 | 12 米 |
| 最高航速 | 33 节 |
| 续航距离 | 接近无限 |
| 舰员 | 3 215 人 |

## 舰船特点

　　"企业"号航母具有完善的航空支援能力。虽然长期配属美太平洋舰队，经常参加海上活动，但实战较少。

# 美国"尼米兹"级航母

"尼米兹"级航母是美国海军所使用的第二代多用途航空母舰。

### 性能解析

所有"尼米兹"级航母都是采用核动力推进，装备 4 部升降机、4 部蒸汽弹射器和 4 条拦阻索，可以每 20 秒弹射出一架作战飞机。舰载作战联队中的机型配备根据作战任务性质的不同也有所不同，可搭载不同用途的舰载飞机对敌方飞机、船只、潜艇和陆地目标发动攻击，并保护海上舰队。以它为核心的战斗群通常由 4~6 艘巡洋舰、驱逐舰、潜艇和补给舰只构成。

| 基本参数 | |
|---|---|
| 服役时间 | 1975 年至今 |
| 同级数量 | 10 艘 |
| 满载排水量 | 102 000 吨 |
| 全长 | 317 米 |
| 全宽 | 40.8 米 |
| 吃水 | 11.9 米 |
| 最高航速 | 30 节 |
| 舰载机容量 | 90 架 |
| 舰员 | 5 680 人 |

### 舰船特点

"尼米兹"级航母是美国海军所属的一型现役核动力多用途航空母舰，是美国海军远洋战斗群的核心力量。"尼米兹"级航母是美国海军现役唯一一级航空母舰，同时也是世界上现役吨位最大和综合作战能力最强的军用舰只。"尼米兹"级航母的防护设计相当优越，抵抗战损的能力比二战时的美国主力航空母舰"埃塞克斯"级还要高出 3 倍以上。

# 美国"杰拉德·R.福特"级航母

"杰拉德·R.福特"级航母是美国海军第三代核动力航空母舰。

## 性能解析

　　"福特"级航母配备了 4 部电磁弹射器和先进的降落拦截系统(含 3 条拦截索和 1 道拦截网),比传统蒸汽弹射器和拦阻索的效率更高(由原先每天 120 架次增加到每天 160 架次),甚至能起降无人飞机。该级舰有 2 座机库、3 座升降台,配合加大的飞行甲板,能够大幅提升战机出击率。改良的武器与物资操作设计,能在舰上更有效地运送、调度弹药或后勤物资,大幅提升后勤效率。

| 基本参数 | |
|---|---|
| 服役时间 | 2017 年至今 |
| 同级数量 | 3 艘 ( 计划 ) |
| 满载排水量 | 100 000 吨 |
| 全长 | 317 米 |
| 全宽 | 41 米 |
| 吃水 | 12 米 |
| 最高航速 | 30 节 |
| 舰载机容量 | 75 架以上 |
| 舰员 | 4 539 人 |

## 舰船特点

　　"福特"级航母是美国第一款利用计算机辅助工具设计的航空母舰,应用了虚拟影像技术,在设计过程中就能精确模拟每个设计细节,并且预先解决相关的布局问题,对各部件制造的精度也大幅提高。此外也容许多组团队在同一时间分别进行设计开发,节约了时间。"福特"级航母的整体自动化程度较"尼米兹"级航母大为增加,有效地降低了人力需求,由于人员减少,"福特"级航母航员的平均起居水平也有所提高,每间住舱都有厕所,使每个人的空间更具有隐私性。

# 美国"射手"级航母

　　"射手"级航母是美国在二战中建造的第一种护航航空母舰，主要在英国海军服役。

### 性能解析

　　"射手"级航母的标准排水量为 8 200 吨，可搭载 15 架飞机，自卫武器包括 1 门 127 毫米舰炮、2 门 76 毫米舰炮、10~11 门 20 毫米舰炮。

### 舰船特点

　　1940 年 10 月，美国总统罗斯福批准将一批商船改装成护航航空母舰。即所谓在运输船队前方展开，用舰载机侦察、攻击潜艇，或引导水面舰只实施攻击的小型航空母舰。"射手"号航空母舰于 1941 年建成。

| 基本参数 | |
|---|---|
| 服役时间 | 1942—1950 年 |
| 同级数量 | 5 艘 |
| 满载排水量 | 9 000 吨 |
| 全长 | 150 米 |
| 全宽 | 20.2 米 |
| 吃水 | 7.1 米 |
| 最高航速 | 16.5 节 |
| 舰员 | 555 人 |

# 美国"桑加蒙"级航母

"桑加蒙"级航母是美国在二战中建造的护航航空母舰。

## 性能解析

　　"桑加蒙"级航母建成后即参加盟军在北非的登陆作战，从而开创了护航航空母舰作为舰队航空母舰使用的先例。稍后它还在欧洲战场参加了诺曼底登陆战。到1944年才调往太平洋参加对日作战，在莱特湾大海战中充当航空母舰参加对日军军舰的攻击，取得不俗的战绩。之后它还参加了硫磺岛登陆战和冲绳岛登陆战，战后于1959年全部退役。

　　"桑加蒙"级航母被认为是早期改造航母中最成功的一型，也是后来大量建造的"科芒斯曼特湾"的原型舰。

| 基本参数 | |
|---|---|
| 服役时间 | 1942—1959 年 |
| 同级数量 | 4 艘 |
| 满载排水量 | 24 275 吨 |
| 全长 | 168.7 米 |
| 全宽 | 34.8 米 |
| 吃水 | 9.8 米 |
| 最高航速 | 18 节 |
| 续航距离 | 23 900 海里 |
| 舰员 | 1 080 人 |

# 美国"卡萨布兰卡"级航母

"卡萨布兰卡"级航母是美国在二战中建造的护航航空母舰。

## 性能解析

　　"卡萨布兰卡"级航母是美国第一级一开始就按护航航母进行设计的,而之前的护航航母多为改装。由于采用流水线式作业、焊接工艺以及高度标准化的零部件,该级舰的建造非常迅速。"卡萨布兰卡"级航母的装甲很少,只有舰桥和鱼雷库周围安装了一些装甲板。该级舰有2部升降机和1部弹射器,一般搭载27架飞机,分别为9架战斗机、9架鱼雷轰炸机、9架俯冲轰炸机。有时也配置18架鱼雷轰炸机,取消俯冲轰炸机。

| 基本参数 | |
|---|---|
| 服役时间 | 1943—1964 年 |
| 同级数量 | 50 艘 |
| 满载排水量 | 10 902 吨 |
| 全长 | 156.1 米 |
| 全宽 | 32.9 米 |
| 吃水 | 6.9 米 |
| 最高航速 | 20 节 |
| 续航距离 | 10 240 海里 |
| 舰员 | 860 人 |

## 舰船特点

　　"卡萨布兰卡"级航母可算是美国最著名的一级护航航母,不但在建造数量上远超其他几级,在战争中的表现也可圈可点。因航速和装甲等方面的限制,护航航母一般不直接参加与日军的战斗,多担负对岸轰炸和支援任务。

# 美国"列克星敦"级航母

"列克星敦"级航母是美国海军在二战前建造的大型装甲航空母舰，由"列克星敦"级战列巡洋舰改装而来。

## 性能解析

"列克星敦"级航空母舰的主装甲带厚度为79~127毫米，机库甲板厚度为50毫米，机舱上部厚度为76~114毫米，武备为8门Mark 9型203毫米L/55火炮（双联4座），12门Mark 10型127毫米L/25高平两用炮（改装前，改装后拆除），16门Mk12型127毫米L/38高炮（双联4座位于舰桥前后，8座单装位于原Mark 10型127毫米L/25高平两用炮炮位），太平洋战

| 基本参数 | |
|---|---|
| 服役时间 | 1927—1946年 |
| 同级数量 | 2艘 |
| 满载排水量 | 43 400吨 |
| 全长 | 259.1米 |
| 全宽 | 32.1米 |
| 吃水 | 7.35米 |
| 最高航速 | 33.25节 |
| 舰载机容量 | 100架 |
| 舰员 | 2 122人 |

争期间加装96门40毫米博福斯高射炮（四联23座，双联2座），16门厄利孔20毫米机炮，拆除203.2毫米火炮（萨拉托加号）。

## 舰船特点

"列克星敦"级航母在诞生之时就成为全世界各国海军最大的航空母舰，在美国海军中的这个纪录一直保持到1945年"中途岛"级航空母舰的服役才被打破。在两次世界大战间的和平时期，两舰在美国海军举行的舰队演习中，用来检验航空母舰的战术理论，提供了许多操作航空母舰的宝贵经验，尤其是1929年的第9次舰队演习，促使美国海军以航空母舰为舰队核心的战术出现。

# 美国"突击者"级航母

"突击者"级轻型舰队航母 (CV-4) 在二战中主要作为护航航母和轻型航母使用。

## 性能解析

作为美国第一艘从一开始就是按照载机舰标准设计建造的航母("兰利"号和"列克星敦"级都是改装舰),"突击者"级和"列克星敦"级一样具有右舷岛式上层建筑,但体积较小,排烟样式改为设置于飞行甲板尾部的 6 个小型烟囱,起降飞机时可向舷外放倒。飞行甲板长度为 234 米,宽度为 33 米,系在钢架上覆木板,设置前后 2 部升降机和横索式着舰制动装置,舷侧防护装甲削

| 基本参数 | |
|---|---|
| 服役时间 | 1934—1946 年 |
| 同级数量 | 1 艘 |
| 满载排水量 | 17 577 吨 |
| 全长 | 234.4 米 |
| 全宽 | 33 米 |
| 吃水 | 6.8 米 |
| 最高航速 | 29.25 节 |
| 续航距离 | 10 000 海里 |
| 舰员 | 2184 人 |

弱为 50.8 毫米,航速只能达到 29 节。该舰的吨位、尺寸和综合资料介于"兰利"号和"列克星敦"级之间,比后来日本海军的苍龙级稍大,但舰载机数量和火力已经接近大一倍的"列克星敦"级,因此被认为是"海军假日"时代一种性价比较高的设计思路。

## 舰船特点

"突击者"级航母的设计为了节省吨位,相较于大型正规航舰省略了不少东西,使得日后运用弹性较为不足。但该舰在设计与操作中所产生的问题,为后续航舰的设计提供了许多宝贵的经验。

# 美国"约克城"级航母

"约克城"级航母是美国在两次世界大战之间设计的航空母舰，前后一共建造 3 艘，是继"列克星敦"级与"突击者"级航空母舰后，美国设计的第三款舰队航空母舰。

## 性能解析

"约克城"级航母的设计受到华盛顿海军条约及伦敦海军条约的吨位限制，然而相比起上一代的"突击者"级，"约克城"级更适用于美国海军的战略及战术运用，既可搭载大量飞机，同时享有优越的速度与续航距离，只是水下防御有所不足。首两舰"约克城"号及"企业"号在二战爆发前服役，而三号舰"大黄蜂"号则在裁军条

| 基本参数 | |
| --- | --- |
| 服役时间 | 1937—1942 年 |
| 同级数量 | 3 艘 |
| 满载排水量 | 25 900 吨 |
| 标准排水量 | 20 100 吨 |
| 舰载机容量 | 80~90 架 |
| 最高航速 | 32.5 节 |
| 续航距离 | 12 500 海里 |
| 舰员 | 2 700 人 |

约失效后赶工建造，赶及在太平洋战争爆发前服役。在"埃塞克斯"级航母于 1942 年服役前，"约克城"级航母一直是美国海军在太平洋的中坚部队，其中"约克城"号及"大黄蜂"号均在此段时间战损沉没，而"企业"号航母则参与了太平洋战争大部分的战斗，在战后封存多年，最终拆解。

## 舰船特点

和之前建造的"突击者"级航母相比，"约克城"级航母增大了舰体和航速，同时加强了水平和水下防护。但该级舰装甲较弱，舰体水线以下对鱼雷的防护能力较弱。从"约克城"级航母开始，美国航空母舰的岛式上层建筑和烟囱连为一体，从而形成了美国航空母舰的基本结构。

# 俄罗斯"莫斯科"级航母

"莫斯科"级航母是俄罗斯第一代航空母舰,主要用来应对美国"北极星"弹道导弹核潜艇。

## 性能解析

"莫斯科"级航母采用法国和意大利首先开创的混合式舰型,舰前半部为典型的巡洋舰布置,舰后半部则为宽敞的直升机飞行甲板,苏联自称为反潜巡洋舰。该级舰的前甲板布满了各式武器系统,其中大部分为反潜武器。舰首有 2 部 RBU 6000 反潜火箭发射器,其后为 1 部 SUW–N–1 反潜导弹发射器,再后为 2 部 SA–N–3 防空导弹发射器,舰桥两侧另有 2 座 57 毫米两用炮。

| 基本参数 | |
|---|---|
| 服役时间 | 1967—1991 年 |
| 同级数量 | 2 艘 |
| 满载排水量 | 17 500 吨 |
| 全长 | 189 米 |
| 全宽 | 23 米 |
| 吃水 | 13 米 |
| 最高航速 | 31 节 |
| 续航距离 | 14 000 海里 |
| 舰员 | 850 人 |

## 舰船特点

"莫斯科"级舰身后段为一个宽广的飞行甲板,2 部升降机可通甲板下的机库,另在烟囱桅底部也有小型的机库,可容纳 14 架卡 –25 米 –14 贺尔蒙式直升机。在特殊情况下,"莫斯科"级也可搭载米尔设计局的米 –14 薄雾 B 式扫雷直升机,不过由于该机体形过于庞大,无法经由升降机进入机库,因此只能安装在甲板上。

# 俄罗斯"基辅"级航母

"基辅"级航母是苏联第一种可以起降固定翼飞机的航空母舰。

## 性能解析

与美英航母最大的不同是，"基辅"级航母本身就是集火力与重型武装于一身，对舰载机依赖性较小。前甲板有重型舰载导弹装备，可对舰、对潜、对空进行攻击，是标准的巡洋舰武装。而左侧甲板则搭载垂直短距起降飞机卡–25、卡–27反潜直升机。遗憾的是，由于左侧甲板过短，雅克–38只能垂直起降，对甲板破坏极大，加上事故频发而最终下舰，使得该级舰实际上又沦为普通直升机航母。

| 基本参数 | |
| --- | --- |
| 服役时间 | 1975—1996 年 |
| 同级数量 | 4 艘 |
| 满载排水量 | 43 500 吨 |
| 全长 | 274 米 |
| 全宽 | 53 米 |
| 吃水 | 10 米 |
| 最高航速 | 32 节 |
| 续航距离 | 13 500 海里 |
| 舰员 | 1 600 人 |

## 舰船特点

"基辅"级航母是苏联于20世纪70年代建造的一级航空母舰，是苏联发展的第二代航空母舰、第一种搭载固定翼舰载机航空母舰，也是世界上第一艘（级）搭载垂直/短距起降战斗机的航空母舰。"基辅"级体现了苏联航空母舰的独特风格。除搭载有舰载机外，舰载武器装备具备反舰、防空、反潜全方位、强大火力打击能力，单舰战斗力强大，对护航舰艇的依赖性较小，它的主要使命是执行编队反潜和制空、防空任务，担任编队指挥舰，实施空中侦察和警戒，攻击敌方航母编队和水面舰艇，并为其他水面舰艇和潜艇提供反舰导弹超视距攻击中继制导或目标指示，支援两栖作战，实施垂直登陆等。

# 俄罗斯"库兹涅佐夫"号航母

"库兹涅佐夫"号航母是俄罗斯目前唯一的航空母舰。

## 性能解析

　　与西方航空母舰相比，"库兹涅佐夫"号航母的定位有所不同，俄罗斯称之为"重型航空巡洋舰"，它可以防卫和支援战略导弹潜舰及水面舰，并且搭载一些舰载机，进行独立巡弋。该舰的舰载机需要使用本身的引擎动力，冲上跳板升空。这种设计比起采用平面弹射器的航空母舰具备更高的飞机起飞角度和高度，所需要的操作人员较少，但也存在舰载机设计难度大、起飞重量受限、对飞行员技术要求高等弊端。

| 基本参数 | |
|---|---|
| 服役时间 | 1991 年至今 |
| 同级数量 | 2 艘 |
| 满载排水量 | 67 500 吨 |
| 全长 | 306.3 米 |
| 全宽 | 73 米 |
| 吃水 | 11 米 |
| 最高航速 | 32 节 |
| 舰载机容量 | 60 架 |
| 舰员 | 2 626 人 |

## 舰船特点

　　"库兹涅佐夫"号航母是俄罗斯第一艘可搭载固定翼飞机（不含垂直短距起降飞机）的航空母舰。该舰曾三度换名，苏联解体后改为"库兹涅佐夫"，并于1991 年正式服役。该舰的特点是：舰上装有滑跃式飞行甲板，舰上所装备的武器系统齐全，威力强大。

# 乌克兰"乌里杨诺夫斯克"号航母

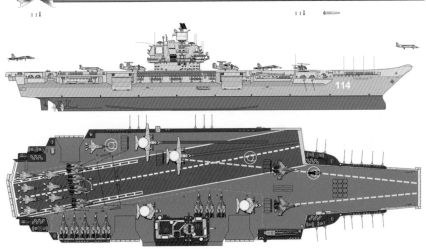

"乌里杨诺夫斯克"号航母是苏联建造的第一艘核动力航空母舰。

### 性能解析

作为苏联唯一的核动力航空母舰,"乌里杨诺夫斯克"号能给予苏联海军实质上的蓝水海军作用,其体积和排水量与美国"福莱斯特"级航母相差无几,但略小于"尼米兹"级航母。值得注意的是,该级舰不仅沿用了以往使用的"滑跃"式甲板,还加上了飞机弹射器,但还是保留有反舰导弹装置。

### 舰船特点

"乌里杨诺夫斯克"号是"乌里杨诺夫斯克"级的首舰,是当时苏联海军的第四代巨型核动力航母,也是苏联第一艘超级航空母舰,第一艘核动力航空母舰,它是苏联海军具有真正意义上的蓝水海军地位的标志。

| 基本参数 ||
|---|---|
| 服役时间 | 未能服役 |
| 同级数量 | 1 艘(计划) |
| 满载排水量 | 75 000 吨 |
| 全长 | 321.2 米 |
| 全宽 | 40 米 |
| 吃水 | 10.6 米 |
| 最高航速 | 30 节 |
| 续航距离 | 接近无限 |
| 舰员 | 3 400 人 |

# 英国"光辉"级航母

"光辉"级航母是英国在二战前设计的一级新型航空母舰。

## 性能解析

　　"光辉"级航母的排水量与英国之前建造的"皇家方舟"号航母大体相当，飞行甲板较后者缩短了18米。"光辉"级航母采用装甲飞行甲板，可以抵御450千克炸弹的攻击。与"皇家方舟"号航母拥有双层两座机库不同，"光辉"级航母只有1层机库，舰载机只有36架，后来改进了飞机的搭载方法，增加了飞机的搭载量。为了提高防空能力，该级舰在飞行甲板边缘四角各配置了2座114毫米高炮炮塔。

| 基本参数 | |
|---|---|
| 服役时间 | 1940—1968 年 |
| 同级数量 | 4 艘 |
| 满载排水量 | 28 919 吨 |
| 全长 | 230 米 |
| 全宽 | 29.18 米 |
| 吃水 | 8.5 米 |
| 最高航速 | 30.5 节 |
| 舰载机容量 | 36 架以上 |
| 舰员 | 817 人 |

　　"光辉"级航空母舰独特的装甲飞行甲板设计为其提供了很强的生存能力，但作战实践暴露了其最大缺点：舰载机数量不足。在后续的改进型上，增加了排水量，第二层机库加大，从而增加了载机数量。

# 英国"独角兽"号航母

"独角兽"号航母是英国海军的一艘自1943年开始服役的航空母舰。

## 性能解析

"独角兽"号航母的最初设计是作为"光辉"级航母的支援舰，但最后更改为轻型舰队航母和支援舰。"独角兽"号航母在某些方面和"皇家方舟"级航母相似，特别是在高大的机库上。"独角兽"号航母设有存放水上飞机的地方，武器装备较少，航速较慢。

## 舰船特点

"独角兽"号航空母舰是英国皇家海军的一艘自1943年开始服役的航空母舰，除了经历了二战，一直到日本投降外，还参加了朝鲜战争。"独角兽"号没有同型舰，它的设计深受"皇家方舟"号航空母舰的影响。

| 基本参数 | |
|---|---|
| 服役时间 | 1943—1953 年 |
| 同级数量 | 1 艘 |
| 满载排水量 | 20 600 吨 |
| 全长 | 195.1 米 |
| 全宽 | 27.5 米 |
| 吃水 | 7 米 |
| 最高航速 | 24 节 |
| 续航距离 | 7 000 海里 |
| 舰员 | 1 200 人 |

# 英国"怨仇"级航母

"怨仇"级航母是英国在二战期间建造的航空母舰。

## 性能解析

"怨仇"级航母在"光辉"级航母的基础上做了较大的改进,第二层机库加长,增加了装甲。该级舰的主要武器为 8 座双联装 114 毫米口径的舰炮。"怨仇"级航母可搭载 36 架"海喷火"或者 F6F 舰载战斗机,相比之下,日本"翔鹤"级航母却只能搭载 20 架"零"式战斗机。

## 舰船特点

"怨仇"级航母作为"光辉"级航母的第二期改进型,在"光辉"号航母开工后 30 个月,2 艘"怨仇"级方动工兴建,并在一开始就预定将部署于太平洋。不过 2 艘"怨仇"级航母的机库高度不足,无法使用体积更大的喷气式飞机。如果对它们进行"胜利"号航母一样的现代化改装,成本又过于高昂。

| 基本参数 | |
| --- | --- |
| 服役时间 | 1944—1956 年 |
| 同级数量 | 2 艘 |
| 满载排水量 | 28 968 吨 |
| 全长 | 233.4 米 |
| 全宽 | 29.18 米 |
| 吃水 | 7.9 米 |
| 最高航速 | 32.5 节 |
| 舰员 | 1 800 人 |

# 英国"巨人"级航母

"巨人"级航母是英国在二战期间建造的航空母舰,性能介于舰队航母和护航航母之间。

## 性能解析

"巨人"级航母的设计目标是简单和易于建造。采用单层机库,没有装甲,轻型防空炮,采用巡洋舰主机。1957—1958年,"巨人"级航母进行了改装:增加了狭窄的斜角甲板,拆除了弹射器和防空炮。

## 舰船特点

"巨人"级航母是"海王星"号战列舰的改进型,火力系统相同,针对德国无畏舰主炮威力的提升,主要加强了防御装甲、水线装甲带、水密隔舱以及炮座的装甲厚度增加,并加强了弹药库的防护。

| 基本参数 | |
|---|---|
| 服役时间 | 1944—2001 年 |
| 同级数量 | 10 艘 |
| 满载排水量 | 18 300 吨 |
| 全长 | 192 米 |
| 全宽 | 24.4 米 |
| 吃水 | 7 米 |
| 最高航速 | 25 节 |
| 舰载机容量 | 37 架 |
| 舰员 | 1 300 人 |

# 英国"庄严"级航母

"庄严"级航母是英国在二战期间开始建造的轻型航空母舰。

### 性能解析

　　"庄严"级航母的飞行甲板长度为 211.4 米、宽度为 34.1 米，甲板装甲厚度为 25~50 毫米。该级舰的主机为帕森斯涡轮蒸汽机，4 台 3 缸锅炉。防空武器方面，最初设计为 30 门 40 毫米高射炮，实际建造时大多只安装了 10~16 门。该级舰能够搭载 39 架二战时期的舰载机、20 架喷气式飞机。

　　"庄严"级轻型航母是高科技发展的成果，虽然建造的年代较早，但是它对航母的发展有着很大的指导作用。

| 基本参数 | |
| --- | --- |
| 服役时间 | 1955—1997 年 |
| 同级数量 | 5 艘 |
| 满载排水量 | 20 000 吨 |
| 全长 | 198.1 米 |
| 全宽 | 24.4 米 |
| 吃水 | 7.8 米 |
| 最高航速 | 25 节 |
| 舰员 | 1 400 人 |

英国"大胆"级航母

"大胆"级航母是世界上第一种护航航母，最早用于为护航队提供空中和反潜支援。

### 性能解析

"大胆"级航母非常简陋，但是却开创了航母反潜的新纪元。该级舰服役时堪称英国有史以来最大、载机也最多的航母，下水时标准排水量就达 36 800 吨，1964 年改装完成后，标准排水量达到 54 000 吨。下水时设计载机 60 架，但 1964 年改装后因为改用更大型的喷气式战斗机，所以载机量下降为 45 架。

| 基本参数 | |
|---|---|
| 服役时间 | 1951—1972 年 |
| 同级数量 | 2 艘 |
| 标准排水量 | 36 800 吨 |
| 全长 | 257 米 |
| 全宽 | 48.7 米 |
| 吃水 | 10.9 米 |
| 最高航速 | 32 节 |
| 续航距离 | 7 000 海里 |
| 舰员 | 2 750 人 |

### 舰船特点

"大胆"级航母的首舰"鹰"号航空母舰是英国皇家海军中唯一一艘由战列舰改装的航空母舰，也是二战初期参战较多的航母。原舰为给智利海军建造的拉托雷海军上将号。该舰于 1972 年退役，1978 年解体。

# 英国"半人马"级航母

"半人马"级航母是"巨人"级航母的改进型，在二战结束后才完工。

## 性能解析

　　"半人马"级航母的防空武器包括：2 座六联装博福斯 40 毫米高炮、8 座双联装博福斯 40 毫米高炮、4 座单联装博福斯 40 毫米高炮、5 座双联装博福斯 40 毫米高炮（仅装备"竞技神"号，1966 年全部撤装）、4 座双联装博福斯 40 毫米高炮（"英格兰"号、"壁垒"号改装后）。1966 年，"竞技神"号改装后还安装了 2 座 GWS22"海猫"导弹发射装置。

| 基本参数 | |
|---|---|
| 服役时间 | 1953—1986 年 |
| 同级数量 | 4 艘 |
| 满载排水量 | 28 700 吨 |
| 全长 | 224.6 米 |
| 全宽 | 39.6 米 |
| 吃水 | 8.7 米 |
| 最高航速 | 28 节 |
| 续航距离 | 6 000 海里 |
| 舰员 | 1 390 人 |

## 舰船特点

　　"半人马"级航母是"巨人"级的改进型，在二战结束后才完工。"竞技神"号航空母舰在英国皇家海军历史上有 2 艘，"竞技神"号航空母舰属于英国"半人马"级航空母舰，又被称为"赫尔姆斯"号，1953 年正式服役。

# 英国"无敌"级航母

"无敌"级航母是新一代先进轻型航母的先驱，应用了"滑跃"跑道。

## 性能解析

"无敌"级航母的上层建筑集中于右舷侧，里面布置有飞行控制室、各种雷达天线、封闭式主桅和前后2个烟囱。飞行甲板下面设有7层甲板，中部设有机库和4个机舱。机库高度为7.6米，占有3层甲板，长度约为舰长的75%，可容纳20架飞机，机库两端各有1部升降机。

## 舰船特点

"无敌"级航母是英国皇家海军所属的操作短距起降战机的轻型航空母舰。在皇家海军中的角色除了担负舰队防空、对地武力投送、反舰与反潜作战之外，还包括担任英国出兵海外时的特遣舰队旗舰以及皇家海军陆战队的搭载母舰等。除了搭载航空机之外，"无敌"级航母还可供约1000名海军陆战队驻舰。本级舰的主力舰载机为著名的"海鹞"系列STOVL战机，主要担负空优、舰队防空、武力投送等任务，此外也能支援反潜

| 基本参数 | |
|---|---|
| 服役时间 | 1980 年至今 |
| 同级数量 | 3 艘 |
| 满载排水量 | 20 710 吨 |
| 全长 | 209 米 |
| 全宽 | 27.7 米 |
| 吃水 | 8 米 |
| 最高航速 | 28 节 |
| 续航距离 | 7 000 海里 |
| 舰员 | 1 000 人 |

作战。直升机方面，"无敌"级搭载数种海王直升机（即美制SH-3海王的英国版）的反潜型和运输型。

该舰最大的特点是应用了"滑跃"跑道，并首次采用了全燃气轮机动力装置，使航空母舰这一舰种进入了不依赖弹射装置便可以起降舰载战斗机的新时期。"滑跃"跑道可在载重量不变的情况下令舰载机滑跑距离减少60%。

# 英国"伊丽莎白女王"级航母

"伊丽莎白女王"级航母是英国皇家海军最新型的航空母舰。一号舰"伊丽莎白"女王号已于 2014 年 7 月 8 日下水,并在 2017 年服役,二号舰"威尔士王"号 2018 年服役。

### 性能解析

"伊丽莎白女王"级航母首创"滑跳"式甲板结合"电磁弹射器"的新概念,主力 F-35 舰载机使用弹射方式升空,可大幅增加该机的机身载重。该舰的圆滑形状舰首及前舰岛上方的整流罩均有助于降低风阻,外观线条也大幅简化。由于预算不足,目前"伊丽莎白女王"级航母并未采用昂贵的核反应堆,而是使用较便宜的柴油机及发电机组。

| 基本参数 | |
|---|---|
| 服役时间 | 2017 年至今 |
| 同级数量 | 2 艘 |
| 满载排水量 | 65 000 吨 |
| 全长 | 280 米 |
| 全宽 | 39 米 |
| 吃水 | 11 米 |
| 最高航速 | 25 节以上 |
| 续航距离 | 10 000 海里 |
| 舰员 | 2 279 人 |

### 舰船特点

"伊丽莎白女王"级航空母舰是英国国防部为英国皇家海军正在建造的一款传统动力短距滑跃起降双舰岛航空母舰。该级舰将取代以反潜作战为主要任务,只能搭载数量非常有限的攻击型舰载机的"无敌"级航空母舰,作为未来皇家海军的远洋主力。

# 法国"圣女贞德"号航母

"圣女贞德"号航母是法国自行建造的航空巡洋舰，也可视为直升机母舰。

## 性能解析

"圣女贞德"号航母的外形设计以防空护卫舰为原型，前半部为整体岛式建筑，中后部为宽大的直升机飞行甲板，同时可容纳 4 个机位的起降。作为直升机航母，"圣女贞德"号在执行作战任务时，可载 8 架 SA-321G"超级大黄蜂"型武装直升机，攻击敌方水面舰艇。在平时，该舰主要作为训练舰艇使用，配备"云雀""超级美洲豹"等型直升机。

| 基本参数 | |
| --- | --- |
| 服役时间 | 1964—2010 年 |
| 同级数量 | 1 艘 |
| 满载排水量 | 12 365 吨 |
| 全长 | 182 米 |
| 全宽 | 24 米 |
| 吃水 | 7.5 米 |
| 最高航速 | 28 节 |
| 续航距离 | 7 500 海里 |
| 舰员 | 627 人 |

## 舰船特点

"圣女贞德"号航母是法国自行建造的第 1 艘直升机母舰，它是法国海军第 6 艘以法兰西民族女英雄圣女贞德命名的军舰。 在服役期间，"圣女贞德"号航母都会在其他法国舰艇的伴随下周游世界，目的是通过远洋航行来训练法国海军未来的官兵。多年来，"圣女贞德"号航母的足迹遍及世界各个角落。

# 法国"克莱蒙梭"级航母

"克莱蒙梭"级航母是法国自行建造的第1批航空母舰。

## 性能解析

"克莱蒙梭"级航母属于传统式设计，拥有倾斜度为8°的斜形飞行甲板、单层装甲机库，以及法国自行设计的镜面辅助降落装置，2部升降机，2部弹射器，1部在飞行甲板前端，1部在斜形甲板上。该级舰曾是世界上唯一能起降固定翼飞机的中型航母，主要装载10架F-8"十字军"战斗机、16架"超军旗"攻击机、3架"军旗Ⅳ"攻击机、7架"贸易风"反潜机和4架"云雀Ⅲ"直升机。

| 基本参数 | |
|---|---|
| 服役时间 | 1961—2000 年 |
| 同级数量 | 2 艘 |
| 满载排水量 | 32 780 吨 |
| 全长 | 265 米 |
| 全宽 | 51.2 米 |
| 吃水 | 8.6 米 |
| 最高航速 | 32 节 |
| 舰载机容量 | 40 架 |
| 舰员 | 1338 人 |

## 舰船特点

"克莱蒙梭"级航空母舰是法国著名的1级航空母舰。它是二战后法国海军自行建造的第1级航空母舰，也是当时世界唯一能起飞固定翼飞机的中型航空母舰。法国在二战后初期的航舰实际操作上获得了不少宝贵经验，"克莱蒙梭"级就是融合了这些经验和技术而建造的。此级航舰为法国海军执行了很多任务。

# 法国"夏尔·戴高乐"号航母

"夏尔·戴高乐"号航母是法国目前仅有的一艘航空母舰。

## 性能解析

与美国的核动力航空母舰一样，"戴高乐"号航母也采用斜向飞行甲板，而不采用欧洲航空母舰常见的"滑跃"式甲板设计。该舰还是历史上第 1 艘在设计时加入了隐身性能考虑的航空母舰。由于吨位仅有美国同类舰只的一半，所以"夏尔·戴高乐"号配备了 2 部弹射器，而美军的核动力航空母舰通常为 4 部弹射器。另外，其舰载机容量也只有美国同类舰只的一半。

| 基本参数 | |
| --- | --- |
| 服役时间 | 2001 年至今 |
| 同级数量 | 1 艘 |
| 满载排水量 | 42 500 吨 |
| 全长 | 261.5 米 |
| 全宽 | 31.5 米 |
| 吃水 | 9.4 米 |
| 最高航速 | 27 节 |
| 续航距离 | 接近无限 |
| 舰员 | 1 950 人 |

## 舰船特点

"夏尔·戴高乐"号航母是法国第 1 艘核动力航空母舰和世界上唯一一艘非美国海军下属的核动力航空母舰，是法国海军现役唯一一艘航空母舰，也是法国海军旗舰；"夏尔·戴高乐"号航母是法国历史上拥有的第 10 艘航空母舰，其命名源自法国著名的军事将领、政治家夏尔·戴高乐。

# 意大利"加里波第"号航母

"加里波第"号航母是意大利海军第一艘轻型航空母舰。

## 性能解析

    "加里波第"号航母的武器配置齐全，反舰、防空及反潜三者兼备，既可作为航母编队的指挥舰，又可单独行动。动力系统采用体积小、重量轻、功率大、启动快、操纵灵活的燃气轮机，使航速达 30 节，而且机动性强，从静止状态到全功率状态只需 3 分钟。该舰的标准载机方式是 8 架 AV-8B "鹞 II"战斗机和 8 架 SH-3D "海王"直升机，在特殊情况下，也可只载 16 架 AV-8B 或 18 架 SH-3D。

| 基本参数 | |
|---|---|
| 服役时间 | 1985 年至今 |
| 同级数量 | 1 艘 |
| 满载排水量 | 13 370 吨 |
| 全长 | 180.2 米 |
| 全宽 | 33.4 米 |
| 吃水 | 7.5 米 |
| 最高航速 | 30 节 |
| 续航距离 | 7 000 海里 |
| 舰员 | 825 人 |

## 舰船特点

    "加里波第"号航母是继"无敌"级航母之后出现的又一款具有代表性的轻型航空母舰，它比"无敌"级航母更轻，排水量只有"无敌"级的 2/3，号称世界上吨位最小的航空母舰。该舰的主要任务是在地中海上执行警戒巡逻、扼守和保卫直布罗陀海峡通道，单独或率领特混编队遂行反潜、防空和反舰任务、掩护和支援两栖攻击，为运输船队护航，确保海上交通线畅通等。

意大利"加富尔"号航母

"加富尔"号航母是意大利第二代可用于实战的主力战舰。

### 性能解析

　　"加富尔"号航空母舰使用全通飞行甲板，采用了英国"无敌"级航空母舰的"滑跃"跑道设计。其飞行甲板长度为220米、宽度为34米，其飞行道长度为180米、宽度为14米，斜坡甲板倾斜度为12°，有1个合成孔径雷达平台突出在外，8架飞机的停放区位于跑道旁边，可停放12架舰载直升机(EH-101)或8架固定翼舰载机(AV-8B 或 F-35)。甲板上有6个直升机起降区，可以起降中型直升机。此外，该舰还能运输车辆和登陆艇。

| 基本参数 | |
| --- | --- |
| 服役时间 | 2008 年至今 |
| 同级数量 | 1 艘 |
| 满载排水量 | 30 000 吨 |
| 全长 | 244 米 |
| 全宽 | 39 米 |
| 吃水 | 8.7 米 |
| 最高航速 | 28 节 |
| 续航距离 | 7 000 海里 |
| 舰员 | 1 210 人 |

### 舰船特点

　　未来轻型航空母舰的主要任务已经从冷战时代的反潜作战转变为提供两栖作战所需的空中支援与筹载能力，甚至与以往专业两栖舰艇的界线日益模糊。未来除了综合国力较强的美国、英国与法国外，其他西方国家由于经费有限，一种舰艇最好能满足多功能性。以轻型航空母舰与拥有两栖突击舰为例，两者在航空器操作上有不少相似的特性，而轻型航空母舰还拥有能容纳登陆部队、物资的空间，所以造就了"加富尔"号这类兼具轻型航空母舰与两栖运输舰功能的弹性设计。

# 泰国"查克里·纳吕贝特"号航母

"查克里·纳吕贝特"号航母是泰国海军目前唯一的航空母舰。

## 性能解析

　　"查克里·纳吕贝特"号航母借鉴了"阿斯图里亚斯亲王"号航母的设计，但在多项战术技术性能上有了显著的提高。该舰的满载排水量比"阿斯图里亚斯亲王"号缩小了近1/3，而载机量仅减少1/4，单位排水量的载机率有所提高。外形上，"查克里·纳吕贝特"号航母更为美观，柱状桅紧靠烟囱，岛式上层建筑有所延长。该舰的飞行甲板也采用了"滑跃"式设计，甲板首部斜坡上翘12°。为了提高耐波性，"查克里·纳吕贝特"号航母在舱部安装了展翼型防摇龙骨，并装设2对液压自动控制的减摇鳍。

| 基本参数 | |
| --- | --- |
| 服役时间 | 1997年至今 |
| 同级数量 | 2艘 |
| 满载排水量 | 11 486 吨 |
| 全长 | 164.1 米 |
| 全宽 | 22.5 米 |
| 吃水 | 6.12 米 |
| 最高航速 | 27 节 |
| 续航距离 | 10 000 海里 |
| 舰员 | 675 人 |

## 舰船特点

　　"查克里·纳吕贝特"号航空母舰在施工工艺上采取了一系列先进措施，应用"综合建造工艺"和"模块化建造工艺"等，大为缩短在船台上的建造周期。"查克里·纳吕贝特"号航母是目前世界上最小的航空母舰。

# 西班牙"阿斯图里亚斯亲王"号航母

"阿斯图里亚斯亲王"号航母是西班牙第一艘自行建造的航空母舰。

## 性能解析

由于飞行甲板只有 175.3 米长，因此，"阿斯图里亚斯亲王"号航母也采用了"滑跃"跑道设计。该舰有几个独特之处：一是飞行甲板在主甲板之上，从而形成敞开式机库，这在二战后的航空母舰中是绝无仅有的；二是动力系统只采用 2 台燃气轮机，并且是单轴单桨，这在现代航母中同样是独一无二的；三是机库面积达 2 300 平方米，比其他同型航母多出 70%，接近法国中型航母的水平。

| 基本参数 | |
|---|---|
| 服役时间 | 1988—2013 年 |
| 同级数量 | 2 艘 |
| 满载排水量 | 16 900 吨 |
| 全长 | 195.5 米 |
| 全宽 | 24.3 米 |
| 吃水 | 9.4 米 |
| 最高航速 | 27 节 |
| 续航距离 | 6 500 海里 |
| 舰员 | 763 人 |

## 舰船特点

"阿斯图里亚斯亲王"号航母是西班牙海军舰队的旗舰，也是西班牙海军的中流砥柱——战斗群的核心。与原始制海舰的低档设计相较，"阿斯图里亚斯亲王"号航母最大的强化在于拥有完善的指管通信能力。它的战情室不仅能整合、操控本舰上所有侦测系统与武装，甚至也能指挥航空母舰战斗群内其他舰艇的武器，对特定的目标进行攻击。此外也能通过数据链来整合战斗群中各舰艇电子支援系统的资讯，并通过三角定位法，在不开启任何主动感测器的情况下获得敌方雷达波来源的位置。

# 巴西"圣保罗"号航母

　　"圣保罗"号航母原是法国"克莱蒙梭"级航母的二号舰"福煦"号，巴西海军购买后将其改名。

## 性能解析

　　"圣保罗"号航母具有与美国大型航母相同的斜角甲板和相应设备。该舰的飞行甲板分为两部分：一部分是舰首的轴向甲板，长度为90米，设有1部BS5蒸汽弹射器，可供飞机起飞；另一部分是斜角甲板，长度为163米，宽度为30米，甲板斜角为8°，设有1部BS5蒸汽弹射器和4道拦阻索，既可供飞机起飞，又可供飞机降落。在右舷上层建筑前后各有1部升降机。此外，该舰的机库总面积为4 320平方米，分隔成3个库区。

| 基本参数 | |
|---|---|
| 服役时间 | 2000 年至今 |
| 同级数量 | 2 艘 |
| 满载排水量 | 32 800 吨 |
| 全长 | 265 米 |
| 全宽 | 31.7 米 |
| 吃水 | 8.6 米 |
| 最高航速 | 32 节 |
| 续航距离 | 7 500 海里 |
| 舰员 | 1 338 人 |

## 舰船特点

　　"圣保罗"号航空母舰满载排水量为32 800吨，采用全通式斜角飞行甲板，拥有2台美制米歇尔·布朗BS5蒸汽弹射器以及4组降落拦阻索，能搭载40架以上的固定翼机与直升机。原"克里蒙梭"级航空母舰配套机种是F-8战斗机和超级军旗攻击机，"圣保罗"号航母的舰载机则为A-4攻击机和C-1运输机以及S-70B反潜直升机。

# 印度"维拉特"号航母

"维拉特"号航母原是英国"人马座"级航母的四号舰，1985年转售给印度。

## 性能解析

"维拉特"号航母经过多次改装，现在以反潜、制空和指挥功能为主。该舰前部设有宽度为49米的直通型飞行甲板，有12°的滑橇角，上升的斜坡长度为46米，以使舰载机能在较短的距离内滑跃升空。"维拉特"号航母的飞行甲板上共设有7个直升机停放区，可供多架直升机同时起降。机库内可搭载12架"海鹞"垂直/短距起降飞机和7架Mk2型反潜直升机。实际作战时，可将"海鹞"搭载量增至30架，但它们不能全部进入机库。

| 基本参数 | |
|---|---|
| 服役时间 | 1987年至今 |
| 同级数量 | 4 艘 |
| 满载排水量 | 28 700 吨 |
| 全长 | 226.9 米 |
| 全宽 | 48.78 米 |
| 吃水 | 8.8 米 |
| 最高航速 | 28 节 |
| 续航距离 | 6 500 海里 |
| 舰员 | 1 350 人 |

## 舰船特点

"维拉特"号航母原为英国皇家海军"竞技神"号航母，从1959年起，共在英国海军服役28年。1987年，印度购得该舰，将其命名为"维拉特"号。印度海军购买"维拉特"号航母是为了取代更为老旧的英制"维克兰特"号航母，充当舰队主力。"维拉特"号航母可搭载英制"海鹞"舰载机、"海王"直升机和印度自产的"印度豹""北极星"直升机。单从设计和性能来看，该舰确有独到之处，因此仍具备相当的改进潜力。

# 印度"维兰玛迪雅"号航母

"维兰玛迪雅"号航母原本是俄罗斯"基辅"级航母的四号舰"戈尔什科夫海军上将"号。

## 性能解析

与美国航空母舰竭力腾出空间停放飞机的设计理念不同，苏联"基辅"级航母的甲板面积中仅 60% 用于飞机起飞停放，其飞行甲板长度为195 米，宽度为 20.7 米。"戈尔什科夫海军上将"号卖给印度后，改造重点是将舰首的武器全部拆除，把它变成"滑跃"式甲板，以便米格–29K舰载机起飞。斜向甲板加上了 3 条拦阻索，以便米格–29K 顺利降落。此外，飞行甲板面积有所增大，

| 基本参数 | |
|---|---|
| 服役时间 | 2013 年至今 |
| 同级数量 | 4 艘 |
| 满载排水量 | 45 000 吨 |
| 全长 | 283.1 米 |
| 全宽 | 53 米 |
| 吃水 | 10.2 米 |
| 最高航速 | 32 节 |
| 续航距离 | 13 500 海里 |
| 舰员 | 1 600 人 |

已损坏的锅炉换为柴油发动机。整体来说，改造后的"维兰玛迪雅"号航母变成了一艘缩小版的"库兹涅佐夫"级航母。

## 舰船特点

为了操作米格 –29K 固定翼舰载机，"维兰玛迪雅"号航母的起降模式改为与俄罗斯"库兹涅佐夫海军上将"号航空母舰相同的短距起飞 / 拦阻索回收；舰面上原有的防空导弹与反舰导弹等全数都遭到拆除，舰首加装 14.5° 的滑跃甲板；飞行甲板的结构与布局也进行大幅变更，左舷追加斜角甲板作为飞机降落动线并扩大飞行甲板面积，右舷甲板也向外延伸。

## 印度"维克兰特"号航母

"维克兰特"号航母是印度自行研制的第 1 艘航母，舰名是为了纪念印度从英国采购的第 1 艘航母。

### 性能解析

"维克兰特"号航母的舰体长度为 260 米，宽度为 60 米，高度相当于 14 层建筑，共有 5 层甲板，最上层为飞行甲板，其次是机库甲板，下面还有两层甲板和底层的支撑甲板。飞行甲板上设有 2 条约 200 米长的跑道，一条为专供飞机起落的滑橇式跑道，另一条为装备有 3 条飞机制动索的着陆跑道。该航母最多可搭载 30 架舰载机，其中 17 架可存放在机库内。根据各国军工企业

| 基本参数 | |
| --- | --- |
| 服役时间 | 尚未服役 |
| 同级数量 | 1 艘 |
| 满载排水量 | 40 000 吨 |
| 全长 | 260 米 |
| 全宽 | 60 米 |
| 吃水 | 10 米 |
| 最高航速 | 28 节 |
| 舰载机容量 | 30 架 |
| 舰员 | 1 600 人 |

发布的公开信息，"维克兰特"号航母的燃气轮机、螺旋桨、升降机、相控阵雷达、指挥控制系统、卫星通信、惯性导航、电子对抗等关键部分都是"舶来品"。

### 舰船特点

"维克兰特"号航母是印度第 1 艘国产航母，此航母设计有 2 条起飞跑道和 1 条降落跑道，可搭载 30 多架舰载机。2015 年 5 月 28 日，外形基本成型的"维克兰特"号航母第 3 次下水，但船坞出口处的淤泥导致了船坞大门的故障，使得出坞工作被迫延迟。

# Chapter 03

# 巡 洋 舰

　　巡洋舰指在排水量、火力、装甲防护等方面仅次于战列舰的大型水面舰艇，拥有同时对付多个作战目标的能力，并且能胜任多种任务。随着海军航空兵的崛起，巡洋舰的地位日渐衰落。现在已无人计划打造新的巡洋舰，它们的作用完全被驱逐舰代替，不过现在仍有一些巡洋舰在服役。

# 美国"布鲁克林"级巡洋舰

"布鲁克林"级巡洋舰是美国于 20 世纪 30 年代建造的轻型巡洋舰。

## 性能解析

　　"布鲁克林"级巡洋舰装备了美国新研制的 47 倍口径 Mk 16 型舰炮，最大射程 23 882 米。炮塔正面装甲达 165 毫米，副炮为 167 毫米 25 倍单装炮。防空武器主要为 12.7 毫米机枪。舰尾装备 2 部弹射器和 4 架水上飞机，无鱼雷装置。

## 舰船特点

　　拥有坚强火力和优秀性价比的"布鲁克林"级巡洋舰是国际军火市场上的抢手货，除"萨凡纳"号、"火努鲁鲁"号和被击沉的"海伦纳"号之外全部被南美国家购入充实本国海军实力。

| 基本参数 | |
|---|---|
| 服役时间 | 1937—1947 年 |
| 同级数量 | 7 艘 |
| 满载排水量 | 12 207 吨 |
| 全长 | 185 米 |
| 全宽 | 19 米 |
| 吃水 | 7 米 |
| 最高航速 | 32.5 节 |
| 续航距离 | 10 000 海里 |
| 乘员 | 868 人 |

# 美国"亚特兰大"级巡洋舰

"亚特兰大"级巡洋舰是美国在二战期间建造的轻型巡洋舰。

### 性能解析

"亚特兰大"级巡洋舰的船体类似"布鲁克林"级巡洋舰,保留了舰尾的横梁,后甲板下甚至还有机库。主机包括 4 台高压锅炉。与其他美国巡洋舰不同的是,它采用了与驱逐舰类似的双轴涡轮。该级舰最初装有 8 座双联装 127 毫米舰炮,并配有大量次级防空武器,包括 16 座 27.94 毫米舰炮,6 座 20 毫米防空加农炮。"亚特兰大"级巡洋舰还是美国海军在二战期间列装的唯一加装有鱼雷发射管的巡洋舰。

| 基本参数 | |
| --- | --- |
| 服役时间 | 1941—1949 年 |
| 同级数量 | 8 艘 |
| 满载排水量 | 7 400 吨 |
| 全长 | 164.9 米 |
| 全宽 | 16.1 米 |
| 吃水 | 6.3 米 |
| 最高航速 | 33.6 节 |
| 续航距离 | 8 500 海里 |
| 乘员 | 800 人 |

### 舰船特点

为了更符合驱逐舰编队旗舰的作战身份,"亚特兰大"级巡洋舰安装了 2 座从早期重巡洋舰上拆除的三联装鱼雷发射管,后来又换装了从"西姆斯"级驱逐舰上拆下来的四联装发射管。其他武器包括声呐和深水炸弹、无舰载机。"亚特兰大"级共建成了 4 艘,2 艘战沉,堪称美国海军战功卓著的一级战舰。因其在战争初期就已建成并加入太平洋舰队,几乎参与了美军在太平洋上的每次军事行动,为太平洋战争的胜利立下了汗马功劳。

# 美国"克利夫兰"级巡洋舰

"克利夫兰"级巡洋舰是美国在二战中参战最多的巡洋舰。

## 性能解析

　　"克利夫兰"级巡洋舰使用了先进的独立防水隔舱，因而防护能力较强，再加上火力强大，因此该级巡洋舰经常作为快速航母编队的成员参加战斗。该级舰装有 4 座三联装 Mk16 型 152 毫米舰炮、6 座双联装 Mk12 型 127 毫米舰炮、12 座 40 毫米博福斯高炮和 20 座 20 毫米"厄利空"高炮。

## 舰船特点

　　"克利夫兰"级巡洋舰是美国海军的二战前设计，并在开战后服役的巡洋舰，也是美国二战参战最多的巡洋舰。

| 基本参数 | |
| --- | --- |
| 服役时间 | 1942—1979 年 |
| 同级数量 | 27 艘 |
| 满载排水量 | 14 131 吨 |
| 全长 | 186 米 |
| 全宽 | 20.2 米 |
| 吃水 | 7.5 米 |
| 最高航速 | 32 节 |
| 续航距离 | 10 000 海里 |
| 乘员 | 1 258 人 |

# 美国"伍斯特"级巡洋舰

"伍斯特"级巡洋舰是美国在二战后建造的防空巡洋舰。

## 性能解析

　　为了能跟随设计中的"中途岛"级大型航母配合作战，"伍斯特"级巡洋舰的最高航速达到33节，标准排水量14 700吨，远远超越了同样装备有12门152.4毫米舰炮的"克利夫兰"级巡洋舰，仅比有"最后的重巡"之称的"德梅因"级巡洋舰要小。"伍斯特"级巡洋舰装备12座152.4毫米高平两用炮，12座双联装76.2毫米舰炮，12~16座20毫米"厄利空"机关炮。

| 基本参数 | |
|---|---|
| 服役时间 | 1948—1958 年 |
| 同级数量 | 2 艘 |
| 满载排水量 | 18 000 吨 |
| 全长 | 207.1 米 |
| 全宽 | 21.5 米 |
| 吃水 | 7.5 米 |
| 最高航速 | 33 节 |
| 乘员 | 1 401 人 |

## 舰船特点

　　"伍斯特"级巡洋舰使用双烟囱、平甲板外形。尽管过渡时期的设计还是以单烟囱为主，这样有利于节省甲板空间以布置更多的武器，同时还能缩短装甲带长度以节省重量，但是一个大的、合并式的锅炉舱并不利于该舰安全性的提高。

# 美国"朱诺"级巡洋舰

"朱诺"级巡洋舰是美国海军基于"亚特兰大"级巡洋舰改良的轻型巡洋舰。

## 性能解析

"朱诺"级巡洋舰的主炮组包括6座双联装127毫米舰炮，二级防空武器系统包括32座博福斯40毫米防空炮、16座20毫米防空加农炮，以及高爆炮弹。"朱诺"级巡洋舰的推进系统与"亚特兰大"级巡洋舰相同：4台665 psi锅炉，与2台齿轮蒸汽涡轮机相连，可产生56兆瓦推力。"朱诺"级巡洋舰与"亚特兰大"级巡洋舰的装甲标准相同：侧面装甲最高厚度为88.9毫米，舰桥和5英寸炮塔装甲仅厚31.75毫米。

| 基本参数 | |
|---|---|
| 服役时间 | 1946—1955 年 |
| 同级数量 | 3 艘 |
| 满载排水量 | 8 450 吨 |
| 全长 | 164.9 米 |
| 全宽 | 16.1 米 |
| 吃水 | 6.3 米 |
| 最高航速 | 32.7 节 |
| 续航距离 | 6 440 海里 |
| 乘员 | 742 人 |

## 舰船特点

"朱诺"级巡洋舰为"亚特兰大"级的改良型号，最大的变化在于减少了主武器的数量，但根据40毫米博福斯高炮的优异表现而大大增加了其数量，主要担负舰队防空任务。

# 美国"巴尔的摩"级巡洋舰

"巴尔的摩"级巡洋舰是美国海军在二战中建造的重型巡洋舰。

## 性能解析

　　"巴尔的摩"级巡洋舰装备有 3 座三联装 203 毫米主炮，并安装了服役不久的双联装 127 毫米副炮和无线电近爆引信炮弹。受益于其庞大的舰体和充足的火力，"巴尔的摩"级巡洋舰的防空能力仅次于快速战列舰，因此，本级舰服役后，多半用于快速航母舰队的护航。

## 舰船特点

| 基本参数 | |
|---|---|
| 服役时间 | 1943—1971 年 |
| 同级数量 | 14 艘 |
| 满载排水量 | 17 000 吨 |
| 全长 | 205.26 米 |
| 全宽 | 21.59 米 |
| 吃水 | 8.18 米 |
| 最高航速 | 33 节 |
| 乘员 | 1 146 人 |

　　"巴尔的摩"级是美国海军在二战中建造的重型巡洋舰，也是美国摆脱条约限制后最先建造的在武装和防护上比较合理的重型巡洋舰。14 艘同级舰中"昆西"号多数在欧洲海域服役，参加了支援法国北部和南部的登陆，并承担了运送富兰克林总统前往欧洲参加两次重要会议的任务。

# 美国"俄勒冈"级巡洋舰

"俄勒冈"级巡洋舰是美国在"巴尔的摩"级巡洋舰基础上建造的重型巡洋舰。

## 性能解析

在舰体设计上，"俄勒冈"级巡洋舰沿用了"巴尔的摩"级巡洋舰的设计，两者极为相似，但"俄勒冈"级巡洋舰的设计更为紧凑，去掉了后烟囱。该级舰的标准排水量为13 660吨，四轴推进，最大航速33节。主炮为3座三联装203毫米炮，副炮为6座双联装Mk12型127毫米38倍口径高平两用炮。

| 基本参数 | |
| --- | --- |
| 服役时间 | 1946—1970 年 |
| 同级数量 | 4 艘 |
| 满载排水量 | 16 500 吨 |
| 全长 | 205 米 |
| 全宽 | 21 米 |
| 吃水 | 8 米 |
| 最高航速 | 33 节 |
| 续航距离 | 10 000 海里 |
| 乘员 | 1 143 人 |

## 舰船特点

"俄勒冈"级是美国海军的重型巡洋舰。虽然最初美国海军计划建造10艘这种巡洋舰，但仅有4艘完工——其中一艘为指挥舰。

# 美国"德梅因"级巡洋舰

"德梅因"级巡洋舰是美国最后一批，也是设计最精良的一批火炮巡洋舰。

## 性能解析

根据美军在太平洋海战中的经验，"德梅因"级巡洋舰侧重防空和主炮火力，在主甲板上又铺设了一层防触发引信的新甲板，扩大了弹药舱的容量，使得最终标准排水量达到 19 993 吨。"德梅因"级巡洋舰采用 2 组通用电气公司的涡轮机和 4 个威尔考克斯公司的锅炉，四轴推进。

## 舰船特点

| 基本参数 | |
|---|---|
| 服役时间 | 1948—1975 年 |
| 同级数量 | 3 艘 |
| 满载排水量 | 21 268 吨 |
| 全长 | 218.4 米 |
| 全宽 | 23.3 米 |
| 吃水 | 6.7 米 |
| 最高航速 | 33 节 |
| 续航距离 | 10 500 海里 |
| 乘员 | 1 799 人 |

在舰体设计上，"德梅因"级更多地沿用了"巴尔的摩"级的设计，但设计更为紧凑，去掉了后烟囱。"德梅因"级原计划安装 12 座博福斯 4 联装 40 毫米口径的高炮和 20 门 20 毫米厄立孔单管高炮，但美军发现实战中这两种炮杀伤力都不足，无法摧毁日本的"神风"特攻机。因此最后用 Mk33 型 76 毫米双联防空炮代替了博福斯炮。

# 美国"阿拉斯加"级巡洋舰

"阿拉斯加"级巡洋舰是美国在二战后期建造的大型巡洋舰。

## 性能解析

　　"阿拉斯加"级巡洋舰原本是设计为巡洋舰队的领舰，对手是日本的重型巡洋舰，因此拥有较强的火力、机动性和高级的指挥性能，但是造价昂贵，与"衣阿华"级战列舰差不多，但装甲防护相差悬殊。"阿拉斯加"级巡洋舰的主要武器是装备于3座三联装304.8毫米Mk8主炮。

## 舰船特点

| 基本参数 | |
| --- | --- |
| 服役时间 | 1944—1947 年 |
| 同级数量 | 2 艘 |
| 满载排水量 | 34 253 吨 |
| 全长 | 246.3 米 |
| 全宽 | 27.6 米 |
| 吃水 | 9.2 米 |
| 最高航速 | 33 节 |
| 续航距离 | 11 350 海里 |
| 乘员 | 1 517 人 |

　　以其尺寸和火力来看，"阿拉斯加"级巡洋舰与德国的"沙恩霍斯特"级巡洋舰不相上下。从"阿拉斯加"级巡洋舰的反舰、防空两方面的设计用途来看，在二战中，美国海军对主力舰的使用方法进行了革命性的改进。打击水面舰船的任务大多被交给了航母舰载机和潜艇；新建造的高速战舰和快速驱逐舰担任航母编队的防空和护航任务；老式的低速战列舰则担任对岸轰炸、登陆支援的任务。

# 美国"北安普敦"号巡洋舰

"北安普敦"号是美国于 20 世纪 60 年代建造的用于核战指挥的巡洋舰。

## 性能解析

经过重新设计的"北安普敦"号是一艘现代化的编队指挥舰，二战时期为该巡洋舰设计的三联装 203 毫米主炮被撤销，配备了用于防空的新型 127 毫米 Mk30 舰炮。该舰是美国迄今为止唯一一艘用于核战指挥的巡洋舰，被美国人誉为"海上移动的国防部"。

| 基本参数 | |
|---|---|
| 服役时间 | 1953—1970 年 |
| 同级数量 | 1 艘 |
| 满载排水量 | 13 920 吨 |
| 全长 | 205.71 米 |
| 最高航速 | 33 节 |
| 乘员 | 2 000 人 |

## 舰船特点

"北安普敦"号为二战美国海军"北安普敦"级重型巡洋舰首舰。1932 年起，"北安普敦"号被调到太平洋执行任务，进驻圣佩德罗，后又跟随太平洋舰队进驻珍珠港。在战前，"北安普敦"号接受了防空火力的加强，但由于 28 毫米火炮生产数量不足，在 1940 年先装上了 4 门单管 76 毫米火炮应急。在 1941 年，这 4 门炮被拆除，改装为 4 座四联装 28 毫米防空炮，"北安普敦"号成为该级最后一艘完成 28 毫米舰上炮的军舰。

# 美国"长滩"号巡洋舰

"长滩"号巡洋舰是美国建造的世界上第一艘核动力水面战斗舰艇。

## 性能解析

　　"长滩"号巡洋舰的武器原以防空为主，以RIM-2 中程防空导弹和 RIM-8 长程防空导弹为主干，其他有反潜导弹、反潜鱼雷、舰炮等，现代化改装后加装"密集阵"系统、"战斧"巡航导弹、"鱼叉"反舰导弹，使火力更加充足，应付目标更多元。动力系统采用 2 座压水反应炉，2 台大型蒸汽涡轮发动机，功率为 58 840 千瓦，由双轴双舵推进。

## 舰船特点

| 基本参数 | |
|---|---|
| 服役时间 | 1961—1995 年 |
| 同级数量 | 1 艘 |
| 标准排水量 | 15 540 吨 |
| 全长 | 219.84 米 |
| 全宽 | 21.79 米 |
| 吃水 | 9.32 米 |
| 最高航速 | 30 节 |
| 续航距离 | 接近无限 |
| 乘员 | 1 160 人 |

　　"长滩"号巡洋舰是美国海军下的一艘核动力导弹巡洋舰，它是全世界第一艘核动力水面战斗舰艇，也是二战之后美国新造的首艘巡洋舰、全世界第一艘配备区域防空导弹的军舰，更是全世界第一艘以区域防空导弹击落敌机的军舰。"长滩"号在外观上最大的特色在于其类似中世纪城堡的壮观方块形舰桥构造，使其成为美国海军最引人注意的舰艇之一。

# 美国"莱希"级巡洋舰

"莱希"级巡洋舰是美国于 20 世纪 50 年代末建造的导弹巡洋舰。

## 性能解析

　　"莱希"级巡洋舰上舰对空、舰对舰和反潜导弹一应俱全：2 座四联装"鱼叉"舰对舰导弹发射装置、2 座 Mk-10 型 SM-2ER"标准"舰对空导弹发射装置、1 座八联装 Mk-16"阿斯洛克"反潜导弹发射装置，同时在舰中部两侧还布置了2 座 Mk-32 型鱼雷发射装置。此外，还设有 2 座 30 毫米"密集阵"近程防御武器系统。

## 舰船特点

　　"莱希"级巡洋舰采用长艏楼舰型，首部平直倾斜，首部下方设有球鼻首声呐导流罩。为了防止烟雾对武器和电子设备的腐蚀，"莱希"级首次采用烟囱和桅杆一体化结构。"莱希"级作为航空母舰编队的组成部分之一，其首要使命是防空作战，其次是反潜，同时可用于支援两栖作战。

| 基本参数 | |
| --- | --- |
| 服役时间 | 1962—1995 年 |
| 同级数量 | 9 艘 |
| 满载排水量 | 8 203 吨 |
| 全长 | 162.5 米 |
| 全宽 | 16.6 米 |
| 吃水 | 7.6 米 |
| 最高航速 | 32 节 |
| 续航距离 | 8 000 海里 |
| 乘员 | 1 160 人 |

美国"班布里奇"级巡洋舰

"班布里奇"级巡洋舰是美国建造的核动力巡洋舰。

## 性能解析

"班布里奇"级巡洋舰装有较强大的武器装备和电子设备：3 座四联装"鱼叉"舰对舰导弹发射装置、2 座双联装 Mk-10 型"标准"ER 中程舰对空导弹（配备导弹 80 发）发射装置、1 座八联装 Mk-16"阿斯洛克"反潜导弹发射装置、2 具三联装 324 毫米 Mk-32 鱼雷发射管、2 座"密集阵"近程防御武器系统，多部对海、对空、火控和导航雷达，以及球鼻首 SQQ23 型声呐和WSC3 型卫星通信系统。

| 基本参数 | |
| --- | --- |
| 服役时间 | 1962—1996 年 |
| 同级数量 | 1 艘 |
| 满载排水量 | 8 592 吨 |
| 全长 | 172.3 米 |
| 全宽 | 17.6 米 |
| 吃水 | 7.7 米 |
| 最高航速 | 30 节 |
| 乘员 | 470 人 |

## 舰船特点

"班布里奇"级巡洋舰核反应堆在全功率下可连续航行半年以上，降低了对后勤保障的依赖，在核、生化等大规模杀伤武器攻击的条件下，整个舰体可处于封闭状态。同时无烟害，减少了对电子设备的腐蚀。该舰配有较为齐全的舰空、反潜和反舰导弹系统。

# 美国"贝尔纳普"级巡洋舰

"贝尔纳普"级巡洋舰是美国于 20 世纪 60 年代建造的导弹巡洋舰。

## 性能解析

　　"贝尔纳普"级巡洋舰的武器精良，共有 2 座四联装"鱼叉"导弹发射架、1 座双联 Mk-10 型导弹发射架、2 座"密集阵"近程武器系统、1 门 127 毫米舰炮，以及箔条式干扰火箭发射器。该级舰的电子设备性能也十分先进，有多部对空、对海雷达及电子战系统等。此外，舰上还搭载有 1 架"拉姆普斯"反潜直升机。

| 基本参数 | |
|---|---|
| 服役时间 | 1964—1995 年 |
| 同级数量 | 9 艘 |
| 满载排水量 | 7 930 吨 |
| 全长 | 167 米 |
| 全宽 | 17 米 |
| 吃水 | 8.8 米 |
| 最高航速 | 32 节 |
| 乘员 | 477 人 |

## 舰船特点

　　"贝尔纳普"级是在"莱希"级的基础上改进而成的。两者在舰体线型、结构、动力装置等方面完全相同，但尾部装设的武器差别较大。首制舰"贝尔纳普"号曾于 1975 年 11 月与"肯尼迪"号航空母舰相撞，舰体严重受损，后经过大规模的修理与改装，于 1980 年 5 月重新服役。

# 美国 "特拉克斯顿" 号巡洋舰

"特拉克斯顿"号巡洋舰是美国海军第四代核动力水面舰只。

## 性能解析

　　"特拉克斯顿"号巡洋舰属于"贝尔普纳"级常规动力巡洋舰的核动力型，总体布局基本相同。"特拉克斯顿"号巡洋舰采用 Mk-10 型发射装置，可发射舰空导弹和反潜导弹，做到了一架两用。取消了 76 毫米舰炮，取而代之的是"鱼叉"反舰导弹，全舰主战火炮只有前甲板 1 座 127 毫米单管舰炮。

## 舰船特点

| 基本参数 | |
|---|---|
| 服役时间 | 1967—1995 年 |
| 同级数量 | 1 艘 |
| 满载排水量 | 8 659 吨 |
| 全长 | 172 米 |
| 全宽 | 18 米 |
| 吃水 | 9.3 米 |
| 最高航速 | 31 节 |
| 乘员 | 492 人 |

　　"特拉克斯顿"号巡洋舰外形特征较明显，桅杆特点更为突出。岛式建筑分为首尾两部分，首部低桅位于后部，网架结构，略前倾。尾部低桅位于前部，网架形，直立。前后均采用网架结构低桅，舰体后部干舷降低。

# 美国"加利福尼亚"级巡洋舰

"加利福尼亚"级巡洋舰是美国为"尼米兹"航母编队设计的一级大型护卫战舰。

## 性能解析

作为一种多用途巡洋舰，"加利福尼亚"级舰上装备众多，共有2座四联装"鱼叉"舰对舰导弹发射器、2座SM–1MR"标准"舰空导弹发射器、1座八联装Mk16型"阿斯洛克"反潜导弹发射器、2具Mk32型三联装反潜鱼雷发射管、2座20毫米Mk15型"密集阵"近程防御武器系统，以及Mk36型箔条火箭发射架。该级舰装有多部对空、对海搜索雷达，多套指挥控制系统。舰上还设有直升机起降平台。

| 基本参数 | |
|---|---|
| 服役时间 | 1974—1999年 |
| 同级数量 | 2艘 |
| 满载排水量 | 10 800吨 |
| 全长 | 179米 |
| 全宽 | 19米 |
| 吃水 | 9.6米 |
| 最高航速 | 30节 |
| 乘员 | 584人 |

## 舰船特点

"加利福尼亚"级巡洋舰属美国海军第三代核动力导弹巡洋舰，它在舰型设计、设备性能和武器装备等方面均有独到之处。

# 美国"弗吉尼亚"级巡洋舰

"弗吉尼亚"级巡洋舰是美国于 20 世纪 70 年代建造的核动力导弹巡洋舰。

## 性能解析

"弗吉尼亚"级巡洋舰的反舰武器主要是反舰型"战斧"导弹，辅助反舰武器为"鱼叉"反舰导弹，此外还有 2 座 127 毫米舰炮。防空方面主要依靠 2 座双联装 Mk26 导弹发射装置，可发射"标准 2"防空导弹。近程防御方面使用著名的"密集阵"近防系统。反潜方面主要依靠 Mk26 导弹发射装置发射"阿斯洛克"反潜导弹，备弹 24 枚。辅助反潜设备为 2 座三联装 Mk32 反潜鱼雷发射器。此外，该级舰还可搭载 2 架直升机。

| 基本参数 | |
|---|---|
| 服役时间 | 1976—1998 年 |
| 同级数量 | 4 艘 |
| 满载排水量 | 11 300 吨 |
| 全长 | 178.3 米 |
| 全宽 | 19.2 米 |
| 吃水 | 9.6 米 |
| 最高航速 | 30 节 |
| 乘员 | 500 人 |

## 舰船特点

"弗吉尼亚"级巡洋舰的主要任务是与核动力航母一起组成强大的特混编队，在危机发生时迅速开赴指定海域，为航母编队提供远程防空、反潜和反舰保护，同时也为两栖作战提供支援。该级舰是第一艘全综合指挥与可控制的导弹巡洋舰，具有独立或协同其他舰艇对付空中、水下和水面威胁的作战能力，其可在全球范围内执行各种作战任务。自从 20 世纪 80 年代以来，"弗吉尼亚"级巡洋舰先后进行了几次改装，不但防空、反潜能力大幅提高，而且还首次具备了对地攻击能力，大大提高了该级舰执行任务的灵活性。

# 美国"提康德罗加"级巡洋舰

"提康德罗加"级巡洋舰是美国第一种配备"宙斯盾"系统的作战舰只。

## 性能解析

　　"提康德罗加"级巡洋舰的武器配置比较全面，涵盖了反潜、反舰、防空和对地 4 个种类。由于该级舰的主要任务是防空，所以防空能力较为突出，装备了先进的"宙斯盾"防空系统。防空作战主要依靠"标准 2"导弹，近程防御方面则使用"密集阵"近程武器系统。

## 舰船特点

　　"提康德罗加"级巡洋舰的特色为配备以 AN/SPY-1 舰用相控阵雷达为核心的整合式水面作战系统。"提康德罗加"级原本为导弹驱逐舰，由于美国巡洋舰的陆续退役，1980 年 1 月 1 日被提升为导弹巡洋舰。

| 基本参数 | |
| --- | --- |
| 服役时间 | 1983 年至今 |
| 同级数量 | 27 艘 |
| 满载排水量 | 9 800 吨 |
| 全长 | 173 米 |
| 全宽 | 16.8 米 |
| 吃水 | 10.2 米 |
| 最高航速 | 32.5 节 |
| 续航距离 | 6 000 海里 |
| 乘员 | 387 人 |

# 俄罗斯"金达"级巡洋舰

"金达"级巡洋舰是苏联于20世纪60年代建造的一款导弹巡洋舰。

## 性能解析

　　"金达"级巡洋舰标准排水量4 800 吨，舰上装有2座四联装SS-N-3反舰导弹发射器，这种巨大的巡弋导弹射程可达764千米。舰上主要武器还有舰首1座SA-N-1防空导弹双臂发射器、舰尾2座双联装76毫米炮。2座反舰导弹发射器用搜索雷达可同时攻击两个目标。因为舰上无法搭载直升机，"金达"级巡洋舰要依赖其他舰只或直升机为其反舰导弹进行中途导航。

| 基本参数 | |
|---|---|
| 服役时间 | 1962—2002 年 |
| 同级数量 | 4 艘 |
| 满载排水量 | 5 500 吨 |
| 全长 | 141.9 米 |
| 全宽 | 15.8 米 |
| 吃水 | 5.3 米 |
| 最高航速 | 34 节 |
| 续航距离 | 7 000 海里 |
| 乘员 | 390 人 |

## 舰船特点

　　"金达"级巡洋舰总体上采用长艏楼线型，舰首尖瘦且狭长，舰首甲板向末端有小幅上翘，并有轻微外飘，尾部呈圆形。首楼的长度大概占到全舰的2/3，并集中了大部分上层建筑。首楼干舷较高，并且舰桥两侧起至尾楼甲板有明显的折角线。

# 俄罗斯"卡拉"级巡洋舰

"卡拉"级巡洋舰是苏联第一级燃气轮机巡洋舰。

## 性能解析

　　"卡拉"级巡洋舰是在"克里斯塔Ⅱ"级巡洋舰的基础上改进而来的，所以外形类似于"克里斯塔Ⅱ"级巡洋舰。因为反潜是该级舰的首要任务，所以它装备的反潜兵器齐装配套。远程反潜任务由1架卡–25直升机担负，中近程是2座四联装SS–N–14远程反潜导弹发射装置。此外，它还有2具五联装533毫米鱼雷发射管、2座12管RBU–6000和2座6管RBU–1000反潜深弹发射装置起辅助反潜作用。

| 基本参数 | |
|---|---|
| 服役时间 | 1973—2011 年 |
| 同级数量 | 7 艘 |
| 满载排水量 | 9 700 吨 |
| 全长 | 173.2 米 |
| 全宽 | 18.6 米 |
| 吃水 | 6.8 米 |
| 最高航速 | 32 节 |
| 乘员 | 780 人 |

## 舰船特点

　　在苏联海军巡洋舰中，"卡拉"级占有较重要的地位，该级舰是在"克列斯塔Ⅱ"级巡洋舰的基础上改进而来的，所以外形类似于"克列斯塔Ⅱ"级。在作战时，它担负远洋反潜的使命，对美国海军庞大的核潜艇舰队进行狙击，为自己的远洋编队构筑起一道水下防线。

# 俄罗斯"基洛夫"级巡洋舰

"基洛夫"级巡洋舰是苏联建造的大型核动力巡洋舰，目前装备于俄罗斯海军。

## 性能解析

"基洛夫"级巡洋舰采用的是苏联核动力指挥舰 SSV-22 的船体，并在舰上安装了大量的武器装备和电子设备，前桅杆上有巨大的雷达组件。上甲板上为 20 枚 SS-N-19"花岗岩"反舰导弹，舰体后部有 1 座 130 毫米 AK-130DP 多用途双管舰炮。该级舰的防空火力主要由 SA-N-6 防空导弹、SA-N-9 防空导弹、SA-N-4 防空导弹和"卡什坦"近防系统组成。"基洛夫"级巡洋舰的外围反潜任务主要依靠 3 架舰载直升机，使用型号为卡-27 或卡-25。

| 基本参数 | |
|---|---|
| 服役时间 | 1980 年至今 |
| 同级数量 | 4 艘 |
| 满载排水量 | 26 396 吨 |
| 全长 | 251.2 米 |
| 全宽 | 28.5 米 |
| 吃水 | 9.4 米 |
| 最高航速 | 31 节 |
| 乘员 | 727 人 |

## 舰船特点

"基洛夫"级巡洋舰是苏联海军与美海军争夺海洋进行军备竞赛的产物，是苏联海军为实现从近海走向远洋，从防御走向进攻与美海军争霸海洋的海军战略而制订的海军发展规划的组成部分之一，以用来弥补与美海军竞争中的不足。"基洛夫"级巡洋舰主要用于实施远洋反舰、反潜和防空作战。在作战时，它主要充当海上编队的核心力量，与其他舰只共同组成导弹巡洋舰编队，执行攻击敌方战斗舰艇和破坏敌方交通线的任务。

# 俄罗斯"光荣"级巡洋舰

"光荣"级巡洋舰是苏联研制的一款常规动力巡洋舰。

## 性能解析

　　"光荣"级巡洋舰被称为缩小型的"基洛夫"级巡洋舰，舰载武器在一定程度上相似。该级舰装备威力强大的 SS-N-12 反舰导弹作为主要攻击武器，全舰装有 16 枚。"光荣"级巡洋舰采用"三岛式"设计，上层建筑分首、中、尾三部分，这种设计便于武器装备和舱室的均衡分布，可提高舰艇的稳定性。该级舰还设有 1 个撑起的直升机平台，其宽度仅为舰宽的一半，可搭载 1 架卡 -25 或卡 -27 反潜直升机。

| 基本参数 | |
| --- | --- |
| 服役时间 | 1982 年至今 |
| 同级数量 | 3 艘 |
| 满载排水量 | 11 490 吨 |
| 全长 | 186.4 米 |
| 全宽 | 20.8 米 |
| 吃水 | 8.4 米 |
| 最高航速 | 32 节 |
| 续航距离 | 6 500 海里 |
| 乘员 | 529 人 |

## 舰船特点

　　"光荣"级巡洋舰与美国海军"提康德罗加"级巡洋舰是世界上现役仅有的两种常规动力巡洋舰。"光荣"级巡洋舰强调单舰的综合作战能力，因而携载有齐全而先进的武器装备，具有远、中、近和高、中、低多个层次的防御能力。

英国"快速"级巡洋舰

"快速"级巡洋舰是英国在二战期间建造的轻型巡洋舰。

## 性能解析

"快速"级巡洋舰的标准排水量为 8 500 吨，装备 3 座三联装 152 毫米主炮、5 座双联装 102 毫米高平炮、4 座四联装 40 毫米高炮、22 座 20 毫米高炮、2 具三联装 533 毫米鱼雷发射管。

## 舰船特点

"快速"级巡洋舰的设计是在"斐济"级巡洋舰的基础上进行修改的，"快速"级巡洋舰可以细化为"快速"级巡洋舰和"华丽"级巡洋舰，两级舰武器和排水量略有不同。

| 基本参数 | |
|---|---|
| 服役时间 | 1944—1958 年 |
| 同级数量 | 3 艘 |
| 满载排水量 | 11 560 吨 |
| 全长 | 169.3 米 |
| 全宽 | 19 米 |
| 吃水 | 5.26 米 |
| 最高航速 | 31.5 节 |
| 续航距离 | 8 000 海里 |
| 乘员 | 867 人 |

# 英国"老虎"级巡洋舰

"老虎"级巡洋舰是英国于 20 世纪 50 年代建造的巡洋舰。

## 性能解析

    "老虎"级巡洋舰的主要武器包括 2 座双联装 152 毫米舰炮，3 座双联装 76 毫米舰炮。改装为反潜巡洋舰后，后甲板扩大，主要装备 1 座双联装 152 毫米主炮，1 座 76 毫米高平炮，2 具双联装 533 毫米鱼雷发射管，1 座"海猫"近程防空导弹发射装置。此外还改装了机库，搭载"海王"直升机 1 架。

## 舰船特点

| 基本参数 | |
| --- | --- |
| 服役时间 | 1959—1979 年 |
| 同级数量 | 3 艘 |
| 满载排水量 | 11 700 吨 |
| 全长 | 169 米 |
| 全宽 | 19.5 米 |
| 吃水 | 7 米 |
| 最高航速 | 31.5 节 |
| 续航距离 | 8 000 海里 |
| 乘员 | 716 人 |

    "老虎"级巡洋舰本来是"狮"级的第四号舰。但在"老虎"号开工前，皇家海军决定对该舰进行全面改进，重新定位"老虎"级。其不仅锅炉技术得到进步，动力装置也进行了修改，在锅炉数量减少的情况下输出功率仍然比"狮"级有明显提高。在排水量提高的情况下，使增强防护成为可能，水平装甲板也有所加强。

# 法国"絮弗伦"级巡洋舰

"絮弗伦"级巡洋舰是法国于 20 世纪 20 年代建造的巡洋舰。

## 性能解析

"絮弗伦"级巡洋舰的主要武器包括：1924
年式 50 倍口径 203 毫米双联装炮塔 4 座，1924
年式 50 倍口径 75 毫米单管高炮 8 座（"絮弗伦"
号），1926 年式 50 倍口径 90 毫米双联装高炮（"迪
普莱科斯"号，"福煦"号、"科尔贝尔"号为单
管），1925 年式 37 毫米单管炮 8 座（"絮弗伦"号，
其余各舰为 6 座），13.2 毫米机关枪 16 挺（"迪
普莱科斯"号），三联装 550 毫米鱼雷发射管 2 具。
此外，该级舰还可搭载水上侦察机 2~3 架。

| 基本参数 | |
|---|---|
| 服役时间 | 1930—1947 年 |
| 同级数量 | 4 艘 |
| 满载排水量 | 12 780 吨 |
| 全长 | 194 米 |
| 全宽 | 20 米 |
| 吃水 | 7.3 米 |
| 最高航速 | 31 节 |
| 续航距离 | 4 500 海里 |
| 乘员 | 752 人 |

## 舰船特点

"絮弗伦"级巡洋舰注意了"迪凯纳"级巡洋舰装甲薄弱的缺点，进行了
加强，同级舰"絮弗伦"号在 1939 年 7 月成为远东舰队旗舰，同年 11 月和
英国皇家海军一起担任对澳大利亚船队的护航任务。

# 意大利"安德烈娅·多里亚"级巡洋舰

　　"安德烈娅·多里亚"级巡洋舰是意大利于 20 世纪 50 年代建造的导弹巡洋舰。

## 性能解析

　　"安德烈娅·多里亚"级巡洋舰的导弹系统主要为 2 座双联装"小猎犬"舰对空导弹发射装置，位于前部。舰炮为 8 座 76 毫米炮。另外还有 2 具三联装鱼雷发射管。该级舰用途很广，反潜作战由舰载直升机完成，防空任务由远程舰对空导弹系统和舰炮完成，也可作为大型舰队的指挥舰。后来设计建造出来的各种有垂直 / 短距起降飞机飞行甲板的舰只都是在该级舰的基础上发展起来的。

| 基本参数 | |
| --- | --- |
| 服役时间 | 1964—1992 年 |
| 同级数量 | 2 艘 |
| 满载排水量 | 6 500 吨 |
| 全长 | 149.3 米 |
| 全宽 | 17.2 米 |
| 吃水 | 5 米 |
| 最高航速 | 30 节 |
| 续航距离 | 6 000 海里 |
| 乘员 | 78 人 |

# Chapter 04

# 驱　逐　舰

驱逐舰是海军舰队中突击力较强的中型军舰之一，主要职责包括攻击潜艇和水面舰只、舰队防空，以及护航、侦察、巡逻、警戒、布雷、袭击岸上目标等，广泛的作战职能使得驱逐舰成为现代海军舰艇中用途最广、数量最多的舰艇。

# 美国"波特"级驱逐舰

"波特"级驱逐舰是美国海军在 20 世纪 30 年代的舰队更新计划中所开发的新式驱逐舰。

## 性能解析

"波特"级驱逐舰装有 4 座双联装 127 毫米高平两用炮（皆为封闭式的 Mk22 型，舰首、舰尾各 2 座），并搭配 2 座四联装 28 毫米口径的防空机关炮、2 具四联装 533 毫米鱼雷发射管和 2 条深水炸弹滑轨（备弹 14 枚）。而在进入二战之后，原来的 28 毫米机关炮被换装为 3 座四联装 40 毫米博福斯机关炮和 2 座三联装 20 毫米奥勒冈机关炮，对其防空火力有大幅度的加强。

| 基本参数 | |
| --- | --- |
| 服役时间 | 1936—1950 年 |
| 同级数量 | 8 艘 |
| 满载排水量 | 2 131 吨 |
| 全长 | 116 米 |
| 全宽 | 11.02 米 |
| 吃水 | 3.18 米 |
| 最高航速 | 35 节 |
| 续航距离 | 12 000 千米 |
| 舰员 | 194 人 |

此外，"波特"级驱逐舰还是当时美国唯一载有备用鱼雷的驱逐舰。

## 舰船特点

"波特"级驱逐舰在建成时有相当巨大的前桅和后桅，而且都是三角桅，二战中后桅被拆除，前桅也改成单脚桅，故与建成时有很大区别。

# 美国"弗莱彻"级驱逐舰

"弗莱彻"级驱逐舰是二战后期美国海军的主力战舰。

## 性能解析

　　"弗莱彻"级驱逐舰首要的克敌利器是其主炮武器装备系统，由5门127毫米高平两用舰炮及其射控装置构成，担负打击水面舰艇和远距离空中目标的双重任务。该级舰的中近程防空武器为3座双联装40毫米博福斯机关炮和7~10座单管20毫米"厄利空"机关炮。40毫米博福斯机关炮被公认为二战最优秀的小口径防空炮之一，美国于1941年6月获得博福斯公司授予的生产许可证。"弗莱彻"级驱逐舰的反舰武器为1~2具五联装533毫米鱼雷发射管。

| 基本参数 | |
|---|---|
| 服役时间 | 1941—1971 年 |
| 同级数量 | 175 艘 |
| 满载排水量 | 2 500 吨 |
| 全长 | 114.8 米 |
| 全宽 | 12 米 |
| 吃水 | 3.8 米 |
| 最高航速 | 36.5 节 |
| 续航距离 | 5 500 千米 |
| 舰员 | 329 人 |

## 舰船特点

　　"弗莱彻"级是美国二战中最著名的驱逐舰，它组成了二战中后期美国海军驱逐舰队的主力。它能和新生代的战舰以及二战时期刚刚问世的航空母舰齐头并进，"弗莱彻"级驱逐舰因此成为美军在战争后期南太平洋战区的主力战舰。

# 美国"查尔斯·F.亚当斯"级驱逐舰

　　"查尔斯·F.亚当斯"级导弹驱逐舰是 20 世纪 60 年代到 80 年代美国海军的防空主力舰种之一。

## 性能解析

　　"查尔斯·F.亚当斯"级驱逐舰的舰载武器包括：2 座 127 毫米高平两用炮。1 座 Mk10 双臂旋转导弹发射器，发射"鞑靼人"或"标准"防空导弹，载弹 40 枚，可再装填。1 座八联装 Mk112 导弹发射器，发射"阿斯洛克"反潜导弹，载弹 40 枚，可再装填。6 具三联装 324 毫米鱼雷发射管，发射 Mk32 反潜鱼雷。

## 舰船特点

　　"查尔斯·F.亚当斯"级驱逐舰的主要使命是执行航空母舰机动编队和登陆作战部队的反潜和防空护卫任务，实行海上封锁，对敌海岸进行攻击，海上巡逻和警戒等任务。

| 基本参数 | |
|---|---|
| 服役时间 | 1960—1993 年 |
| 同级数量 | 23 艘 |
| 满载排水量 | 4 526 吨 |
| 全长 | 133.2 米 |
| 全宽 | 14.3 米 |
| 吃水 | 7.3 米 |
| 最高航速 | 33 节 |
| 续航距离 | 8 300 千米 |
| 舰员 | 333 人 |

美国"艾伦·M.萨姆纳"级驱逐舰

"艾伦·M.萨姆纳"级驱逐舰是"弗莱彻"级驱逐舰的增大型，堪称美国在二战中建造得最好的驱逐舰。

### 性能解析

"艾伦·M.萨姆纳"级驱逐舰装有3座Mk32双联装127毫米高平两用炮，2具五联装533毫米鱼雷发射管（部分舰只减少为1具）。防空武器为2座四联装40毫米博福斯机关炮，2座双联装40毫米博福斯机关炮，11座单管20毫米"厄利空"机关炮。反潜武器为2个深水炸弹投掷槽和4~6座刺猬弹发射器。

### 舰船特点

"艾伦·M.萨姆纳"级驱逐舰分为前期型和后期型，后期型较前期型主要改变为舰桥改为了封闭式，从DD-730起改为封闭式舰桥。战时完工的驱逐舰有55艘，其中26艘前期型，29艘后期型。

| 基本参数 | |
|---|---|
| 服役时间 | 1943—1975年 |
| 同级数量 | 58艘 |
| 满载排水量 | 3 515吨 |
| 全长 | 114.8米 |
| 全宽 | 12.5米 |
| 吃水 | 5.8米 |
| 最高航速 | 34节 |
| 续航距离 | 11 100千米 |
| 舰员 | 363人 |

# 美国"基林"级驱逐舰

"基林"级驱逐舰是美国海军于20世纪40年代中后期建造的驱逐舰。

## 性能解析

　　"基林"级驱逐舰是"艾伦·M.萨姆纳"级驱逐舰的翻版，但尺寸略大。该级舰最初装有3座Mk32双联装127毫米高平两用炮和2具五联装533毫米鱼雷发射管，防空武器为2座四联装40毫米博福斯机关炮、2座双联装40毫米博福斯机关炮和11座单管20毫米"厄利空"机关炮。改装为导弹驱逐舰后的"基阿特"号的主要武器为4~5座双联装127毫米火炮，导弹发射装置安装在原先舰尾127毫米主炮的炮座位置上。

| 基本参数 | |
|---|---|
| 服役时间 | 1960年至今 |
| 同级数量 | 105艘 |
| 满载排水量 | 3 460吨 |
| 全长 | 119米 |
| 全宽 | 12.5米 |
| 吃水 | 4.4米 |
| 最高航速 | 32节 |
| 续航距离 | 8 300千米 |
| 舰员 | 367人 |

## 舰船特点

　　"基林"级驱逐舰的特点是钝形舰首，低干舷；贯通式主甲板延伸至舰尾；5英寸双联装舰炮安装在舰首甲板上；后缘略倾的方形烟囱顶部装有独特的黑色顶罩；大型框架式主桅跨越前烟囱配置，较小的后桅位于后烟囱后方。

美国"法拉格特"级驱逐舰

"法拉格特"级驱逐舰是美国海军于 20 世纪 30 年代建造的驱逐舰。

## 性能解析

　　"法拉格特"级驱逐舰安装了 5 座单联装 127 毫米主炮，其中舰首 2 座主炮安装在有装甲保护的炮塔里，其余的 3 座只有单面装甲保护。鱼雷攻击方面，"法拉格特"级驱逐舰装有口径为 533 毫米的四联装鱼雷发射管，共有 2 具。另外，还有 4 座深水炸弹发射器和 2 个深水炸弹投掷槽。该级舰还首次采用大型箱式舰岛，在驱逐舰发展史上具有重要意义。值得一提的是，"法拉格特"级驱逐舰服役时并没有防空机关炮和反潜武器，直到 1938 年才开始加装。

| 基本参数 | |
| --- | --- |
| 服役时间 | 1934—1947 年 |
| 同级数量 | 8 艘 |
| 满载排水量 | 1 700 吨 |
| 全长 | 104.01 米 |
| 全宽 | 10.44 米 |
| 吃水 | 2.74 米 |
| 最高航速 | 36.5 节 |
| 续航距离 | 6 500 千米 |
| 舰员 | 210 人 |

## 舰船特点

　　"法拉格特"级驱逐舰与前级相比，最高航速提升了 3.3 节。主炮数量提升了 25%，由 4 门增为 5 门，火力提升 35%，虽然鱼雷管从 12 支降为 8 支，但因为改在中轴线上，单侧数目反而从 6 增加到 8。干舷较高，航海性能得到提升。续航距离也增加不少。

# 美国"孔茨"级驱逐舰

"孔茨"级驱逐舰是美国海军于20世纪50年代末开始建造的大型导弹驱逐舰。

## 性能解析

"孔茨"级驱逐舰装有2座127毫米口径的高平两用炮，2座双联装76毫米口径的高射炮（后拆除，改为2座"鱼叉"四联装反舰导弹发射器），1座双联装"标准"防空导弹发射器，1座"阿斯洛克"反潜火箭发射器，6具反潜鱼雷发射管。

美国"孔茨"级是美国海军大型导弹驱逐舰，1960年服役，本级舰共10艘。该舰可用作指挥舰，同时"孔茨"级驱逐舰在反潜与防空方面能力也很强。

| 基本参数 | |
|---|---|
| 服役时间 | 1960—1993年 |
| 同级数量 | 10艘 |
| 满载排水量 | 5 648吨 |
| 全长 | 156.2米 |
| 全宽 | 16米 |
| 吃水 | 5.4米 |
| 最高航速 | 32节 |
| 续航距离 | 9 000千米 |
| 舰员 | 360人 |

# 美国"福雷斯特·谢尔曼"级驱逐舰

"福雷斯特·谢尔曼"级驱逐舰是美国在二战后设计的第一代驱逐舰。

## ★ 性能解析

  "福雷斯特·谢尔曼"级驱逐舰的主要武器为 3 座 Mk42 单管 127 毫米舰炮，防空武器为 2 座 Mk34 双联装 76 毫米防空炮和 4 挺机枪，反潜武器为 2 座 Mk15 刺猬弹发射器，反舰武器为 4 具 Mk25 固定式鱼雷发射管。改装为反潜驱逐舰的 6 艘拆除了二号主炮，改为 1 座八联装 Mk16 "阿斯洛克"反潜导弹发射架。拆除原 Mk15 刺猬弹发射器，改为 2 座三联装 Mk32 324 毫米反潜鱼雷发射器。另外还拆除了 76 毫米防空炮。改装后可供直升机起降，但无机库。

| 基本参数 ||
| --- | --- |
| 服役时间 | 1955—1988 年 |
| 同级数量 | 18 艘 |
| 满载排水量 | 4 050 吨 |
| 全长 | 127 米 |
| 全宽 | 14 米 |
| 吃水 | 6.7 米 |
| 最高航速 | 32.5 节 |
| 续航距离 | 8 300 千米 |
| 舰员 | 333 人 |

## ★ 舰船特点

  "福雷斯特·谢尔曼"级驱逐舰是美国二战后设计的第一代驱逐舰，主要为执行反潜任务而设计，在外形布局上仍与二战末期的"基林"级相似。

# 美国"本森"级驱逐舰

"本森"级驱逐舰是美国海军在二战中的主力驱逐舰之一。

## 性能解析

　　"本森"级驱逐舰装有 5 座单管 127 毫米口径的 Mk12 高平两用炮（A、B、Y 主炮有护盾，Q、X 主炮没有护盾，二战中 Q 主炮被拆除，其余主炮皆改为炮塔炮），防空武器为 2 座双联 40 毫米博福斯机关炮和 7 座单管 20 毫米"厄利空"机关炮，反舰武器为 2 具五联装 533 毫米鱼雷发射管（二战中因增加防空武器，故拆除 1 具鱼雷发射管，剩 1 具），反潜武器为 12 枚深水炸弹。

| 基本参数 | |
|---|---|
| 服役时间 | 1940—1951 年 |
| 同级数量 | 30 艘 |
| 满载排水量 | 2515 吨 |
| 全长 | 106.12 米 |
| 全宽 | 11 米 |
| 吃水 | 3.58 米 |
| 最高航速 | 37.5 节 |
| 续航距离 | 5940 海里 |
| 舰员 | 276 人 |

## 舰船特点

　　"本森"级驱逐舰是"西姆斯"级的改良型，但最大的改变是从单烟囱改为了双烟囱。美国海军于 1942 年开始重新建造"本森"级。这批舰只成为二战中美国主力驱逐舰之一。

# 美国"斯普鲁恩斯"级驱逐舰

"斯普鲁恩斯"级驱逐舰是美国海军于 20 世纪 70 年代建造的大型导弹驱逐舰。

## 性能解析

"斯普鲁恩斯"级驱逐舰的主要舰载武器包括：2 座 Mk45-0 型 127 毫米舰炮，2 座六管 Mk15 型 20 毫米"密集阵"近程武器系统，1 座四联装 RAM 舰空导弹发射装置，2 具三联装 Mk32 鱼雷发射管，发射 Mk46-5 型或 Mk50 型鱼雷。2 座"鱼叉"反舰导弹发射装置，备弹 8 枚。

该级舰还可发射"战斧"巡航导弹、"海麻雀"导弹和"阿斯洛克"反潜导弹等，发射装置有多种形式，包括 Mk41 垂直发射系统、四联装 Mk44 装甲箱式发射装置、八联装 Mk16 发射装置和八联装 Mk29 "海麻雀"导弹发射装置等。此外，还装备了 4 挺 12.7 毫米机关枪。

| 基本参数 | |
| --- | --- |
| 服役时间 | 1975—2005 年 |
| 同级数量 | 31 艘 |
| 满载排水量 | 8 040 吨 |
| 全长 | 171.6 米 |
| 全宽 | 16.76 米 |
| 吃水 | 5.79 米 |
| 最高航速 | 33 节 |
| 续航距离 | 5 214 海里 |
| 舰员 | 339 人 |

## 舰船特点

"斯普鲁恩斯"级驱逐舰是当时美国海军主力的驱逐舰级，以海军将领斯普鲁恩斯命名。在近 30 年的服役期间，"斯普鲁恩斯"级担负了美国海军航空母舰战斗群的反潜主力。

# 美国"基德"级驱逐舰

"基德"级驱逐舰是美国海军在1981—1997年使用的导弹驱逐舰。

## 性能解析

"基德"级驱逐舰的舰载武器包括：2座Mk45单管127毫米舰炮；2座Mk15"密集阵"近程防空系统；2座四管AGM-84"鱼叉"反舰导弹发射器；2座双联装Mk26双臂导弹发射器，可发射"标准2"、"小猎犬"防空导弹和"阿斯洛克"反潜导弹；2具三联装鱼雷发射管，可发射Mk32鱼雷。此外，还可搭载2架"海鹰"直升机。

| 基本参数 | |
| --- | --- |
| 服役时间 | 1981—1997年 |
| 同级数量 | 4艘 |
| 满载排水量 | 9 783吨 |
| 全长 | 171.6米 |
| 全宽 | 16.8米 |
| 吃水 | 9.6米 |
| 最高航速 | 33节 |
| 续航距离 | 7 800海里 |
| 舰员 | 363人 |

## 舰船特点

"基德"级驱逐舰结合了"弗吉尼亚"级巡洋舰的作战系统与"斯普鲁恩斯"级驱逐舰的反潜作战能力。虽然它与"斯普鲁恩斯"级外形设计相似，但却增大了排水量并提高了作战系统性能。"基德"级以"斯普鲁恩斯"的舰体为基础建造，但却没有后者强大的进攻能力。

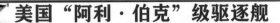

# 美国"阿利·伯克"级驱逐舰

"阿利·伯克"级导弹驱逐舰是世界上第一种装备"宙斯盾"系统并全面采用隐形设计的驱逐舰。

## 性能解析

"阿利·伯克"级驱逐舰的舰载武器、电子装备高度智能化，具有对陆、对海、对空和反潜的全面作战能力，综合战斗力在世界现役驱逐舰中名列前茅。该级舰的主要舰载武器包括：2座Mk-41导弹垂直发射系统，视作战任务决定"战斧""标准Ⅱ""海麻雀"和"阿斯洛克"的装弹量；1门127毫米全自动炮；2座四联装"捕鲸叉"反舰导弹发射装置；2座六管"密集阵"系统；2具Mk-32-3型324毫米鱼雷发射管，发射Mk-46或Mk-50型反潜鱼雷。此外，该级舰的后期型号还可搭载2架SH-60B/F直升机。

| 基本参数 | |
|---|---|
| 服役时间 | 1991年至今 |
| 同级数量 | 65艘 |
| 满载排水量 | 9 217吨 |
| 全长 | 156.5米 |
| 全宽 | 20.4米 |
| 吃水 | 6.1米 |
| 最高航速 | 30节 |
| 续航距离 | 4 400海里 |
| 舰员 | 323人 |

## 舰船特点

"阿利·伯克"级驱逐舰将舰队防空视为主要作战任务，是世界上最先配备四面相控阵雷达的驱逐舰，"阿利·伯克"级掀开了世界防空驱逐舰发展的新篇章，随后世界各国发展的新锐防空驱逐舰无一例外都借鉴了"阿利·伯克"级的设计思想。

# 美国"朱姆沃尔特"级驱逐舰

"朱姆沃尔特"级驱逐舰是实验中的美国海军驱逐舰，代号为DDX或DDG-1000。

## 性能解析

DDX的舰载武器主要包括2座先进火炮系统、20座Mk57垂直发射系统和2座57毫米Mk 110方阵快炮。AGS是一款155毫米火炮，射速为10发/分。Mk57垂直发射系统设置于舰体周边，一共可装80枚导弹，包括"海麻雀"导弹、"战斧"巡航导弹、"标准Ⅱ"导弹和反潜火箭等。DDX拥有2个直升机库，可配备2架改良型的LAMP-3 SH-60R反潜直升机，或者由1架MH-60R特战直升机搭配3架RQ-8A型垂直起降战术空中载具的组合。

| 基本参数 | |
| --- | --- |
| 服役时间 | 2016年至今 |
| 同级数量 | 2艘（在建） |
| 满载排水量 | 14 564 吨 |
| 全长 | 183 米 |
| 全宽 | 24.1 米 |
| 吃水 | 8.4 米 |
| 最高航速 | 30.3 节 |
| 舰员 | 140 人 |

## 舰船特点

"朱姆沃尔特"级驱逐舰的舰体设计、电机动力、指管通情、网络通信、侦测导航、武器系统等，无一不是超越当代，全新研发的尖端科技结晶，展现了美国海军高超的科技实力、雄厚的财力以及前瞻性的设计思想，是美国海军新时代的主力水面舰艇。

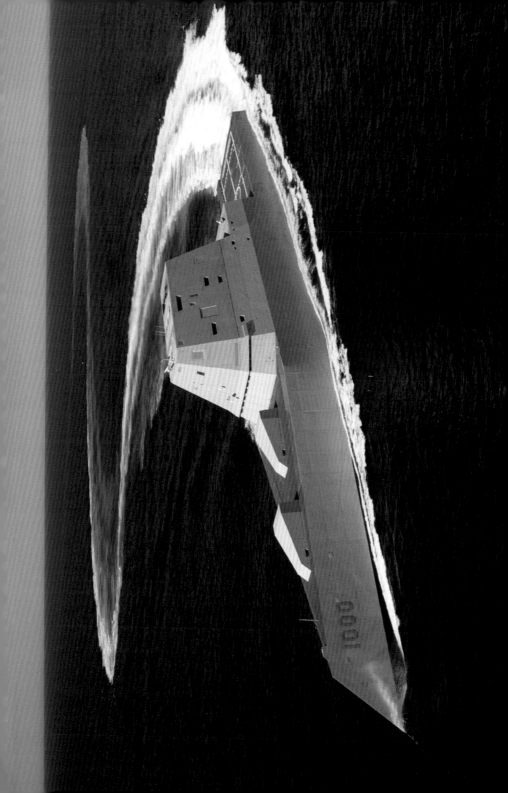

# 俄罗斯"卡辛"级驱逐舰

　　"卡辛"级驱逐舰是苏联海军第一种专门设计的装备防空导弹的驱逐舰，也是世界上第 1 种使用全燃气轮机动力的驱逐舰。

## 性能解析

　　"卡辛"级的舰载武器包括：2 座双联装 76.2 毫米炮，射速 90 发 / 分，射程 15 千米；4 座六管 30 毫米炮，射程 2 千米，射速 3 000 发 / 分；4 座 SS-N-2C "冥河"舰对舰导弹发射装置，射程 83 千米；2 座双联装 SAN-1 "果阿"舰对空导弹发射装置，射程 31.5 千米，共载有 32 枚导弹；1 具五联装 533 毫米两用鱼雷发射管；2 座 RBU-6000 型 12 管回转式反潜深弹发射装置，射程 6 000 米，共载有 120 枚火箭。

| 基本参数 | |
| --- | --- |
| 服役时间 | 1962 年至今 |
| 同级数量 | 25 艘 |
| 满载排水量 | 4 390 吨 |
| 全长 | 144 米 |
| 全宽 | 15.8 米 |
| 吃水 | 4.6 米 |
| 最高航速 | 33 节 |
| 续航距离 | 6 480 千米 |
| 舰员 | 320 人 |

## 舰船特点

　　"卡辛"级驱逐舰是世界上首级完全依靠燃气轮机推进的战舰。"镇静"号是该级舰的最后一艘，也是唯一一艘曾建造过的"卡辛"改进型驱逐舰。该级舰为大型反潜舰。

俄罗斯"基尔丁"级驱逐舰

"基尔丁"级驱逐舰是苏联海军在"科特林"级驱逐舰基础上改进而来的导弹驱逐舰。

### 性能解析

"基尔丁"级驱逐舰由"科特林"级驱逐舰改进而来，拆除了舰尾主炮、副炮和鱼雷发射管，安装 1 座 SS-N-1"扫帚"反舰导弹发射架和能储存 6 枚导弹的弹库。在进行现代化改装时，拆除了"扫帚"反舰导弹的发射架，加装 2 座叠加安装的 AK-726 型双联装舰炮，以及 4 座 P-15M 型反舰导弹发射装置。

| 基本参数 | |
|---|---|
| 服役时间 | 1958—1991 年 |
| 同级数量 | 4 艘 |
| 满载排水量 | 3 230 吨 |
| 全长 | 126.1 米 |
| 全宽 | 12.7 米 |
| 吃水 | 4.2 米 |
| 最高航速 | 38 节 |
| 续航距离 | 5 500 海里 |
| 舰员 | 273 人 |

### 舰船特点

"基尔丁"级驱逐舰是世界上第一种舰对舰导弹驱逐舰，母型为"科特林"级驱逐舰，拆除尾主炮、副炮、鱼雷发射管，安装了 1 座（SS-N-1"扫帚"）反舰导弹发射架和能存 6 枚导弹的弹库。

# 俄罗斯"科特林"级驱逐舰

"科特林"级驱逐舰是苏联海军最后一级,也是建造数量最多的传统驱逐舰。

## 性能解析

"科特林"级驱逐舰的舰载武器以火炮和鱼雷为主。在舰首和舰尾各装备 1 座 SM-2-1 型双联装 130 毫米高平两用舰炮。舰上的副炮为 4 座 SM-20-ZIF 型四联装 45 毫米防空速射炮。2 座烟囱后的主甲板上各布置有 1 具并排式 PTA-53-56 五联装 533 毫米鱼雷发射管。反潜方面,舰尾两侧各安放 3 座 BMB-2 深水炸弹投掷器。

## 舰船特点

| 基本参数 | |
|---|---|
| 服役时间 | 1955—1990 年 |
| 同级数量 | 27 艘 |
| 满载排水量 | 3 230 吨 |
| 全长 | 126.1 米 |
| 全宽 | 12.7 米 |
| 吃水 | 4.2 米 |
| 最高航速 | 38 节 |
| 续航距离 | 3 860 海里 |
| 舰员 | 284 人 |

"科特林"级是苏联建造的最后一种火炮鱼雷驱逐舰,具有较好的适航性和高航速,动力储备充裕,因此成为以后改装为反潜、防空任务的平台。

# 俄罗斯"克鲁普尼"级驱逐舰

　　"克鲁普尼"级驱逐舰是苏联海军在"基尔丁"级驱逐舰和"科特林"级驱逐舰基础上设计的反舰导弹驱逐舰。

## 性能解析

　　"克鲁普尼"级驱逐舰是苏联海军较早有防核生化设计的舰艇之一，在机舱控制室、火控台等处都设置了密闭室。改装后的"克鲁普尼"级驱逐舰装有2座四联装57毫米高平两用炮，4座双联装30毫米AK-230机关炮，1座双联装SA-N-1防空导弹发射器（带弹32枚）。另外，还有3座RBU-6000反潜火箭深弹发射器和2具五联装533毫米鱼雷发射管。

| 基本参数 | |
| --- | --- |
| 服役时间 | 1960—1993 年 |
| 同级数量 | 8 艘 |
| 满载排水量 | 4 500 吨 |
| 全长 | 126.1 米 |
| 全宽 | 12.7 米 |
| 吃水 | 4.2 米 |
| 最高航速 | 34.5 节 |
| 续航距离 | 4 500 海里 |
| 舰员 | 320 人 |

## 舰船特点

　　"克鲁普尼"级驱逐舰的缺点是反舰导弹性能落后，防空能力匮乏。因此该级舰于1965年开始接受反潜改装，拆除反导弹，增加反潜武器，与原舰相比的变化较大。

# 俄罗斯"现代"级驱逐舰

"现代"级驱逐舰是苏联建造的大型导弹驱逐舰，主要担任反舰任务。

## 性能解析

"现代"级驱逐舰的武器装备包括 1 架卡–27 反潜直升机、2 座 130 毫米舰炮、2 座四联装 KT–190 反舰导弹发射装置、4 座 AK–630M 30 毫米近防炮系统、2 座 3K90M–22 防空导弹发射装置、2 具双联装 533 毫米鱼雷发射管、2 座 RBU–12000 反潜火箭发射装置、8 座十联装 PK–10 诱饵发射器和 2 座双联装 PK–2 诱饵发射器。

## 舰船特点

"现代"级驱逐舰舰体设计粗犷雄壮，堪称 20 世纪 80 年代苏联海军驱逐舰中反舰与防空战力最强者，无论是整体尺寸，还是适航性、生存性、火力等都超过之前建造的"克里斯塔 I"级驱逐舰。

| 基本参数 | |
|---|---|
| 服役时间 | 1985 年至今 |
| 同级数量 | 17 艘 |
| 满载排水量 | 8 480 吨 |
| 全长 | 156.4 米 |
| 全宽 | 17.2 米 |
| 吃水 | 7.8 米 |
| 最高航速 | 32.7 节 |
| 续航距离 | 2 400 海里 |
| 舰员 | 350 人 |

# 俄罗斯"无畏"级驱逐舰

"无畏"级 (1155 型) 驱逐舰是俄罗斯海军现役的主力驱逐舰之一。

## 性能解析

　　"无畏"级驱逐舰全舰结构趋于紧凑, 布局简明, 主要的防空、反潜装备集中于舰体前部, 中部为电子设备, 后部为直升机平台, 整体感很强。它汲取了西方国家的设计思想, 改变了以往缺乏整体思路、临时堆砌设备的做法, 使舰体外形显得整洁利索。

　　"无畏"级驱逐舰的主要作战任务为反潜, 装有 2 座四联装 SS-N-14 反潜导弹发射装置、2 具四联装 533 毫米鱼雷发射管、2 座 12 联装 RBU-6000 反潜火箭发射装置。此外, 还可搭载 2 架卡-27 反潜直升机。"无畏"级驱逐舰还具备一定的防空能力, 但没有反舰能力。

| 基本参数 | |
|---|---|
| 服役时间 | 1980 年至今 |
| 同级数量 | 12 艘 |
| 满载排水量 | 7 570 吨 |
| 全长 | 163.5 米 |
| 全宽 | 19.3 米 |
| 吃水 | 7.79 米 |
| 最高航速 | 30 节 |
| 续航距离 | 4 500 海里 |
| 舰员 | 249 人 |

## 舰船特点

　　"无畏"级驱逐舰是俄罗斯建造的以反潜为主要任务的大型舰艇, 北约将其划为驱逐舰种, 在俄罗斯海军中是作为一种独立的舰种——大型反潜舰。该级舰以舰队远洋作战为主要职责, 为舰队提供反潜保障, 并可执行攻势反潜, 该舰无远程反舰能力。

# 俄罗斯"无畏Ⅱ"级驱逐舰

　　"无畏Ⅱ"级（1155.1型）驱逐舰是苏联解体前建造的最后一级驱逐舰，目前是俄罗斯海军唯一的多用途驱逐舰。

## ▌▌▌▶ 性能解析

　　"无畏Ⅱ"级驱逐舰能遂行防空、反舰、反潜和护航等任务，其舰载武器包括：1座双联装AK-130全自动高平两用炮；8座八联装SA-N-9"刀刃"导弹垂直发射系统；2座"卡什坦"近程武器系统；2座SSN-22"日炙"四联装反舰导弹发射装置，配备3M82型反舰导弹；2具四联装多用途鱼雷发射管，发射SS-N-15"星鱼"反潜导弹；10座RBU-12000反潜火箭发射装置。此外，该级舰还能搭载2架卡-27A反潜直升机。

| 基本参数 | |
| --- | --- |
| 服役时间 | 1999年至今 |
| 同级数量 | 1艘 |
| 满载排水量 | 8 900吨 |
| 全长 | 163.5米 |
| 全宽 | 19.3米 |
| 吃水 | 7.5米 |
| 最高航速 | 30节 |
| 续航距离 | 6 000海里 |
| 舰员 | 250人 |

## ▌▌▌▶ 舰船特点

　　"无畏Ⅱ"级驱逐舰是俄罗斯海军的新型多用途驱逐舰，它的综合作战能力很强，其反潜实力更为突出，有"世界反潜能力之王"的美誉。首舰"恰巴年科"号于1992年下水，1999年1月28日正式服役，是目前俄罗斯海军唯一的一艘多用途驱逐舰，能执行防空、反舰、反潜和护航等任务。此舰为"无畏"级最后一艘。俄方称该舰在任何方面都不逊于美国的"阿利·伯克"级驱逐舰。

## 英国"部族"级驱逐舰

"部族"级驱逐舰是二战中英国海军最著名的一级驱逐舰。

### 性能解析

　　"部族"级驱逐舰的 4 座双联装舰炮分别安装在 A、B、X、Y 炮位，火炮为 QF Mk XII 型 102 毫45 倍口径火炮。防空武器是 1 座四联装 40 毫米高射炮，安置在 X 炮位甲板的前端，射速为 400 发／分，备弹 14 400 发。另外 2 挺四联装 12.7 毫米高射机枪装设在舰体中部，位于 2 个烟囱之间，备弹 10 000 发。1 具四联装 533 毫米鱼雷发射管则装在后烟囱后面。舰尾有一条较短的深水炸弹投放轨，能够容纳 3 枚深水炸弹。在 X 炮位甲板有 2 座深水炸弹抛射器，分别布置在后桅两侧，全舰共计能够装载 30 枚深水炸弹。

| 基本参数 | |
| --- | --- |
| 服役时间 | 1938—1963 年 |
| 同级数量 | 27 艘 |
| 满载排水量 | 2 520 吨 |
| 全长 | 115 米 |
| 全宽 | 11.1 米 |
| 吃水 | 2.7 米 |
| 最高航速 | 36 节 |
| 续航距离 | 5 700 海里 |
| 舰员 | 219 人 |

### 舰船特点

　　"部族"级驱逐舰的设计目的是对抗其他国家的大型驱逐舰。虽然"部族"级比以前建造的舰队驱逐舰更大，武器更强，但在实际使用时和普通驱逐舰的做法没什么两样。

# 英国"战斗"级驱逐舰

"战斗"级驱逐舰开辟了防空型驱逐舰发展的先河，在现代海军装备发展史上有着独特的地位和意义。

## 性能解析

"战斗"级驱逐舰的武器装备自然以防空火炮为主，主要包括：4 座 Mk Ⅲ 型 114 毫米速射炮，备弹 300 发；1 座 Mk ⅪⅩ 型 100 毫米高平两用火炮，备弹 160 发；8 座博福斯 40 毫米火炮，备弹 1 440 枚；6 座"厄利空"20 毫米火炮，备弹 2 440 发；1 座维克斯 303 型火炮，备弹 5 000 枚。除火炮之外，"战斗"级驱逐舰还装备 2 具四联装手工操纵鱼雷发射管，可发射 8 枚 Mk IX 鱼雷；4 个深水炸弹投掷器和 2 条滑轨，可携带 60 枚深水炸弹。

| 基本参数 | |
| --- | --- |
| 服役时间 | 1944—1978 年 |
| 同级数量 | 23 艘 |
| 满载排水量 | 3 430 吨 |
| 全长 | 115.52 米 |
| 全宽 | 10.2 米 |
| 吃水 | 3.86 米 |
| 最高航速 | 30.5 节 |
| 续航距离 | 4 400 海里 |
| 舰员 | 288 人 |

## 舰船特点

"战斗"级驱逐舰是二战期间英国海军建造的体积最大、性能最好的驱逐舰，其宽大的舰体、奢华的装备让二战期间其他"战时应急驱逐舰"望尘莫及。

# 英国"郡"级驱逐舰

"郡"级驱逐舰是英国皇家海军在二战后设计的第一种新驱逐舰。

## 性能解析

"郡"级驱逐舰是英国第一种配备导弹、第一种拥有区域防空能力、第一种可以起降直升机的驱逐舰。第一批"郡"级驱逐舰装有 2 座维克斯 Mk-6 双联装 114 毫米舰炮，舰体后段直升机库两侧各装有 1 座四联装"海猫"短程防空导弹发射器。"海参"导弹发射系统设置在舰尾，容量为 24 枚。第二批"郡"级驱逐舰加装了 2 门欧瑞康 20 毫米防空机关炮、2 具三联装 324 毫米鱼雷发射管、4 座法制"飞鱼"反舰导弹发射器。

| 基本参数 | |
|---|---|
| 服役时间 | 1962—2006 年 |
| 同级数量 | 8 艘 |
| 满载排水量 | 6 800 吨 |
| 全长 | 157.96 米 |
| 全宽 | 16.4 米 |
| 吃水 | 6.4 米 |
| 最高航速 | 31.5 节 |
| 续航距离 | 3 080 海里 |
| 舰员 | 471 人 |

## 舰船特点

"郡"级驱逐舰主要是为了在英国航母编队中担负主力防空护卫任务，它的基本设计是围绕海上防空导弹系统进行的。

# 英国"果敢"级驱逐舰

　　"果敢"级驱逐舰是英国二战后为英国皇家海军以及澳大利亚皇家海军设计建造的大型驱逐舰，在 20 世纪 50 年代被大量建造并服务于两国海军。

## 性能解析

　　"果敢"级驱逐舰是英国和澳大利亚皇家海军最后一种以舰炮为主要武器的驱逐舰，其主要武器为 6 座 114 毫米舰炮、6 座 40 毫米高射炮、2 座章鱼弹发射炮、1 座深水炸弹投射架和 2 具五联装 533 毫米鱼雷发射管。

## 舰船特点

　　"果敢"级驱逐舰的满载吨位达到了 3 820 吨，超过前一级"部族"级的 2 520 吨。该级驱逐舰曾经出现在 1963—1966 年的印马对抗以及越南战争中。

| 基本参数 | |
|---|---|
| 服役时间 | 1952—2007 年 |
| 同级数量 | 11 艘 |
| 满载排水量 | 3 820 吨 |
| 全长 | 120 米 |
| 全宽 | 13 米 |
| 吃水 | 3.89 米 |
| 最高航速 | 30 节 |
| 续航距离 | 4 400 海里 |
| 舰员 | 297 人 |

# 英国"谢菲尔德"级驱逐舰

"谢菲尔德"级驱逐舰也称为 42 型，是英国于 20 世纪 70 年代建造的一型导弹驱逐舰。

## 性能解析

"谢菲尔德"级驱逐舰的武器装备包括 2 座四联装"鱼叉"反舰导弹发射器，2 座三联装 STWS-1 324 毫米 AS 鱼雷发射架。1 座双联装 GWS30"海标枪"防空导弹发射装置，2 座 20 毫米 GAM-B01 炮，2 座 20 毫米 Mk7A 炮等。该级舰的舰尾还设有飞行甲板，可携带 1 架韦斯特兰公司的"大山猫"直升机。

| 基本参数 | |
|---|---|
| 服役时间 | 1975 年至今 |
| 同级数量 | 16 艘 |
| 满载排水量 | 5 350 吨 |
| 全长 | 141.1 米 |
| 全宽 | 14.9 米 |
| 吃水 | 5.8 米 |
| 最高航速 | 30 节 |
| 续航距离 | 4 000 海里 |
| 舰员 | 312 人 |

## 舰船特点

"谢菲尔德"级驱逐舰是英国皇家海军于 20 世纪 70 年代中期装备的一型防空驱逐舰。在建造之前，英国皇家海军参谋部提出的要求是驱逐舰主要用于特混编队区域防空，同时要求具有反潜和对海作战能力，既作为海军特混编队的成员，又能独立作战。

# 英国"勇敢"级驱逐舰

"勇敢"级驱逐舰又称为 45 型驱逐舰，是英国海军现役主力导弹驱逐舰。

## 性能解析

"勇敢"级驱逐舰具有全方位作战能力，是英国海军中的全能武士。反舰方面，该舰装有 2 座四联装"鱼叉"反舰导弹发射器。反潜方面主要依靠"山猫"直升机 (1 架)、"阿斯洛克"反潜导弹和 324 毫米鱼雷。对陆攻击方面，可凭借美制 Mk41 垂直发射系统发射"战斧"导弹。

此外，该级舰装备的 114 毫米舰炮也可提供一定的对陆攻击能力和反舰能力。防空作战方面，主要依靠"紫菀"防空导弹。此外，该级舰还安装有 2 座奥勒冈 30 毫米 KCB 速射炮和 2 座 20 毫米近程防御武器系统。

| 基本参数 | |
|---|---|
| 服役时间 | 2009 年至今 |
| 同级数量 | 6 艘 |
| 满载排水量 | 7 350 吨 |
| 全长 | 152.4 米 |
| 全宽 | 21.2 米 |
| 吃水 | 5 米 |
| 最高航速 | 27 节 |
| 续航距离 | 7 000 海里 |
| 舰员 | 235 人 |

## 舰船特点

"勇敢"级驱逐舰围绕 PAAMS 导弹系统，配备性能优异的桑普森相控阵雷达和 S1850M 远程雷达，并划时代地采用了集成电力推进系统 (IEP)，使得本级舰成为世界上现役最先进的驱逐舰之一。

# 法国"空想"级驱逐舰

"空想"级驱逐舰是法国海军于 20 世纪 30 年代初建造的驱逐舰。

## 性能解析

"空想"级驱逐舰的主要武器包括 5 座 1929 式 138.6 毫米 45 倍口径单装炮、2 座 37 毫米 M33 高射机关炮、3 具三联装 550 毫米鱼雷发射管和 4 挺 13.2 毫米机枪，另外还有 50 枚 B.4M 水雷。该级舰的主炮存在很多问题，如因仰角过小而没有防空能力、完全依赖人力、结构复杂而脆弱等，但是法国技术人员成功地将英国提供的巡洋舰用维克斯测距仪小型化，制成可以用在"空想"级驱逐舰上的火控装置，在一定程度上克服了原先海况条件较差时火炮发射率大为降低等的问题。

| 基本参数 | |
| --- | --- |
| 服役时间 | 1935—1964 年 |
| 同级数量 | 6 艘 |
| 满载排水量 | 3 400 吨 |
| 全长 | 132.4 米 |
| 全宽 | 12.45 米 |
| 吃水 | 5.01 米 |
| 最高航速 | 45.25 节 |
| 舰员 | 210 人 |

## 舰船特点

"空想"级驱逐舰的排水量、装备及航速，都比他国的驱逐舰要强得多，除了没有得以巡洋的续航能力和几乎牺牲了所有的装甲防护力以外，几乎和有的轻型巡洋舰也不相上下。因此，这种法国独有的舰种，往往被称为超级驱逐舰、大型驱逐舰。

# 法国"乔治·莱格"级驱逐舰

"乔治·莱格"级驱逐舰是法国海军建造的一款反潜驱逐舰，又称为F70型驱逐舰。

## 性能解析

"乔治·莱格"级驱逐舰仅具备点防空能力，由1座八联装"响尾蛇"舰空导弹发射装置承担。后3艘舰对该系统进行了改进，使其具有反导能力，并加装了1座双联"西北风"近程防空导弹系统，主要用于对付低空飞机。

反舰武器为4座单装MM 38"飞鱼"反舰导弹发射装置，后5艘改为2座四联装MM 40型。另有1座100毫米全自动炮和2座"厄利空"单

| 基本参数 | |
|---|---|
| 服役时间 | 1979年至今 |
| 同级数量 | 7艘 |
| 满载排水量 | 4 350吨 |
| 全长 | 139米 |
| 全宽 | 14米 |
| 吃水 | 5.5米 |
| 最高航速 | 30节 |
| 续航距离 | 9 500海里 |
| 舰员 | 235人 |

管20毫米手动操作炮，既可对舰也可对空。舰载直升机也可携带2枚AS-12"海鸥"轻型反舰导弹。远程反潜任务主要由2架舰载"山猫"直升机承担，近程反潜由2具可单管发射I5-4型鱼雷的鱼雷发射管完成。

## 舰船特点

"乔治·莱格"级驱逐舰以反潜、船队护航、反水面作战为主要任务，可伴随法国的航空母舰战斗群或在弹道导弹核潜艇进出港时提供护卫，并具备基本的防空自卫能力。

# 法国"卡萨尔"级驱逐舰

　　"卡萨尔"级驱逐舰是法国在"乔治·莱格"级驱逐舰基础上改进而来的防空型驱逐舰。

## 性能解析

　　"卡萨尔"级驱逐舰装有1座单管68型100毫米舰炮，2座"厄利空"Mk10型20毫米舰炮，2挺12.7毫米机枪，1座Mk13-Mod5型单臂发射架（备"标准"舰空导弹40枚），2座六联装发射装置（备"西北风"点防御导弹12枚），2座四管发射装置（备8枚"飞鱼"反舰导弹），2座KD59E固定型鱼雷发射装置（备10枚反潜鱼雷），2座"达盖"干扰火箭和2座10管"萨盖"远程干扰火箭。该级舰还可搭载1架"黑豹"直升机。

| 基本参数 ||
| --- | --- |
| 服役时间 | 1988 年至今 |
| 同级数量 | 2 艘 |
| 满载排水量 | 4 700 吨 |
| 全长 | 139 米 |
| 全宽 | 14 米 |
| 吃水 | 6.5 米 |
| 最高航速 | 29.5 节 |
| 续航距离 | 7 126 海里 |
| 舰员 | 245 人 |

## 舰船特点

　　"卡萨尔"级驱逐舰是法国海军的一型以舰队区域防空为主要任务的多用途驱逐舰。在"地平线"级驱逐舰正式加入法国海军之前，2艘"卡萨尔"级是法国海军最新型、最倚重的防空舰艇。

# 法国"图尔维尔"级驱逐舰

"图尔维尔"级驱逐舰也称"F67"型,以法国著名的水手命名。

## 性能解析

  "图尔维尔"级驱逐舰的动力系统由两台蒸汽涡轮蒸汽轮机、两部螺旋桨构成,共5.44万马力。它的电力系统由3台480kW柴油交流发电机和两台1 500kW涡轮蒸汽发电机构成。20世纪90年代中期,该级舰艇进行了改装,加装了拖曳阵声呐、反潜导弹和鱼雷。该级舰艇最初被定为轻型护卫舰,1971年7月8日重新定级为"反潜护卫舰",并给出了驱逐舰的编号,根据该级舰艇的排水量,该舰被称为驱逐舰比较合适。

| 基本参数 | |
| --- | --- |
| 服役时间 | 1974—2013 年 |
| 同级数量 | 3 艘 |
| 满载排水量 | 5 905 吨 |
| 全长 | 152.9 米 |
| 全宽 | 16 米 |
| 吃水 | 5.7 米 |
| 最高航速 | 32 节 |
| 续航距离 | 5 000 海里 |
| 舰员 | 301 人 |

## 舰船特点

  "图尔维尔"级驱逐舰作为反潜型驱逐舰,具有较强的反潜能力。该舰就其吨位来看,完全是一艘全面的驱逐舰。由于装备有强大的反舰和反潜武器,"图尔维尔"级是一型具备很强作战能力的舰艇。

# 法国/意大利"地平线"级驱逐舰

"地平线"级驱逐舰是法国和意大利联合设计制造的新型防空驱逐舰。

## 性能解析

　　"地平线"级驱逐舰有着浓郁的法国特色，舰上采用的海军战术情报处理系统、近程防御系统等是法国自主研制。该级舰汇集多种功能于一身，除为航母提供有效的防空火力支援外，还具有较强的反潜、反舰及对岸作战能力。基本型的法国"地平线"级驱逐舰的满载排水量为7 050吨，意大利版为6 700吨。舰长均为151.6米。法国版的舰宽为20.3米、意大利版为17.5米。法国版的吃水深度为4.8米、意大利版为5.1米。

| 基本参数 | |
|---|---|
| 服役时间 | 2008年至今 |
| 同级数量 | 4艘 |
| 满载排水量 | 7 050吨 |
| 全长 | 151.6米 |
| 全宽 | 20.3米 |
| 吃水 | 4.8米 |
| 最高航速 | 29节 |
| 续航距离 | 7 000海里 |
| 舰员 | 200人 |

## 舰船特点

　　"地平线"级驱逐舰舰体具有多种隐身设计，主要武器系统为法国与意大利合作发展的基本型防空导弹系统。本级舰与"勇敢"级驱逐舰一样是欧洲最先进的防空舰艇，从细节到主体设计无一不是欧洲国防科技的结晶。

# 日本"初雪"级驱逐舰

"初雪"级驱逐舰是日本于 20 世纪 70 年代末建造的多用途驱逐舰。

## 性能解析

　　"初雪"级驱逐舰的舰载武器包括：1 座八联装"阿斯洛克"反潜导弹发射装置；1 座八联装 Mk29 型"海麻雀"导弹发射装置；2 具四联装"鱼叉"反舰导弹发射管；1 座单管 76 毫米"奥托"主炮；2 座 6 管 20 毫米"密集阵"近防炮；2 具三联装 68 型反潜鱼雷发射管；1 架 SH-60J 反潜直升机。

| 基本参数 | |
| --- | --- |
| 服役时间 | 1982 年至今 |
| 同级数量 | 12 艘 |
| 满载排水量 | 3 800 吨 |
| 全长 | 130 米 |
| 全宽 | 13.6 米 |
| 吃水 | 4.2 米 |
| 最高航速 | 30 节 |
| 舰员 | 200 人 |

## 舰船特点

　　"初雪"级驱逐舰拥有先进的装备以及完整而全面的作战能力，舰上的武器除了"阿斯洛克"反潜火箭、鱼雷发射器、76 毫米舰炮之外，还包括"海麻雀"短程防空导弹以及密集阵近程防御武器系统、"鱼叉"反舰导弹发射管，能有效地执行长距离反舰与点防空自卫等任务。但是"初雪"级由于排水量过小，舰面空间狭小，难以有效合理地配置各种武器，即使在一般性的战斗中也很难发挥应有的能力。

# 日本"朝雾"级驱逐舰

"朝雾"级驱逐舰是日本在 20 世纪 80 年代中期开始建造的反潜型驱逐舰。

## 性能解析

　　"朝雾"级驱逐舰的舰载武器主要有 2 座四联装"鱼叉"反舰导弹发射装置，布置在舰中部两个烟囱之间，呈相对状。1 座八联装"阿斯洛克"反潜导弹发射装置。1 座 76 毫米单管全自动速射炮，射程 17 千米，射速 10~85 发 / 分。1 座八联装"海麻雀"近程防空导弹发射装置，发射 RIM–7F 型导弹。1 座 6 管 20 毫米"密集阵"近程防御系统，射速 3 000 发 / 分。2 具 324 毫米三联装反潜鱼雷发射管，主要用于自身防御。此外，该级舰还能搭载 1 架 SH–60J 反潜直升机。

| 基本参数 | |
| --- | --- |
| 服役时间 | 1988 年至今 |
| 同级数量 | 8 艘 |
| 满载排水量 | 4 900 吨 |
| 全长 | 137 米 |
| 全宽 | 14.6 米 |
| 吃水 | 4.5 米 |
| 最高航速 | 30 节 |
| 续航距离 | 8 030 海里 |
| 舰员 | 220 人 |

## 舰船特点

　　"朝雾"级驱逐舰与"初雪"级相比，它的武器虽然未变，但在声呐、雷达、舰体材料与轮机控制等方面有所改良。该级舰主要以反潜任务为主。

日本"村雨"级驱逐舰

"村雨"级驱逐舰是日本海上自卫队继"朝雾"级驱逐舰后的第三代反潜型驱逐舰。

### 性能解析

"村雨"级驱逐舰的主要武器包括：1 座 Mk41 型 16 单元反潜导弹发射系统，发射"阿斯洛克"导弹；1 座 Mk48 型 16 单元防空导弹发射系统，发射"海麻雀"导弹；2 座四联装反舰导弹发射系统，可发射"鱼叉"或日本国产 SSM-1B 反舰导弹；1 座单管 76 毫米"奥托"主炮（前 4 艘），从第 5 艘开始换装为新型的 127 毫米舰炮；2 座 6 管 20 毫米"密集阵"近程防御系统；2 具三联装反潜鱼雷发射管；4 座 Mk36 SEBOC 箔条弹发射装置。此外，该级舰可搭载 1 架 SH-60J 反潜直升机。

| 基本参数 | |
| --- | --- |
| 服役时间 | 1996 年至今 |
| 同级数量 | 9 艘 |
| 满载排水量 | 6 100 吨 |
| 全长 | 151 米 |
| 全宽 | 17.4 米 |
| 吃水 | 5.3 米 |
| 最高航速 | 30 节 |
| 舰员 | 165 人 |

### 舰船特点

"村雨"级驱逐舰是世界上第一种投入服役的全面配备舰载有源相控阵雷达的舰艇。该级舰以 OPS-24 的高性能雷达搭配 OYQ-9 的强大数据处理能力，使得其虽然不是防空舰，但仍具备一定程度的战场空域管理能力。"村雨"级驱逐舰以反潜任务为主，防空则仅限于短程点防御。

# 日本"橘"级驱逐舰

日本海军在战争中称为"丁型驱逐舰"的舰艇共有 2 个级别,即"松"级和"橘"级,其是舰队驱逐舰小型化、量产化、功能简单化的作品。

## 性能解析

"橘"级驱逐舰的钢材质量相比于"松"级驱逐舰得到了大幅度的提高。作为战时的紧急计划舰,"松"级和"橘"级推翻了战前日本海军崇尚的单舰战斗力第一、水面战斗力第一的方针,是一种突破。

"橘"级驱逐舰把线图、材料、构造、舣装做了全盘的彻底简单量产化。舰首水线以下的弧形曲线省略变为直线,一改日本驱逐舰传统带有的弯曲线条。上甲板的梁拱以及舰体的舷缘内倾被废除,舰尾形状改为平板舰尾。

| 基本参数 | |
|---|---|
| 服役时间 | 1945—1946 年 |
| 同级数量 | 23 艘 |
| 标准排水量 | 1 289 吨 |
| 全长 | 100 米 |
| 全宽 | 9.35 米 |
| 吃水 | 3.41 米 |
| 最高航速 | 27.75 节 |
| 续航距离 | 3 500 海里 |
| 舰员 | 150 人 |

## 舰船特点

"橘"级驱逐舰采用多用于海防舰建造中的模块化设计,不使用甲板外倾角,全面使用焊接技术,使用直线形简易廉价的舰首,对航速基本没有影响。

# 日本"高波"级驱逐舰

"高波"级驱逐舰是"村雨"级驱逐舰的后继型和全面升级版。

## 性能解析

"高波"级驱逐舰的主要武器包括：1 座 32 单元 Mk41 导弹垂直发射系统，可发射防空、反潜和巡航导弹；2 座四联装反舰导弹发射系统，可发射"鱼叉"或日本国产 SSM-1B 反舰导弹；1 座单管 127 毫米"奥托"主炮；2 座 6 管 20 毫米"密集阵"近程防御系统。2 具三联装 HOS-302 反潜鱼雷发射管。此外，"高波"级驱逐舰可搭载 1 架 SH-60J 反潜直升机。

| 基本参数 | |
|---|---|
| 服役时间 | 2003 年至今 |
| 同级数量 | 5 艘 |
| 满载排水量 | 6 300 吨 |
| 全长 | 151 米 |
| 全宽 | 17.4 米 |
| 吃水 | 5.3 米 |
| 最高航速 | 30 节 |
| 续航距离 | 6 000 海里 |
| 舰员 | 175 人 |

## 舰船特点

"高波"级驱逐舰是日本海上自卫队在 21 世纪初建造的一种重要舰艇，"高波"级驱逐舰继续使用与"村雨"级相同的侦测与火控系统，只进行了一些对基本设计影响较小的改良。但在武装方面的最大改进就是取消了 Mk48 VLS，舰首 Mk-41 垂直发射系统则扩充至 4 组八联装共 32 管，并凸出于舰首甲板，这样"高波"级便具有优于"村雨"级的武器运用弹性，可视任务不同而调整 VLA 与"海麻雀"导弹的比例。

# 日本"秋月"级驱逐舰

"秋月"级驱逐舰是日本设计建造的以反潜为主的多用途驱逐舰。

## 性能解析

　　"秋月"级驱逐舰的主要武器包括：1 座 Mk-45 Mod 4 型 127 毫米主炮，2 座四联装 90 式反舰导弹系统，4 座八联装 Mk41 垂直发射系统（供"海麻雀"防空导弹和"阿斯洛克"反潜导弹共用），2 具三联装 97 式 324 毫米鱼雷发射管（发射 Mk46 型鱼雷或 97 式鱼雷），2 座 Mk-15 Block-1B "密集阵"近程防御系统，4 座 6 管 Mk-36SBROC 干扰箔条发射装置。此外，该级舰还可搭载 2 架 SH-60K 反潜直升机。

| 基本参数 | |
|---|---|
| 服役时间 | 2012 年至今 |
| 同级数量 | 4 艘 |
| 满载排水量 | 6 800 吨 |
| 全长 | 150.5 米 |
| 全宽 | 18.3 米 |
| 吃水 | 5.3 米 |
| 最高航速 | 30 节 |
| 舰员 | 200 人 |

## 舰船特点

　　"秋月"级驱逐舰是日本联合舰队最大、最好的防空驱逐舰，主要伴随航母编队作战。原本不打算安装鱼雷和深水炸弹等装置，但为增强综合作战能力加装了 1 座四联装 610 毫米鱼雷发射管和 6 座深弹投掷器。在实际作战中"秋月"级驱逐舰常顶替轻型巡洋舰充当反潜舰队的旗舰，可惜该舰的舰桥实在太狭窄而无法容纳舰队指挥官和相关的幕僚，航速也比不上同时代的大多数驱逐舰。

# 日本"阳炎"级驱逐舰

　　"阳炎"级驱逐舰是日本摆脱条约约束后完全按照日本海军建设思路设计生产的一款舰队驱逐舰。

## 性能解析

　　"阳炎"级舰首轮廓继续采用日本驱逐舰惯有的为高速使用的飞剪式舰首、高干舷、短首楼。"阳炎"级设计中特别重视"友鹤事件"以及"第四舰队事件"事故的教训，对舰体结构设计予以重视。舰体结构方面比起前面设计制造的4个级别驱逐舰有很大的改良。当年，"第四舰队事件"事故原因中的一条是电气焊接技术不过关，舰体冗余强度不足，这个问题在日本驱逐舰中一直没

| 基本参数 | |
|---|---|
| 服役时间 | 1939—1947 年 |
| 同级数量 | 18 艘 |
| 满载排水量 | 2 500 吨 |
| 全长 | 118.49 米 |
| 全宽 | 10.82 米 |
| 吃水 | 3.76 米 |
| 最高航速 | 35 节 |
| 续航距离 | 6 000 海里 |
| 舰员 | 228 人 |

有得到很好的重视和处理，在之后的日本海军军舰建造中电气焊接一度严格控制其使用量。在"牢固的舰体比耗油、机动性更重要"的呼声中，"阳炎"级对这个问题进行了完善的处理，由于确定焊接技术比以前成熟可靠，在该级中反而得到大规模使用，以此减轻了不少重量。全舰重心降低，因而稳定性、适航性得到提高。

　　"阳炎"级驱逐舰是日本总结数十年驱逐舰建造经验教训的结果，该级舰具有良好的稳定性，各方面都比较平衡。

# 日本"旗风"级驱逐舰

"旗风"级驱逐舰是日本海上自卫队的第三代导弹驱逐舰,也是日本第一艘搭载燃气涡轮引擎作为动力的军舰。

## 性能解析

"旗风"级驱逐舰的舰载武器包括:1 座单臂 Mk13 防空导弹发射装置,备"标准"SM–1MR 导弹 40 枚;1 座八联装"阿斯洛克"反潜导弹发射装置;2 座四联装"鱼叉"反舰导弹发射装置;2 座 Mk42 型单管 127 毫米主炮;2 具 6 管 20 毫米"密集阵"近防炮。2 具三联反潜鱼雷发射管。此外,该级舰的直升机平台可供 1 架 SH–60J"海鹰"直升机升降和加油。

| 基本参数 | |
|---|---|
| 服役时间 | 1986 年至今 |
| 同级数量 | 2 艘 |
| 满载排水量 | 5 900 吨 |
| 全长 | 150 米 |
| 全宽 | 16.4 米 |
| 吃水 | 4.8 米 |
| 最高航速 | 30 节 |
| 续航距离 | 4 500 海里 |
| 舰员 | 260 人 |

## 舰船特点

"旗风"级的核心武器类似于"太刀风"级驱逐舰,但有许多改良。最显著的就是可以作为指挥旗舰的战术系统,在直升机驱逐舰不在的时候可以即时取代担任旗舰。"旗风"级的轮机装备安装于弹性基座上,能降低震动与噪声;此外,舰身拥有气泡产生装置,能降低舰内装备传至水中的噪声以及航行时水流经过舰体的噪声。

# 日本"金刚"级驱逐舰

"金刚"级驱逐舰是日本第一种装备"宙斯盾"防空系统的驱逐舰。

## 性能解析

　　"金刚"级驱逐舰是一种侧重于防空作战的大型水面舰艇，配有"宙斯盾"防空系统。与"阿利·伯克"级驱逐舰武器装备上的最大差异是，美国没有转让"战斧"巡航导弹，因此，"金刚"级驱逐舰不具备远程对岸攻击能力。该级舰的主要武器包括：2 组 Mk41 导弹垂直发射系统，2 具四联装"鱼叉"反舰导弹发射装置，2 座 Mk15"密集阵"近程防御系统，2 具三联装 HOS-302 型 324 毫米鱼雷发射管，4 座六管 Mk36 SRBOC 干扰火箭发射器和 SLQ-25 型"水精"鱼雷诱饵。该级舰还可搭载 1 架直升机。

| 基本参数 | |
| --- | --- |
| 服役时间 | 1993 年至今 |
| 同级数量 | 4 艘 |
| 满载排水量 | 9 485 吨 |
| 全长 | 161 米 |
| 全宽 | 21 米 |
| 吃水 | 6.2 米 |
| 最高航速 | 30 节 |
| 续航距离 | 4 500 海里 |
| 舰员 | 300 人 |

## 舰船特点

　　"金刚"级驱逐舰拥有日本海上自卫队作战舰艇中最佳的空调系统（主要是为了维持舰上精密复杂的电子系统的正常运作），能在任何情况下将舱内温度控制在 25℃以内；反观日本海上自卫队其他作战舰艇主要是针对日本海域的温带气候，其水冷式空调在海水温度超过 30℃之后效能不佳，舰内舱间长期高温导致人员士气、健康与装备妥善情况下降。此外，由于舰体较大的优势，"金刚"级的起居空间比海上自卫队其他通用驱逐舰宽敞舒适得多。

日本"爱宕"级驱逐舰

"爱宕"级驱逐舰是日本海上自卫队现役最新型的"宙斯盾"驱逐舰。

### 性能解析

　　"爱宕"级驱逐舰装备有强大的武器系统，不但具有较强的区域防空作战能力，反潜、反舰作战能力也比"金刚"级驱逐舰有很大提高。该级舰的主要武器包括：2 组 Mk41 导弹垂直发射系统，2 座 Mk15 Block 1B 型"密集阵"近程防御系统，4 座 Mk36 Mod 12 型 6 管 130 毫米箔条诱饵发射装置，2 具 HOS-302 型（68 式）旋转式三联装 324 毫米鱼雷发射管，2 台四联装 90 式（SSM-1B）反舰导弹发射装置，1 座采用隐身设计的 Mk45 Mod 4 型 127 毫米 62 倍口径全自动舰炮，2~4 挺 12.7 毫米机关枪。

| 基本参数 | |
|---|---|
| 服役时间 | 2007 年至今 |
| 同级数量 | 2 艘 |
| 满载排水量 | 10 000 吨 |
| 全长 | 165 米 |
| 全宽 | 21 米 |
| 吃水 | 6.2 米 |
| 最高航速 | 30 节 |
| 舰员 | 300 人 |

### 舰船特点

　　"爱宕"级驱逐舰在"金刚"级的基础上将舰体拉长 4 米，并增加了附有机库的尾楼结构，这使得"爱宕"级成为日本海上自卫队第一种具备完整直升机驻舰操作能力的防空驱逐舰。此外，"爱宕"级还具有强大的抗饱和攻击能力。

韩国"广开土大王"级驱逐舰

"广开土大王"级驱逐舰是韩国海军自行研制设计的第一种驱逐舰。

### 性能解析

"广开土大王"级驱逐舰装有 1 座 16 单元 RIM–7M "海麻雀"防空导弹垂直发射装置（Mk48 型）、2 座四联装 RGM–84D "鱼叉"反舰导弹发射装置、1 座单管 127 毫米"奥托"主炮、2 座 7 管 30 毫米"守门员"密集阵近防系统、2 具三联装 324 毫米 Mk32 鱼雷发射管。该级舰设有机库，可搭载 1~2 架"大山猫"反潜直升机。

### 舰船特点

"广开土大王"级驱逐舰大量采用了欧洲与美国船舰使用的科技与装备，其中又以欧系装备居多，该级舰拥有核生化防护能力，但是舰体造型并未考虑雷达隐身设计。

| 基本参数 | |
|---|---|
| 服役时间 | 1998 年至今 |
| 同级数量 | 3 艘 |
| 满载排水量 | 3 900 吨 |
| 全长 | 135.4 米 |
| 全宽 | 14.2 米 |
| 吃水 | 4.2 米 |
| 最高航速 | 30 节 |
| 续航距离 | 4 000 海里 |
| 舰员 | 170 人 |

# 韩国"忠武公李舜臣"级驱逐舰

"忠武公李舜臣"级驱逐舰是韩国海军自行研制设计的第 2 种驱逐舰。

## 性能解析

　　"忠武公李舜臣"级驱逐舰采用"柴燃联合"动力模式（双轴推进），武器配置较为全面，前甲板装备 1 座 127 毫米舰炮和 Mk41 型垂直发射系统（可装"标准"系列防空导弹），中部装备"鱼叉"反舰导弹和鱼雷发射器，并配有荷兰产"守门员"速射炮和二十一联装"拉姆"近程防空导弹发射器，还可搭载 1~2 架"山猫"反潜直升机。四号舰"王建"号使用了"美韩联合"的模式，前甲板左侧装备 32 单元美制 Mk41 垂直发射模块，而右侧装备 32 单元韩国国产的垂直发射模块。

| 基本参数 | |
|---|---|
| 服役时间 | 2003 年至今 |
| 同级数量 | 6 艘 |
| 满载排水量 | 5 500 吨 |
| 全长 | 150 米 |
| 全宽 | 17 米 |
| 吃水 | 5 米 |
| 最高航速 | 29 节 |
| 舰员 | 300 人 |

## 舰船特点

　　"忠武公李舜臣"级驱逐舰是韩国海军构建 21 世纪初期新一代韩国海军主力阵容而进行的"韩国驱逐舰实验"计划中的第二阶段，自服役以来一直作为韩国海军机动部队主力活跃于人们的视线中。就整体而言，"忠武公李舜臣"级虽然没有多目标监控能力出色的多阵列相控阵雷达，但配备 SM-2 区域防空导弹以及近防系统、新型防空战斗系统并采用垂直发射系统作为投送装置，所以整体防空实力也有不错的表现。

# 韩国"世宗大王"级驱逐舰

"世宗大王"级驱逐舰是韩国自行研制设计的第3种驱逐舰,安装有"宙斯盾"系统。

## 性能解析

"世宗大王"级驱逐舰安装了美制"宙斯盾"作战系统,整合了 AN/ SPY-1D 相控阵雷达。该级舰装有1门 Mk45 Mod4 型 127 毫米舰炮、1座"拉姆"近程防空导弹系统、1座"守门员"近防系统、10 座八联装 Mk 41 垂直发射系统、6 座八联装 K-VLS 垂直发射系统、4 座四联装 SSM-700K"海星"反舰导弹发射装置、2 具三联装 324 毫米"青鲨"鱼雷发射管。此外,该级舰还可搭载两架"超山猫"反潜直升机。

| 基本参数 | |
|---|---|
| 服役时间 | 2008 年至今 |
| 同级数量 | 3 艘 |
| 满载排水量 | 7 200 吨 |
| 全长 | 165.9 米 |
| 全宽 | 21 米 |
| 吃水 | 6.25 米 |
| 最高航速 | 30 节以上 |
| 续航距离 | 5 500 海里 |
| 舰员 | 300~400 人 |

## 舰船特点

"世宗大王"级驱逐舰吨位大、载弹量多,还配备最先进的相控阵雷达与新型防空作战系统,空中目标搜获能力与多目标作战能力强。由于不需要大量建造和定位比较高端,"世宗大王"级不用严格控制成本,在设计上允许更大的舰体与安装更多的装备。

# 印度"加尔各答"级驱逐舰

"加尔各答"级驱逐舰是印度海军于 21 世纪初建造的驱逐舰，一共建造 3 艘，目前正在进行测试，尚未正式服役。

## 性能解析

"加尔各答"级驱逐舰的舰载武器主要包括：1 座 100 毫米 AK-190E 舰炮、2 座八联装 3S14E 垂直发射系统、6 座八联装 Barak 8 防空导弹垂直发射系统、2 座十六联装 Barak-1 短程防空导弹发射器、2 座十二联装 RBU-6000 反潜火箭发射器、1 具五联装 533 毫米 PTA-533 鱼雷发射器（发射 B-515 鱼雷）和 4 座 30 毫米 AK-630 机关炮。

| 基本参数 | |
|---|---|
| 服役时间 | 尚未服役 |
| 同级数量 | 3 艘 |
| 满载排水量 | 7 000 吨 |
| 全长 | 163 米 |
| 全宽 | 17.4 米 |
| 吃水 | 6.5 米 |
| 最高航速 | 32 节 |
| 续航距离 | 5 000 海里 |
| 舰员 | 360 人 |

## 舰船特点

"加尔各答"级驱逐舰采用当今世界流行的相控阵雷达搭配垂直发射区域防空导弹组成的高性能作战系统，最重要的航电设备就是主桅杆顶端的 EL/M-2248 MF-STAR 四面固态有源相控阵雷达，这是当今世界上最轻巧的舰载四面有源相控阵雷达，连同配套设备整个系统重量约 9 吨。

德国"汉堡"级驱逐舰

在联邦德国海军，"汉堡"级属于过渡型的装备，开创了自造大型战舰的先河，为后来的新型战舰的设计建造打下了基础。

### 性能解析

"汉堡"级舰采用钢质平甲板舰体设计，舰身主体有 3 层甲板，分为 14 个防水隔舱。动力系统采用 4 台高压蒸汽锅炉，蒸汽量 70 吨 / 时，蒸汽温度 465℃，总功率 50 000 千瓦。两用型舰炮，既可对付水面目标，也具有对空防御能力。雷达方面，采用荷兰电信设备公司的 SGR 103/ 12，SGR 105/ 04 对海对空搜索雷达和 Kelvin Hughes 的 KH–14 导航雷达。早期采用荷兰电信设备公司的 M4/2 火控系统。

| 基本参数 | |
|---|---|
| 服役时间 | 1964—1994 年 |
| 同级数量 | 4 艘 |
| 满载排水量 | 4 050 吨 |
| 全长 | 133.7 米 |
| 全宽 | 13.4 米 |
| 吃水 | 4.8 米 |
| 最高航速 | 35 节 |
| 续航距离 | 5 000 海里 |
| 舰员 | 284 人 |

### 舰船特点

"汉堡"级由于一些设计缺陷受到多方面批评：它船身两侧的干舷太低，舰首过重，造成适航能力极差。所有该级舰已在 1994 年被"勃兰登堡"级护卫舰取代。

# 意大利"德拉潘尼"级驱逐舰

"德拉潘尼"级是目前意大利海军中最新的以防空为主的多用途驱逐舰。

## 性能解析

　　"德拉潘尼"级注重生命力的设计体现在以下几个方面：首先是作战系统生命力的设计。其选用了作战指挥与火控功能分开的 IPN-20 作战指挥系统，在作战指挥室遭到战损的情况下，依靠分散布置的各武器火控系统仍能作战；IPN-20 系统在个别设备发生故障的情况下有重组能力；主要探测设备和火控系统具有互为备用功能。

| 基本参数 | |
| --- | --- |
| 服役时间 | 1993 年至今 |
| 满载排水量 | 5 400 吨 |
| 全长 | 147.7 米 |
| 全宽 | 16.1 米 |
| 吃水 | 5 米 |
| 最高航速 | 31.5 节 |
| 续航距离 | 7 000 海里 |

　　其次，"德拉潘尼"级的不沉性设计中由两舱制改为三舱制；上层建筑均使用钢质材料，仅桅杆和烟囱使用轻合金；易损和重要部位如作战指挥中心等处增设了"克夫拉"装甲材料，这是一种两边各为 3~3.5 毫米的钢板，中间夹有 7 毫米厚的"克夫拉"材料。据报道，其防护效果与 30~35 毫米厚的钢板相当；为了提高机舱的生命力，4 个机舱设 2 套减速传动装置，这是提高机舱生命力的创新设计；改变了作战指挥中心的传统布置位置，从上层建筑中移至主船体内。

## 舰船特点

　　"德拉潘尼"级是目前意大利海军中最新的以防空为主的多用途驱逐舰，反映了 20 世纪 90 年代初的装备技术水平，具有突出的区域防空和点防御能力，也具有较强的反潜和对海作战能力。

# Chapter 05

# 护 卫 舰

护卫舰是以导弹、舰炮、深水炸弹及反潜鱼雷为主要武器的轻型水面战斗舰艇。它的主要任务是为舰艇编队担负反潜、护航、巡逻、警戒、侦察及登陆支援作战等任务。

# 美国"迪利"级护卫舰

"迪利"级护卫舰是美国在二战后研制的第一级护卫舰。

## 性能解析

　　"迪利"级护卫舰装备了 2 座 Mk-33 双管 76 毫米口径的高平两用炮（前面的一座有防盾，后面的一座为敞露式），反潜武器为两座 Mk-11 刺猬弹发射器和 2 具 Mk-32 三管 324 毫米口径的鱼雷发射管。不久舰上的刺猬弹发射系统就被 Mk-108"斑马"反潜火箭发射器所取代。1962 年，"迪利"级护卫舰又被拆去了后主炮，腾出空间装备遥控无人反潜直升机，反潜能力得到了进一步提升。

| 基本参数 | |
|---|---|
| 服役时间 | 1954—1974 年 |
| 同级数量 | 13 艘 |
| 满载排水量 | 1 877 吨 |
| 全长 | 95.9 米 |
| 全宽 | 11.2 米 |
| 吃水 | 5.5 米 |
| 最高航速 | 25 节 |
| 续航距离 | 6 000 海里 |
| 舰员 | 170 人 |

# 美国"加西亚"级护卫舰

"加西亚"级护卫舰是美国二战后研制的第二代护卫舰。

## 性能解析

　　"加西亚"级护卫舰装备 1 座八联装"阿斯洛克"反潜火箭发射装置（可发射"捕鲸叉"反舰导弹），2 座三联装 Mk32 反潜鱼雷发射装置，2 座 Mk30 单管 127 毫米舰炮。此外，该级舰还可搭载 1 架 SH-2D"海妖"直升机。

## 舰船特点

　　"加西亚"级护卫舰建立了冷战高峰期美国护卫舰的基本技术路线，能够在不加油的情况下完

| 基本参数 | |
|---|---|
| 服役时间 | 1964—1990 年 |
| 同级数量 | 10 艘 |
| 满载排水量 | 2 650 吨 |
| 全长 | 126.3 米 |
| 全宽 | 13.4 米 |
| 吃水 | 7.5 米 |
| 最高航速 | 27 节 |
| 续航距离 | 4 000 海里 |
| 舰员 | 247 人 |

成横穿大西洋的护航任务。"加西亚"级护卫舰使用单轴推进以降低造价，前甲板安装的"阿斯洛克"火箭助飞鱼雷是美军水面战舰的标准反潜武器。 美军护卫舰从"加西亚"级护卫舰开始携带反潜直升机。

# 美国"诺克斯"级护卫舰

"诺克斯"级护卫舰是美国于 20 世纪 60 年代研制的护卫舰。

## 性能解析

　　"诺克斯"级护卫舰以反潜武器装备强大而闻名。除 1 座八联装"阿斯洛克"反潜火箭发射装置和 1 具双联装 Mk-32 鱼雷发射管（配备 Mk46 鱼雷）外，还搭载有 1 架反潜直升机。该级舰的反舰武器为 2 座四联装"鱼叉"反舰导弹发射装置和 1 座 127 毫米火炮。该级舰的探测设备包括对空警戒、对海警戒、导航和炮瞄雷达各 1 部，以及舰首和拖曳线列阵声呐各 1 部。另外，舰上载有较为先进的指挥控制和电子战设备。

| 基本参数 | |
| --- | --- |
| 服役时间 | 1969—1994 年 |
| 同级数量 | 46 艘 |
| 满载排水量 | 4 260 吨 |
| 全长 | 134 米 |
| 全宽 | 14.3 米 |
| 吃水 | 7.5 米 |
| 最高航速 | 27 节 |
| 舰员 | 257 人 |

## 舰船特点

　　"诺克斯"级护卫舰是美国海军在二战后发展的第二代护卫舰，主要用于反潜护卫。相比"加西亚"级护卫舰，"诺克斯"级护卫舰的舰员居住条件得到了进一步的改善。

# 美国"佩里"级护卫舰

"佩里"级护卫舰是美国于 20 世纪 70 年代研制的导弹护卫舰。

## 性能解析

"佩里"级护卫舰的武器包括:1 座单臂 Mk-13 导弹发射装置,发射"标准"导弹用于防空,或"鱼叉"导弹用于反舰;1 座单管 Mk75-0 型 76 毫米舰炮,用于中近程防空、反舰;2 座六管 20 毫米"密集阵"近程武器系统,用于近程防空;2 座六管 Mk-36 型 SRBOC 干扰火箭发射装置;2 具三联装 Mk-32 鱼雷发射管,发射 Mk46-5 或 Mk-50 鱼雷,用于反潜;1 套 SQ-25"水精"鱼雷诱饵,用于反潜。

| 基本参数 | |
|---|---|
| 服役时间 | 1977 年至今 |
| 同级数量 | 71 艘 |
| 满载排水量 | 4 100 吨 |
| 全长 | 135.6 米 |
| 全宽 | 13.7 米 |
| 吃水 | 6.7 米 |
| 最高航速 | 29 节 |
| 续航距离 | 4 500 海里 |
| 舰员 | 200 人 |

## 舰船特点

"佩里"级护卫舰是美国海军最后一级护卫舰,本级舰初期装备了"鞑靼人"防空导弹改良型(之后换装为"标准I"型导弹),具备点防空能力,还搭载了 2 架反潜直升机与拖曳阵列声呐,肩负反潜作战、保护两栖部队登陆、护送舰队等任务;除此之外,"佩里"级护卫舰还有相对廉价、适合大量生产的优点。

# 美国"自由"级护卫舰

"自由"级护卫舰是美国研制的濒海战斗舰，用于取代"佩里"级护卫舰。

## 性能解析

"自由"级护卫舰可搭载 220 吨的武装及任务系统，舰首装有 1 座博福斯 57 毫米舰炮，直升机库上方设有 1 座 RIM-116 防空导弹发射器；舰楼前、后方的两侧各有 1 挺 12.7 毫米机枪，共计 4 挺，并计划配备 NULKA 诱饵发射器。直升机库结构上方预留两个武器模组安装空间，可依照任务需求设置垂直发射器来装填短程防空导弹，或者安装 30 毫米 Mk46 机关炮塔模组。

| 基本参数 | |
| --- | --- |
| 服役时间 | 2008 年至今 |
| 同级数量 | 12 艘（计划） |
| 满载排水量 | 3 000 吨 |
| 全长 | 115 米 |
| 全宽 | 17.5 米 |
| 吃水 | 3.9 米 |
| 最高航速 | 47 节 |
| 续航距离 | 3 500 海里 |
| 舰员 | 125 人 |

## 舰船特点

"自由"级护卫舰能搭载无人空中、水面和水下载具。"自由"级护卫舰强调速度，可根据战斗任务类型灵活调整的模组空间和较浅的吃水线。有资料显示，2016 年 6 月，沙特采购了洛克希德·马丁公司的"自由"级护卫舰改进型，该舰增强了防空和反舰作战能力，将成为沙特东部舰队的主力。

美国"独立"级护卫舰

"独立"级护卫舰是美国研制的一款濒海战斗舰。

## 性能解析

　　"独立"级护卫舰的舰载传感器、作战系统和C4ISR系统等设计突破了传统观念，能根据任务需要灵活组装、搭配不同的武器模块系统。它能对面临的各种威胁做出反应：能攻击和躲避水面舰艇，特别是高速密集小艇；能切断潜艇接近的途径；避开水雷从容地进行反水雷作战。此外，"独立"级还具有良好的雷达探测规避能力和通信指挥能力，能秘密行驶至敌方海岸线附近协助特种部队执行秘密任务。因此，"独立"级不但可用于传统的作战模式，还将具备对付敌方"非对称作战"的能力，是未来的"全能战舰"。

| 基本参数 | |
| --- | --- |
| 服役时间 | 2010年至今 |
| 同级数量 | 12艘（计划） |
| 满载排水量 | 3 104 吨 |
| 全长 | 127.4 米 |
| 全宽 | 31.6 米 |
| 吃水 | 4.3 米 |
| 最高航速 | 44 节 |
| 续航距离 | 4 300 海里 |
| 舰员 | 75 人 |

## 舰船特点

　　"独立"级护卫舰主要用于在全球沿海水域作战，是一种快速机动、吃水浅的水面舰艇，具有高度的自动化设计，舰员编制将控制在100人以内。"独立"级护卫舰可以轻易地在岸上或其他设施上进行重新配置，因此能承担各种不同的使命。

# 俄罗斯"里加"级护卫舰

"里加"级护卫舰是苏联于 20 世纪 50 年代研制的一款护卫舰。

## 性能解析

  "里加"级护卫舰的火力设备中没有导弹，但其舰炮是自动或半自动的。主要武器包括：3 座对空对海通用型 100 毫米舰炮、2 座双联装 37 毫米舰炮、2 座双联装 25 毫米舰炮、2 座十六联装反潜火箭发射装置、1 具三联装 533 毫米鱼雷发射管。另外，舰上还安装了 4 座深水炸弹发射装置。

| 基本参数 | |
|---|---|
| 服役时间 | 1952—1990 年 |
| 同级数量 | 68 艘 |
| 满载排水量 | 1 416 吨 |
| 全长 | 91 米 |
| 全宽 | 10.2 米 |
| 吃水 | 3.2 米 |
| 最高航速 | 28 节 |
| 续航距离 | 1 800 海里 |
| 舰员 | 175 人 |

## 舰船特点

  "里加"级护卫舰由总功率为 14710 千瓦的 2 台蒸汽轮机等设备构成动力系统，舰上的主要探测设备为：对空对海通用型雷达 1 部、导航雷达 2 部、火控雷达 2 部、敌我目标识别雷达 3 部、电子战设备 1 套、舰壳声呐 1 部。

# 俄罗斯"别佳"级护卫舰

"别佳"级护卫舰是苏联海军用于近海防御的护卫舰，项目代号为159。

## 性能解析

"别佳"级护卫舰的主要武器包括：2座双联装76毫米舰炮，1座三联装533毫米鱼雷发射管，2具五联装406毫米鱼雷发射管，4座12管RBU-6000回转式反潜深弹发射装置，4座16管RBU-2500回转式反潜深弹发射装置，2座深水炸弹投掷架。另外可携带22枚水雷。舰上还装备有2部"警犬"雷达预警设备。

## 舰船特点

"别佳"级护卫舰装有深水炸弹、反潜深弹、水雷以及雷达和声呐等探测设备。雷达与声呐系统包括：1部"撑曲面"雷达，1部"顿河II"雷达，1部"鹰鸣"雷达，1部"高杆"B雷达，2部"方头"型雷达和舰壳声呐。

| 基本参数 | |
|---|---|
| 服役时间 | 1961—1992年 |
| 同级数量 | 48艘 |
| 满载排水量 | 1 150吨 |
| 全长 | 81.8米 |
| 全宽 | 9.2米 |
| 吃水 | 2.9米 |
| 最高航速 | 30节 |
| 续航距离 | 4 870海里 |
| 舰员 | 90人 |

# 俄罗斯"米尔卡"级护卫舰

"米尔卡"级护卫舰是苏联于 20 世纪 60 年代研制的轻型护卫舰。

## 性能解析

Ⅰ 型护卫舰装备了 406 毫米五联装鱼雷发射装备、RBV–6000 反潜火箭发射装置、双联装 76 毫米对海对空全自动舰炮。电子设备包括"顿河 2"导航雷达、"武仙星座"声呐，以及 2 套电子战设备和 1 部敌我目标识别设备。Ⅱ 型护卫舰的舰长、舰宽、吃水、动力装置、舰员编制表、航速、续航力等与 Ⅰ 型相同，区别是多了 1 具 406 毫米鱼雷发射管，增设了舰尾拖曳声呐 1 部。

| 基本参数 | |
| --- | --- |
| 服役时间 | 1964—1992 年 |
| 同级数量 | 18 艘 |
| 满载排水量 | 1 150 吨 |
| 全长 | 81.8 米 |
| 全宽 | 9.2 米 |
| 吃水 | 2.9 米 |
| 最高航速 | 34 节 |
| 续航距离 | 4 800 海里 |
| 舰员 | 98 人 |

## 舰船特点

"米尔卡"级护卫舰也属于轻型护卫舰，因而在近海执行任务。但它同时具备对空、对海、对舰、对岸的多层次打击力量，比"塔朗图尔"级护卫舰规模大、功能全，当之无愧地属于护卫舰家族。

俄罗斯"克里瓦克"级护卫舰

"克里瓦克"级护卫舰是苏联第一级护卫舰、现代化导弹护卫舰，项目代号为1135。

## 性能解析

"克里瓦克"级护卫舰的主要武器包括：2座四联装SS-N-25"明星"舰对舰导弹发射装置，2座双联装SA-N-4"壁虎"舰对空导弹发射装置，1座四联装SS-N-14"石英"反潜导弹发射装置，2座100毫米舰炮，2座6管30毫米舰炮，2具四联装533毫米鱼雷发射管，2座12管RBU-6000型回转式反潜深弹发射装置。对抗措施为4座PK16或10座PK10型箔条诱饵发射装置。

| 基本参数 | |
|---|---|
| 服役时间 | 1970年至今 |
| 同级数量 | 40艘 |
| 满载排水量 | 3 575吨 |
| 全长 | 123.5米 |
| 全宽 | 14.1米 |
| 吃水 | 4.6米 |
| 最高航速 | 32节 |
| 续航距离 | 5 000海里 |
| 舰员 | 200人 |

## 舰船特点

3艘"克里瓦克I"级舰已经进行了改装，使用SS-N-25四联装发射装置取代了舰桥前部的反潜深弹发射装置。"克里瓦克II"级舰上舰炮的位置比其他"克里瓦克"级舰上的舰炮更高而且位置更靠后。"克里瓦克III"级舰拆掉了SS-N-14导弹发射装置和1座SA-N-4导弹发射装置，安装上了机库和飞行甲板。

# 俄罗斯"格里莎"级护卫舰

"格里莎"级护卫舰是苏联于 20 世纪 70 年代研制的护卫舰。

## 性能解析

　　I 型舰上装有 1 座双联装 SA-N-4 舰空导弹发射架、1 门双管 57 毫米舰炮、2 具双联装 533 毫米鱼雷发射管、2 座 12 管 RBU-6000 型反潜发射装置等。II 型舰取消了舰首的 SA-N-4 型舰空导弹发射架，换装了第二座双管 57 毫米舰炮。III 型舰则又恢复了舰首的 SA-N-4 舰空导弹发射装置，并在舰尾甲板室上加装 1 座 6 管 30 毫米速射炮。V 型与 III 型基本相同，仅将 III 型舰尾的双管 57 毫米舰炮改为单管 76 毫米舰炮。

| 基本参数 | |
|---|---|
| 服役时间 | 1971 年至今 |
| 同级数量 | 80 艘 |
| 满载排水量 | 1 200 吨 |
| 全长 | 71.6 米 |
| 全宽 | 9.8 米 |
| 吃水 | 3.7 米 |
| 最高航速 | 34 节 |
| 续航距离 | 4 000 海里 |
| 舰员 | 60 人 |

## 舰船特点

　　"格里莎"级护卫舰成功的设计和可观的火力是主要特点。该级舰是在"波蒂"级猎潜艇的基础上研制而成的，可应付来自各方面的威胁。

# 俄罗斯"科尼"级护卫舰

"科尼"级护卫舰是苏联研制的轻型护卫舰，项目代号为 1159。

## 性能解析

"科尼"级护卫舰的主要武器装备包括：2 座 AK-726 型 76 毫米双联装两用全自动火炮，2 座 AK-230 型 30 毫米双联装全自动高炮，2 座 PBY-6000 "龙卷风"-2 型反潜火箭发射装置，1 座采用 3HO-122 型双联装发射装置的防空导弹综合系统，配备 20 枚 SA-N-4 "壁虎"防空导弹。此外，舰上配备了 12 枚 BB-1 型深水炸弹，还有两条布雷滑轨，配备有 14 枚水雷。

| 基本参数 | |
|---|---|
| 服役时间 | 1975—1988 年 |
| 同级数量 | 14 艘 |
| 满载排水量 | 1 900 吨 |
| 全长 | 95 米 |
| 全宽 | 12.8 米 |
| 吃水 | 5 米 |
| 最高航速 | 27 节 |
| 续航距离 | 3 300 海里 |
| 舰员 | 110 人 |

## 舰船特点

在"科尼"级护卫舰的设计方面，整体布局几乎是"格里莎"级的放大版，其采用平甲板结构，舰首甲板向上跃升幅度较大。唯一不足的是"科尼"级护卫舰的对舰攻击能力相对较弱，但这个缺点在以后的改进型中得到了弥补。

# 俄罗斯"猎豹"级护卫舰

"猎豹"级护卫舰是俄罗斯研制的新型护卫舰，项目代号为 11661。

## 性能解析

"猎豹"级护卫舰为典型的近海作战军舰，配备导弹、水雷、鱼雷及舰载机，火力比较齐全。该级舰可搭载飞机，但没有直升机机库，只有飞行甲板。"猎豹"级护卫舰目前分成 2.9 级和 3.9 级，3.9 级的排水量较 2.9 级大，携带的导弹量也较多，能在 5 级的风浪下进行巡航。

| 基本参数 | |
|---|---|
| 服役时间 | 1991 年至今 |
| 同级数量 | 6 艘 |
| 满载排水量 | 1 930 吨 |
| 全长 | 102.1 米 |
| 全宽 | 13.1 米 |
| 吃水 | 5.3 米 |
| 最高航速 | 28 节 |
| 续航距离 | 4 000 海里 |
| 舰员 | 98 人 |

## 舰船特点

"猎豹"级护卫舰的主要功能包括水面巡逻、监视、长程与短程水面作战，以及有限度的防空与反潜。由于"猎豹"级这样的轻型近海护卫舰非常适合规模不大的小国海军，因此俄罗斯也以"猎豹"级为基础，推出了一系列外销衍生型。

# 俄罗斯"不惧"级护卫舰

"不惧"级护卫舰是苏联研制的护卫舰，项目代号为11540。

## 性能解析

　　"不惧"级护卫舰拥有强大的舰载武器装备，舰首设有1座单管100毫米AK-100自动舰炮，射速达50发/分，射程20千米，弹药库内备弹350发。此外，舰体中段最多能安装4座四联装SS-N-25"弹簧刀"反舰导弹发射器。防空方面，该级舰设有4座八联装3S-95转轮式垂直发射系统，装填32枚SA-N-9"铁手套"短程防空导弹。"不惧"级护卫舰还装备了2座CADS-N-1"卡什坦"近防系统，分别设于机库两侧。

| 基本参数 | |
|---|---|
| 服役时间 | 1993年至今 |
| 同级数量 | 2艘 |
| 满载排水量 | 4 400吨 |
| 全长 | 129.6米 |
| 全宽 | 15.6米 |
| 吃水 | 5.6米 |
| 最高航速 | 30节 |
| 续航距离 | 3 000海里 |
| 舰员 | 210人 |

## 舰船特点

　　"不惧"级护卫舰舰体稍大于"克里瓦克"级，并搭载有1架直升机，直升机甲板横跨整个舰宽，直升机是现代西方护卫舰武备中的标准组成部分。该级舰在隐身性上作了许多尝试，主推进装置与"无畏Ⅱ"级相同。

# 俄罗斯"守护"级护卫舰

"守护"级护卫舰是俄罗斯海军的新一代多用途隐身护卫舰。

## 性能解析

　　"守护"级护卫舰装有 1 门最新型的 AK-190 100 毫米自动舰炮，1 座 CADS-N-1"卡什坦"近防武器系统，2 座 AK-630 型 30 毫米自动近防武器系统。在反舰导弹方面，"守护"级护卫舰可以搭载 8 枚 SS-N-25"冥王星"或 6 枚 SS-N-27"俱乐部"反舰导弹。该级舰还有 4 具 400 毫米鱼雷发射管，分置于两舷的舱门内。舰尾设有一个直升机库与飞行甲板，能搭载 1 架卡-27 反潜直升机。

| 基本参数 | |
| --- | --- |
| 服役时间 | 2007 年至今 |
| 同级数量 | 9 艘以上 |
| 满载排水量 | 2 200 吨 |
| 全长 | 94 米 |
| 全宽 | 13 米 |
| 吃水 | 3.7 米 |
| 最高航速 | 27 节 |
| 续航距离 | 4 000 海里 |
| 舰员 | 100 人 |

## 舰船特点

　　"守护"级护卫舰主要任务为水面巡逻、查缉非法与反渗透侵入，可用雷达等电子装备侦测、监视周围的海面与空域。舰上可配备 30~100 毫米火炮以及配套雷达/光电射控系统，并能根据任务需求快速换装舰上的武器与装备，例如反潜装备等，舰尾设有相关装备以缴收、存放非法设施的空间。该级舰能搭载直升机与小艇，可追捕航速为 20~25 节的舰船。

# 俄罗斯"戈尔什科夫"级护卫舰

"戈尔什科夫"级护卫舰是俄罗斯海军最新型的远洋护卫舰,"克里瓦克"级护卫舰的后续舰。

## 性能解析

"戈尔什科夫"级护卫舰采用了隐身设计,从外形上看其采用了干舷外飘、上层建筑立板内倾的多面体设计,这样就可以让不同方向照射来的雷达电波向多个方面反射,从而减少回波强度。此外在平面与平面交接处采用平滑过渡,以减少全舰垂直反射面,同时最大限度地减少舰船上暴露的舾装件。这样让整个舰艇表面光滑,可以减少雷达的散射面,从而进一步减小舰艇的雷达反射面积。

| 基本参数 | |
| --- | --- |
| 服役时间 | 尚未服役 |
| 同级数量 | 8 艘(计划) |
| 标准排水量 | 4 500 吨 |
| 全长 | 130 米 |
| 全宽 | 16 米 |
| 吃水 | 4.7 米 |
| 最高航速 | 29 节 |
| 续航距离 | 4 000 海里以上 |
| 舰员 | 210 人 |

## 舰船特点

"戈尔什科夫"级护卫舰继承了俄罗斯军舰的一贯特点,其单舰作战能力极强,该级舰具备较强的对空、对海和对潜攻击能力,且具有一定的核打击能力。此外,该舰还强调了隐身性能和编队综合作战性能。

# 俄罗斯"格里戈洛维奇海军上将"级护卫舰

"格里戈洛维奇海军上将"级护卫舰是俄罗斯研制的一款导弹护卫舰。

## 性能解析

"格里戈洛维奇海军上将"级护卫舰的主要武器包括：1 座 100 毫米 A-190 舰炮，3 座十二联装 3S90E 垂直发射系统（装填 9M317 防空导弹），1 座八联装 KBSM 3S14U1 垂直发射系统（装填"红宝石"反舰导弹），1 座十二联装 RBU-6000 反潜火箭发射器，2 座 CADS-N-1"卡什坦"近迫武器系统，2 具双联装 533 毫米口径的鱼雷发射管。

## 舰船特点

"格里戈洛维奇海军上将"级护卫舰是由"塔瓦"级护卫舰改良而来的，该级舰的功能涵盖远程反舰攻击、防空以及反潜等。

| 基本参数 ||
| --- | --- |
| 服役时间 | 尚未服役 |
| 同级数量 | 6 艘（计划） |
| 满载排水量 | 4 035 吨 |
| 全长 | 124.8 米 |
| 全宽 | 15.2 米 |
| 吃水 | 4.2 米 |
| 最高航速 | 32 节 |
| 续航距离 | 4 500 海里 |
| 舰员 | 220 人 |

英国"利安德"级护卫舰

"利安德"级护卫舰是英国研制的反潜护卫舰，也称为 12I 型。

## 性能解析

首舰"利安德"号服役时是世界上吨位最大的护卫舰。设计装备了双联装 45 倍 114 毫米主炮、"海猫"舰空导弹、"伊卡拉"反潜导弹，直升机甲板长度占了全舰 1/4，使该级舰有了初级的综合作战能力。此后各个批次都有改进，包括拆除炮塔、增加防空导弹和反舰导弹、增加电子设备等。

## 舰船特点

英国海军为了使"利安德"级护卫舰现代化，不断对其进行改进，致使其造价浮动比较大，由先期的 400 多万英镑增加到 700 多万英镑。该舰上对空雷达、对海雷达、导航雷达、火控雷达、指挥系统、声呐和电子战装备一应俱全。

| 基本参数 | |
|---|---|
| 服役时间 | 1963—1991 年 |
| 同级数量 | 26 艘 |
| 满载排水量 | 3 300 吨 |
| 全长 | 113.4 米 |
| 全宽 | 13.1 米 |
| 吃水 | 4.5 米 |
| 最高航速 | 27 节 |
| 续航距离 | 4 000 海里 |
| 舰员 | 260 人 |

# 英国"女将"级护卫舰

"女将"级护卫舰是英国研制的护卫舰，也称为 21 型护卫舰。

## 性能解析

　　"女将"级护卫舰的主要武器包括：1 座 Mk8 型 114 毫米高平两用炮，4 座"飞鱼"反舰导弹发射器，2 门 20 毫米"厄利空"机关炮，1 座 GWS-24 型"海猫"防空导弹四联装发射架，2 座 Mk32 型 324 毫米短鱼雷发射器。此外，该级舰还可搭载 1 架"山猫"HAS.2 反潜直升机。

## 舰船特点

　　"女将"级护卫舰适用于水面巡逻、经济海域

| 基本参数 | |
|---|---|
| 服役时间 | 1974 年至今 |
| 同级数量 | 8 艘 |
| 满载排水量 | 3 360 吨 |
| 全长 | 117 米 |
| 全宽 | 12.7 米 |
| 吃水 | 5.8 米 |
| 最高航速 | 32 节 |
| 续航距离 | 4 000 海里 |
| 舰员 | 177 人 |

维护等广泛的中低强度作战任务；为了控制成本，舰体采用民间船舶的规格来建造，各种装备也力求精简。然而，正由于"女将"级护卫舰的控制成本，舰体大量使用商规标准，几乎没有任何防护重要舱室的装甲，而且上层结构大比例地使用铝合金材料，导致该舰的抗战损与损管能力不足。

# 英国"大刀"级护卫舰

"大刀"级护卫舰是英国研制的多用途护卫舰，也称为 22 型护卫舰。

## 性能解析

最后一批"大刀"级护卫舰装有 2 座四联装"鱼叉"反舰导弹发射器，1 座"守门员"近程防御武器系统，并在舰桥上方两侧各加装 1 座 GSA-8"海弓箭"光电射控仪，用于指挥 20 毫米机关炮。此外，该级舰有操纵"海王"大型反潜直升机的条件。

## 舰船特点

最初"大刀"级护卫舰着眼于反潜作战，但随后装备与吨位逐渐扩充，慢慢地朝向通用驱逐舰的方向发展。由于吨位较大、设计冗余较多，"大刀"级在当时经常被视为二战以后皇家海军最出色的舰艇，但唯一的不足是成本太高。

| 基本参数 | |
| --- | --- |
| 服役时间 | 1979—2011 年 |
| 同级数量 | 14 艘 |
| 满载排水量 | 4 800 吨 |
| 全长 | 148.1 米 |
| 全宽 | 14.8 米 |
| 吃水 | 6.4 米 |
| 最高航速 | 30 节 |
| 舰员 | 250 人 |

# 英国"公爵"级护卫舰

"公爵"级护卫舰是英国研制的护卫舰，也称为 23 型护卫舰。

## 性能解析

"公爵"级护卫舰的主要武器包括：2 座四联装"鱼叉"舰对舰导弹发射装置、32 单元"海狼"舰对空导弹垂直发射装置、1 座"维克斯"114 毫米 Mk8 舰炮、2 具 30 毫米舰炮、2 具双联装 324 毫米固定式鱼雷发射管。该级舰的动力装置包括 2 台劳斯莱斯"斯贝"SM1A( 或 SM1C) 燃气轮机、4 台帕克斯曼公司柴油机、2 台通用电气公司的电机。

| 基本参数 | |
|---|---|
| 服役时间 | 1987 年至今 |
| 同级数量 | 16 艘 |
| 满载排水量 | 4 900 吨 |
| 全长 | 133 米 |
| 全宽 | 16.1 米 |
| 吃水 | 7.3 米 |
| 最高航速 | 28 节 |
| 续航距离 | 7 500 海里 |
| 舰员 | 185 人 |

## 舰船特点

"公爵"级护卫舰在设计阶段虽然被定位为廉价的反潜护卫舰，但在设计阶段逐步扩充，演变成了一种多功能舰艇，除了具备优异的反潜能力之外，防空能力也相当出色，因此在冷战结束后北约各国作战需求巨变的情况下，仍能成为英国皇家海军倚重的多功能舰艇，伴随着皇家海军特遣部队在冲突地区出没。

# 法国"花月"级护卫舰

"花月"级护卫舰是法国于 20 世纪 90 年代初建造的护卫舰。

## 性能解析

　　"花月"级护卫舰的主要武器包括 1 座 100
毫米全自动舰炮、2 座"吉亚特"20F2 型舰炮，
以及 2 座"飞鱼"MM38 型反舰导弹发射装置。
此外，该级舰还可搭载 1 架 AS 332F"超美洲豹"
直升机或 AS 565"黑豹"直升机。"花月"级护
卫舰的电子设备包括 1 部 DRBV21A 型对空 / 对
海搜索雷达、2 部 DRBN34A 型导航雷达、2 座
"达盖"Mk2 型 10 管干扰火箭发射系统、1 部"托
马斯"ARBR17 型雷达预警系统等。

| 基本参数 | |
| --- | --- |
| 服役时间 | 1992 年至今 |
| 同级数量 | 8 艘 |
| 满载排水量 | 2 950 吨 |
| 全长 | 93.5 米 |
| 全宽 | 14 米 |
| 吃水 | 4.3 米 |
| 最高航速 | 20 节 |
| 续航距离 | 10 000 海里 |
| 舰员 | 88 人 |

## 舰船特点

　　"花月"级护卫舰主要任务是在和平时期与低强度冲突中保护法国的海外
利益。其主要功能包括近距离反水面、少量的远距离反水面能力以及最低限度
的点防空能力，并不具备反潜能力。法国海军对这类舰艇的要求是操作与维护
上的简单便利、较低的训练需求与损耗、可靠的性能、购置与维持的经济性、
续航能力、远洋长期独立作战能力、耐海性与成员适居性等，以便长期在远离
法国本土的海域有效执行各种低强度任务。

# 法国"拉斐特"级护卫舰

"拉斐特"级护卫舰是法国于 20 世纪 80 年代末研制的导弹护卫舰。

## 性能解析

"拉斐特"级护卫舰的主要武器包括：1 座八联装"响尾蛇 CN2"防空导弹系统，用于中远程防空；2 座四联装"飞鱼 MM40"反舰导弹发射架，装载 8 枚"飞鱼"导弹，用于反舰；1 座 100 毫米自动炮，弹库可以容纳 600 发炮弹，用于防空、反舰；2 座人工操作的 20 毫米舰炮，主要在执行海上保安任务时使用。此外，该级舰还可搭载 1 架"黑豹"直升机。

| 基本参数 | |
| --- | --- |
| 服役时间 | 1996 年至今 |
| 同级数量 | 20 艘 |
| 满载排水量 | 3 600 吨 |
| 全长 | 125 米 |
| 全宽 | 15.4 米 |
| 吃水 | 4.1 米 |
| 最高航速 | 25 节 |
| 续航距离 | 9 000 海里 |
| 舰员 | 141 人 |

## 舰船特点

"拉斐特"级护卫舰负责法国广阔的专属经济区以及海外属地的巡逻任务。其只具备水面作战的功能，防空方面仅能实现基本自卫，而且不具备反潜作战能力，本身没有任何反潜火控、武器系统与水下侦测装备，舰载直升机主要用于洋面巡逻、搜救、反舰导弹标定等与反潜无关的任务。

# 法国"追风"级护卫舰

"追风"系列护卫舰由 120、170、200 三种型号组成，采用相同的结构设计和不同的任务模块，排水量分别为 1 270、1 700、1 950 吨。

## 性能解析

"追风"级护卫舰在设计上的一大创新是倾斜封闭式导弹发射装置。到目前为止，包括"拉斐特"级护卫舰在内的大部分护卫舰反舰导弹发射装置都是采用倾斜 20 度固定发射架。这种布置方式的最大缺点是增加了整个舰艇的雷达信号特征。与"拉斐特"级的"飞鱼"导弹发射装置布置在上层建筑的中部不同，"追风"级的反

| 基本参数 | |
|---|---|
| 自持力 | 20 天以上 |
| 全长 | 80/ 95/ 103 米 |
| 全宽 | 12.3/ 14/ 14.2 米 |
| 吃水 | 3/ 3 / 4.5 米 |
| 最高航速 | 30 节以上 |
| 续航距离 | 2 000~3 000 海里 |
| 舰员 | 50/ 65/ 70 人 |

舰导弹发射系统布置在上层建筑前侧，并且可水平放置在甲板下。当需要发射反舰导弹时，发射装置可以抬升一定角度发射。这种设计不仅有效降低了舰艇的雷达信号特征，也使得发射装置可在波涛汹涌的海上得到很好的保护。

## 舰船特点

"追风"级护卫舰布局颇具人性化，综合隐身效果领先全球。该舰采用集成桅杆，为所有传感器提供了 360 度覆盖范围。该级舰引入了可动扰流板，有效减小航行阻力，同时有助于减小纵倾。舰尾设置了稳定系统，增加了稳定性。为用户提供了足够的选择余地，可以根据需要选择作战和平台系统（包括推进系统），也可方便地进行升级改进。"追风"级为欧洲第一型专用濒海战斗舰。

# 德国"不来梅"级护卫舰

"不来梅"级护卫舰是德国于20世纪七八十年代研制的多用途护卫舰。

## 性能解析

"不来梅"级护卫舰的主要武器包括：2座四联装"鱼叉"反舰导弹发射装置、1座八联装Mk29"北约海麻雀"中程舰空导弹发射装置、2具双联装Mk32型324毫米鱼雷发射管、1座Mk75型"奥托·梅莱拉"单管76毫米高平两用炮。此外，该级舰尾部设有直升机机库，可搭载2架"山猫"反潜直升机。

## 舰船特点

"不来梅"级护卫舰在外观上最大的识别特色就是主桅杆上TRS–3D高平搜索雷达硕大的环形护罩，以及在后部直升机库上方的2座拉姆滚装防空导弹发射装置。世界各国海军中一次性在同一区域安装2座拉姆导弹的舰型也仅此一种。

| 基本参数 | |
| --- | --- |
| 服役时间 | 1982 年至今 |
| 同级数量 | 8 艘 |
| 满载排水量 | 3 680 吨 |
| 全长 | 130.5 米 |
| 全宽 | 14.6 米 |
| 吃水 | 6.3 米 |
| 最高航速 | 30 节 |
| 续航距离 | 4 000 海里 |
| 舰员 | 202 人 |

德国"勃兰登堡"级护卫舰

"勃兰登堡"级护卫舰是德国于 20 世纪 90 年代建造的护卫舰。

### 性能解析

　　"勃兰登堡"级护卫舰的主要武器包括：2 具双联装"飞鱼"MM38 型反舰导弹发射装置，用于反舰；1 座"奥托·梅莱拉"76 毫米舰炮，用于近程防空、反舰；16 单元 Mk41 Mod3 型舰空导弹垂直发射装置，备 16 枚"海麻雀"导弹用于中远程防空；2 座 21 单元 Mk49 型"拉姆"点防御导弹发射装置，备 21 枚 RIM-116A 型"海拉姆"导弹，用于近程防空；2 具双联装 Mk32 Mod9 型鱼雷发射管，发射 Mk46 Mod2 型鱼雷，用于反潜。此外，该级舰还可搭载 2 架"超山猫"Mk88 型反潜直升机。

| 基本参数 | |
| --- | --- |
| 服役时间 | 1994 年至今 |
| 同级数量 | 4 艘 |
| 满载排水量 | 4 490 吨 |
| 全长 | 138.9 米 |
| 全宽 | 16.7 米 |
| 吃水 | 4.4 米 |
| 最高航速 | 29 节 |
| 续航距离 | 4 000 海里 |
| 舰员 | 219 人 |

### 舰船特点

　　"勃兰登堡"级护卫舰在设计上借助先进的模块化技术，在实用性方面表现更加突出，全部为钢制结构，提供了更大空间，可以容纳更多的舰载人员，并加载了先进的鳍状水平尾翼。主要致力于反潜作战，同时可受命承担防空、舰船集团战术指挥和水面作战等多种任务。

# 德国"萨克森"级护卫舰

"萨克森"级护卫舰是德国海军最大的水面舰艇，也是德国海军第一艘采用模块化设计的舰艇，又称为 F124 型。

## 性能解析

该级舰的主要武器包括：1 座 76 毫米舰炮、2 座 20 毫米舰炮、32 枚"海麻雀"导弹、24 枚"标准"导弹、RIM–116B "拉姆"近程滚动体防空导弹、2 座三联装 Mk32 鱼雷发射装置。此外，该级舰还可搭载 2 架 NH90 直升机。

## 舰船特点

"萨克森"级护卫舰是为了迎合海上作战发展形势而建造的最新型护卫舰，其装备性能一流的 APAR 主动相控阵雷达，防空作战性能突出。该舰充分采用先进的计算机控制技术，可以称为数字化战舰。

| 基本参数 | |
| --- | --- |
| 服役时间 | 2004 年至今 |
| 同级数量 | 3 艘 |
| 满载排水量 | 5 800 吨 |
| 全长 | 143 米 |
| 全宽 | 17.4 米 |
| 吃水 | 6 米 |
| 最高航速 | 29 节 |
| 续航距离 | 4 000 海里 |
| 舰员 | 243 人 |

# 意大利"西北风"级护卫舰

"西北风"级护卫舰是意大利海军于20世纪80年代建造的多用途护卫舰。

## 性能解析

　　"西北风"级护卫舰装有4座"奥托马特"舰对舰导弹发射装置、1座"信天翁"舰对空导弹发射装置、1座127毫米全自动舰炮、2座双联装40毫米舰炮、2座105毫米二十联装火箭发射装置、2座三联装鱼雷发射装置。此外,该级舰还可搭载2架反潜直升机。该级舰的探测设备主要有:1部SMA702型对海警戒雷达、1部SPS774对空搜索雷达、1部SMA703型导航雷达、2部炮瞄雷达、1部DE1164声呐、1部NA30A火控雷达、1部电子战系统和1部指挥系统。

| 基本参数 | |
|---|---|
| 服役时间 | 1982年至今 |
| 同级数量 | 8艘 |
| 满载排水量 | 3 100 吨 |
| 全长 | 122.7 米 |
| 全宽 | 12.9 米 |
| 吃水 | 4.2 米 |
| 最高航速 | 33 节 |
| 续航距离 | 6 000 海里 |
| 舰员 | 225 人 |

## 舰船特点

　　"西北风"级护卫舰在设计上基本可以视为前级"狼"级护卫舰的放大版,不仅将舰体尺寸、排水量放大以增加适航性,侦测能力、电子系统以及反潜能力也经过强化。因此,"西北风"级护卫舰不仅跟"狼"级护卫舰一样能担负反水面任务,也能执行反潜作战。

# 欧洲多用途护卫舰

欧洲多用途护卫舰（Frégate Européenne Multi-Mission，FREMM）是法国和意大利联合研制的新一代多用途护卫舰，不仅装备了法国海军和意大利海军，还出口到埃及和摩洛哥等国。

## 性能解析

FREMM 大量应用"拉斐特"级护卫舰与"地平线"级驱逐舰的开发经验，舰上所有的装备都将沿用现有的成熟产品，不会专门开发任何新系统，以尽可能地控制成本并缩短开发时间。FREMM 具备较高的自动化程度，以降低人力需求并强化作战效率，而人员居住水平也进一步提高。

## 舰船特点

FREMM 的设计注重隐身能力，其中又以法国版的隐身外形较为前卫，上层结构与塔状桅杆采用倾斜设计（7°~11°）并避免直角，舰面力求简洁，各项甲板装备尽量隐藏于舰体内，封闭式的上层结构与船舷融为一体，舰体外部涂有雷达吸收涂料。意大利版的外形则比较接近"地平线"级。

| 基本参数 | |
| --- | --- |
| 服役时间 | 2012 年至今 |
| 同级数量 | 20 艘 |
| 满载排水量 | 6 000 吨 |
| 全长 | 142 米 |
| 全宽 | 20 米 |
| 吃水 | 5 米 |
| 最高航速 | 27 节 |
| 续航距离 | 6 000 海里 |
| 舰员人数 | 145 人 |

# 西班牙"阿尔瓦罗·巴赞"级护卫舰

"阿尔瓦罗·巴赞"级护卫舰是西班牙研制的"宙斯盾"护卫舰,又称F-100型护卫舰。

## 性能解析

"阿尔瓦罗·巴赞"级护卫舰的主要武器包括:1 座六组八联装 Mk41 垂直发射系统,发射"标准"导弹或改进型"海麻雀"导弹;1 座"梅罗卡"近防炮,备弹 720 发;1 门 127 毫米 Mk 45 Mod2 舰炮,用于防空、反舰;2 座四联装波音公司"鱼叉"反舰导弹系统,用于反舰;2 座 Mk 46 双管鱼雷发射装置,发射 Mk 46 Mod5 轻型鱼雷;2 挺 20 毫米机关炮。

## 舰船特点

"阿尔瓦罗·巴赞"级护卫舰搭载美制宙斯盾作战系统的外销型——海军先进分散式战斗系统,配备 6 组八联装共 48 单元 Mk-41 垂直发射系统,可装填 RIM-66 防空导弹、"海麻雀"ESSM,甚至是战斧巡航导弹,具备较强的综合作战能力。

| 基本参数 | |
|---|---|
| 服役时间 | 2002 年至今 |
| 同级数量 | 5 艘 |
| 满载排水量 | 5 800 吨 |
| 全长 | 146.7 米 |
| 全宽 | 18.6 米 |
| 吃水 | 4.8 米 |
| 最高航速 | 29 节 |
| 续航距离 | 4 000 海里 |
| 舰员 | 234 人 |

# 荷兰"卡雷尔·多尔曼"级护卫舰

"卡雷尔·多尔曼"级护卫舰是荷兰研制的一款护卫舰。

## 性能解析

"卡雷尔·多尔曼"级护卫舰的主要武器包括：2 座四联装"鱼叉"舰对舰导弹发射装置、"海麻雀"Mk48 舰对空导弹垂直发射装置、1 座"奥托·梅莱拉"76 毫米紧凑型舰炮、1 座荷兰电信公司的 SGE30"守门员"近程防御武器系统、2 门"厄利空"20毫米舰炮、2 具双联装 324 毫米 Mk32 鱼雷发射管，用于发射霍尼韦尔公司的 Mk46Mod5 鱼雷。此外，该级舰还可搭载 1 架"大山猫"直升机。

| 基本参数 | |
| --- | --- |
| 服役时间 | 1991 年至今 |
| 同级数量 | 8 艘 |
| 满载排水量 | 3 320 吨 |
| 全长 | 122.3 米 |
| 全宽 | 14.4 米 |
| 吃水 | 6.1 米 |
| 最高航速 | 30 节 |
| 舰员 | 154 人 |

## 舰船特点

"卡雷尔·多尔曼"级护卫舰采用平甲板船形，首舷弧从舰体中部开始出现，直至舰首，使得整体看上去首舷弧并不明显，但舰首的高度已增加不少，以减小甲板上浪的机会。舰首尖瘦，舰体中部略宽，下设减摇鳍。折角线从舰首一直到舰尾，使主甲板与上甲板之间的舱室舷侧壁与甲板垂直，利于各种装备和生活空间的布置。这种设计与现代隐形舰艇正好相反。

现代舰船鉴赏指南（珍藏版）（第3版）

 瑞典“斯德哥尔摩”级护卫舰

“斯德哥尔摩”级护卫舰是瑞典研制的导弹护卫舰。

### 性能解析

　“斯德哥尔摩”级护卫舰的主要武器包括：4座双联装萨伯 RBS15Mk Ⅱ 反舰导弹发射装置，1座博福斯 57 毫米 Mk2 型舰炮，1座博福斯 40 毫米舰炮，4 具 400 毫米鱼雷发射管，4 座萨伯 ElmaLLS-920 型 9 管反潜火箭发射装置。该级舰的电子战设备为“秃鹰”CS5460 电子支援系统。

### 舰船特点

　“斯德哥尔摩”级护卫舰是瑞典海军以之前“角宿”级鱼雷艇为基础而研制开发的新型导弹护卫舰，其主要使命是沿海巡逻、战术指导和布雷、反潜等。

| 基本参数 | |
|---|---|
| 服役时间 | 1986 年至今 |
| 同级数量 | 2 艘 |
| 满载排水量 | 380 吨 |
| 全长 | 50 米 |
| 全宽 | 7.5 米 |
| 吃水 | 2.6 米 |
| 最高航速 | 30 节 |
| 舰员 | 35 人 |

# 瑞典"伟士比"级护卫舰

"伟士比"级护卫舰是瑞典海军继"斯德哥尔摩"级护卫舰后的新型护卫舰。

## 性能解析

　　"伟士比"级护卫舰将隐形性和网络中心战概念结合。舰壳采用"三明治"设计,中心是 PVC 层,外加碳纤维和乙烯合板,并且用斜角设计反射雷达波。前端 57 毫米舰炮可以收入炮塔中,增强了隐形能力。

## 舰船特点

　　"伟士比"级护卫舰的首舰"伟士比"号以哥得兰岛的大城市命名,是先由瑞典国防部设计再交由 KockumsAB 船场建造和测试的。

| 基本参数 | |
|---|---|
| 服役时间 | 2000 年至今 |
| 同级数量 | 5 艘 |
| 满载排水量 | 640 吨 |
| 全长 | 72.7 米 |
| 全宽 | 10.4 米 |
| 吃水 | 2.4 米 |
| 最高航速 | 35 节 |
| 续航距离 | 2 500 海里 |
| 舰员 | 43 人 |

# 澳大利亚"河"级护卫舰

"河"级护卫舰是澳大利亚海军于20世纪五六十年代建造的护卫舰。

### 性能解析

　　"河"级护卫舰服役时间较长，其间各舰都进行了现代化改装，内容包括：改善居住性、安装新式电子设备和导弹、将锅炉燃料改为柴油等。

### 舰船特点

　　"河"级护卫舰进行了多次改装。1983年"斯图亚特"号改装完毕后，"斯旺"号和"托伦斯"号开始改装，但改装项目与其他舰只不同：安装新型指挥控制系统；改装动力装置，以便使用轻质燃油；换装更先进的雷达设备，等等。

| 基本参数 | |
|---|---|
| 服役时间 | 1961—1998 年 |
| 同级数量 | 5 艘 |
| 满载排水量 | 2 560 吨 |
| 全长 | 113 米 |
| 全宽 | 12.5 米 |
| 吃水 | 3.9 米 |
| 最高航速 | 31.9 节 |

# 澳大利亚/新西兰"安扎克"级护卫舰

"安扎克"级护卫舰是澳大利亚和新西兰联合研制的护卫舰。

## 性能解析

"安扎克"级护卫舰的主要武器包括：8 单元 Mk41 垂直发射系统，发射"海麻雀"舰空导弹，2 具三联装 324 毫米鱼雷发射管，发射 Mk46 鱼雷，1 座 127 毫米 Mk 45 舰炮。澳大利亚政府已经选定本国 CEA 技术公司的技术方案，采用一种轻型有源相控阵雷达系统以保护"安扎克"级护卫舰不受反舰巡航导弹的威胁。

| 基本参数 | |
|---|---|
| 服役时间 | 1996 年至今 |
| 同级数量 | 10 艘 |
| 满载排水量 | 3 600 吨 |
| 全长 | 118 米 |
| 全宽 | 14.8 米 |
| 吃水 | 4.4 米 |
| 最高航速 | 27 节 |
| 续航距离 | 6 000 海里 |
| 舰员 | 163 人 |

## 舰船特点

"安扎克"级护卫舰由澳大利亚和新西兰合作向德国博隆·福斯公司引进 MEKO200 建造技术，由澳大利亚和新西兰的造船厂分别建造舰身模块，澳大利亚曼斯菲尔德 – 阿梅康总装，是在澳大利亚皇家海军与新西兰皇家海军服役的 3 000 吨级多用途护卫舰。

# 韩国"东海"级护卫舰

"东海"级护卫舰是韩国海军于 20 世纪 80 年代建造的低强度轻护卫舰。

## 性能解析

　　"东海"级护卫舰负责守护韩国近海的安全，舰载武器全为近程反水面与反潜用途。该级舰的动力装置为复合燃气涡轮或柴油机，高速航行时依赖 1 台美国通用电气 LM-2500 型燃气涡轮机，巡航时则以 2 台德制 MTU 12V 956 TB 82 型柴油机驱动，推进器为双轴可变距螺旋桨，以 15 节速度巡航时续航力达 4 000 海里。

## 舰船特点

　　"东海"级护卫舰由于吨位小，无法装载用于执行不同任务的多种武器系统，因此作战能力较为有限，无法适应多种作战环境的要求。

| 基本参数 | |
|---|---|
| 服役时间 | 1983—2011 年 |
| 同级数量 | 4 艘 |
| 满载排水量 | 1076 吨 |
| 全长 | 78.1 米 |
| 全宽 | 9.6 米 |
| 吃水 | 2.6 米 |
| 最高航速 | 31 节 |
| 续航距离 | 4 000 海里 |
| 舰员 | 95 人 |

# 韩国"浦项"级护卫舰

"浦项"级护卫舰是韩国于 20 世纪 80 年代研制的一款轻型护卫舰。

## 性能解析

　　"浦项"级护卫舰是在"东海"级护卫舰的基础上改进而来的，为韩国海军最重要的近海防卫力量。反潜型的主要武器包括：2 座单管 76 毫米"奥托"主炮、2 座双管 40 毫米火炮、2 具三联装 324 毫米 Mk32 鱼雷发射管、2 座深水炸弹发射装置。反舰型的主要武器包括：1 座双联装"飞鱼"反舰导弹发射架、1 座单管 76 毫米"奥托"主炮、2 座双管 30 毫米火炮、2 具三联装 324 毫米 Mk32 鱼雷发射管、2 座深水炸弹发射装置。

| 基本参数 | |
| --- | --- |
| 服役时间 | 1984 年至今 |
| 同级数量 | 24 艘 |
| 满载排水量 | 1 200 吨 |
| 全长 | 88.3 米 |
| 全宽 | 10 米 |
| 吃水 | 2.9 米 |
| 最高航速 | 32 节 |
| 续航距离 | 4 000 海里 |
| 舰员 | 95 人 |

## 舰船特点

　　"浦项"级护卫舰是韩国在役最多的一级护卫舰，4 艘为早期型，其任务以反舰为主，后续 20 艘则以反潜为主，所以后期型也可称为反潜型轻型护卫舰。"浦项"级护卫舰是韩国海军最重要的近海防卫力量。

# 日本"筑后"级护卫舰

"筑后"级护卫舰是日本在二战后建造的第三代护卫舰。

## 性能解析

"筑后"级护卫舰采用双桅结构，网架式，主桅位于桥楼和烟囱之间，烟囱后为"阿斯洛克"导弹发射箱，副桅低矮，双肩有罐状天线。该级舰的主要武器包括：1 座八联装"阿斯洛克"反潜导弹发射装置、2 座 Mk-33 型双管 76 毫米火炮、2 座双管 40 毫米火炮、2 具 68 型三联装鱼雷发射管（用于发射 Mk46 反潜鱼雷）。

| 基本参数 | |
|---|---|
| 服役时间 | 1971—2003 年 |
| 同级数量 | 11 艘 |
| 满载排水量 | 1 800 吨 |
| 全长 | 93 米 |
| 全宽 | 10.8 米 |
| 吃水 | 3.5 米 |
| 最高航速 | 25 节 |
| 续航距离 | 5 500 海里 |
| 舰员 | 165 人 |

## 舰船特点

"筑后"级护卫舰是日本自二战后建造的一种反潜型护卫舰，也是最小的装备"阿斯洛克"反潜导弹的战舰。

日本“石狩”级护卫舰

“石狩”级护卫舰是日本于20世纪80年代研制的一款护卫舰。

### 性能解析

"石狩"级护卫舰的主要武器包括：2座四联装"鱼叉"反舰导弹发射装置、1座奥托76毫米紧凑炮、1座"密集阵"近防系统、2座三联装324毫米鱼雷发射器（发射Mk46 mod 5鱼雷，射程为11千米）、1座375毫米反潜深弹发射器（射程为1.6千米）。该级舰的动力装置为1台川崎/劳斯莱斯公司的"奥林普斯"TM3B燃气轮机，持续功率18.4兆瓦。

| 基本参数 | |
| --- | --- |
| 服役时间 | 1981—2007年 |
| 同级数量 | 1艘 |
| 满载排水量 | 1 600吨 |
| 全长 | 85米 |
| 全宽 | 10.6米 |
| 吃水 | 3.5米 |
| 最高航速 | 25.2节 |
| 舰员 | 94人 |

### 舰船特点

"石狩"级护卫舰是在"筑后"级导弹护卫舰的基础上设计的，舰上装有现代化的76舰炮以替换旧的76.2毫米舰炮。最初规划为反潜巡防舰，但后来又加装了鱼叉导弹作为反舰武器。

# 日本"夕张"级护卫舰

"夕张"级护卫舰是"石狩"级导弹护卫舰的后继舰种。

## 性能解析

"夕张"级护卫舰只比"石狩"级舰身增长 6 米，排水量因此增加了 180 吨，舰上层结构更换为钢制，后甲板留有加装"密集阵"近程防御武器系统的升级空间，不过最后没有安装。

## 舰船特点

"夕张"级护卫舰是参考"石狩"级护卫舰设计的，其与"石狩"级导弹护卫舰配备的武器相同。但住舱面积的增加意味着居住环境的改善。该级舰增加了燃油携带量或增加了 1 套"密集阵"近程防御武器系统。

| 基本参数 | |
| --- | --- |
| 服役时间 | 1983—2010 年 |
| 同级数量 | 2 艘 |
| 满载排水量 | 1 780 吨 |
| 全长 | 91 米 |
| 全宽 | 10.8 米 |
| 吃水 | 3.6 米 |
| 最高航速 | 25 节 |
| 舰员 | 95 人 |

# 日本"阿武隈"级护卫舰

"阿武隈"级护卫舰是日本于20世纪80年代末开始建造的通用护卫舰。

## 性能解析

"阿武隈"级护卫舰装备了较先进的"鱼叉"反舰导弹、76毫米舰炮、"密集阵"近程防御系统、"阿斯洛克"反潜导弹、反潜鱼雷、电子战系统等，基本上达到世界先进驱逐舰的武器装备水平。"阿武隈"级护卫舰隐形效果较好，是日本海上自卫队第一种引入舰体隐形设计的战斗舰只。该级舰使用可变螺距的侧斜螺旋桨，可以降低转数约1/4，既降低了噪声，又提高了隐蔽性。

| 基本参数 | |
|---|---|
| 服役时间 | 1989年至今 |
| 同级数量 | 6艘 |
| 满载排水量 | 2 550吨 |
| 全长 | 109米 |
| 全宽 | 13.4米 |
| 吃水 | 3.8米 |
| 最高航速 | 27节 |
| 续航距离 | 3 000海里 |
| 舰员 | 120人 |

## 舰船特点

"阿武隈"级护卫舰计划用于取代早期"五十铃"级护卫舰，并作为"筑后"级护卫舰和"夕张"级护卫舰的继任者强调反潜作战能力，相比于以往日本海上自卫队护卫舰排水量仅有1 000多吨，体型较大的"阿武隈"级能拥有更好的耐波性、续航性、乘员适居性，并配备了更齐全的武器。就外观而言，"阿武隈"级堪称"朝雾"级驱逐舰的缩小版。

# 日本"白根"级护卫舰

"白根"级护卫舰是日本于 20 世纪 70 年代建造的一款直升机护卫舰。

## 性能解析

　　"白根"级直升机护卫舰的舰体前部是 2 座 127 毫米火炮和反潜火箭发射机,中部是舰桥和机库形成一体化的上部构造物,后部作为飞行甲板。舰桥上部装备有 2 座射击指挥装置。右舷侧底部左右两侧各装备了一部近防系统,后部装有防空导弹发射装置。"白根"级护卫舰继承了"榛名"级舰体后部带有较大直升机甲板平台的传统,搭载了 3 架 SH-60 反潜直升机。该级舰是日本最后一级采用蒸汽动力的军舰,舰上装有 2 台蒸汽轮机。

| 基本参数 | |
|---|---|
| 服役时间 | 1980 年至今 |
| 同级数量 | 2 艘 |
| 满载排水量 | 6 800 吨 |
| 全长 | 159 米 |
| 全宽 | 17.5 米 |
| 吃水 | 5.3 米 |
| 最高航速 | 31 节 |
| 舰载机数量 | 3 架 |
| 舰员 | 370 人 |

## 舰船特点

　　"白根"级护卫舰是日本自卫队于 20 世纪 70 年代建造的护卫舰,中间有大型的直升机收纳库可以容纳 3 架直升机和其整备设施,其设计比"榛名"级护卫舰还要成功,也是第一艘搭载 3D 扫描雷达 NEC OPS-12 的日本军舰。

# 日本"日向"级护卫舰

"日向"级护卫舰是日本最新型的直升机护卫舰。

## 性能解析

　　"日向"级直升机护卫舰是日本在二战结束、日本海军解散后所建造过的排水量最大的军舰，其排水量甚至超过了目前世界上多艘轻型航空母舰。"日向"级护卫舰采用全通式甲板设计，可以起降直升机或垂直起降飞机，具有轻型航空母舰的特征。不过，"日向"级护卫舰暂时没有安装"滑跃"式甲板或弹射装置，以起降普通固定翼飞机。

| 基本参数 | |
| --- | --- |
| 服役时间 | 2009 年至今 |
| 同级数量 | 2 艘 |
| 满载排水量 | 19 000 吨 |
| 全长 | 197 米 |
| 全宽 | 33.8 米 |
| 吃水 | 7 米 |
| 最高航速 | 30 节 |
| 舰员 | 360 人 |

## 舰船特点

　　"日向"级直升机护卫舰主要任务定位在直升机反潜战，但装备了指挥管制系统，在必要时作为舰队旗舰指挥之用。"日向"级护卫舰是日本在二战结束、日本海军解散后所造的最大军舰。

# 日本"出云"级护卫舰

"出云"级护卫舰是日本新一代的直升机护卫舰，从吨位、布局到功能都已完全符合现代轻型航空母舰的特征。

## 性能解析

"出云"级护卫舰虽然仍保持"直升机护卫舰"的定位，但其尺寸和排水量已超过了日本二战时期的部分正规航空母舰，也超过了目前意大利、泰国等国家装备的轻型航空母舰水平。"出云"级计划至少搭载 20 架直升机，主要是 SH-60K"海鹰"反潜直升机。"出云"级护卫舰作为远洋反潜作战编队的旗舰，加入现役的"十·九"舰队后，可将反潜战斗力提升 1 倍，覆盖的海域也随之增加数倍。

| 基本参数 | |
|---|---|
| 服役时间 | 2015 年至今 |
| 同级数量 | 2 艘 |
| 满载排水量 | 27 000 吨 |
| 全长 | 248 米 |
| 全宽 | 38 米 |
| 吃水 | 7 米 |
| 最高航速 | 30 节 |
| 舰载机容量 | 约 14 架 |
| 舰员 | 970 人 |

## 舰船特点

"出云"级护卫舰满载排水量为 27 000 吨，除了舰体规模比前级"日向"级更为庞大外，还拥有"日向"级所不具备的两栖部队运输能力和海上补给能力，舷侧设有两栖部队滚装舱门，舰尾设有燃料纵向补给设施，多任务能力有较大提升。

# 印度"塔尔瓦"级护卫舰

"塔尔瓦"级护卫舰是俄罗斯为印度设计的护卫舰。

## 性能解析

"塔尔瓦"级护卫舰的核心装备是"俱乐部"反潜 / 反舰导弹系统。它包括3M54E反舰导弹和配套的3R14N-11356舰载火控系统，安装在3S90导弹发射架后的1座八联装KBSM3S14E垂直发射系统内。

"塔尔瓦"级护卫舰的防御主要依赖"无风"-1中程防空导弹系统，前部甲板还装有1座A-190E型100毫米高平两用主炮。近程防御由"卡什坦"系统提供。反潜武器是1座RBU-6000型12管反潜火箭系统，舰体中部还有2具双联装DTA-53-11356鱼雷发射管。

| 基本参数 | |
|---|---|
| 服役时间 | 2003年至今 |
| 同级数量 | 6艘 |
| 满载排水量 | 4035吨 |
| 全长 | 124.8米 |
| 全宽 | 15.2米 |
| 吃水 | 4.2米 |
| 最高航速 | 32节 |
| 续航距离 | 4850海里 |
| 舰员 | 220人 |

## 舰船特点

"塔尔瓦"级护卫舰的功能很全面，能执行反舰、反潜与防空任务。"塔尔瓦"级相比于"克里瓦克 III"级的一大改进就是重新设计了舰体与上层结构的外形，融入雷达隐身造型，"塔尔瓦"级是印度海军首种具有隐身外形的舰艇。不过本级舰的舰面上仍然具备存有装备、天线林立的俄系一贯风格。

印度"什瓦利克"级护卫舰

印度海军官员称"什瓦利克"级隐身护卫舰是印度海军未来的舰艇。

### 性能解析

　　"什瓦利克"级护卫舰采用柴燃交替动力推进装置，功率超过44 000千瓦。在燃气轮机工作模式下，"什瓦利克"级护卫舰最高速度可以达到32节。在柴油机工作模式下，最大巡航速度可达22节。"什瓦利克"级护卫舰的柴燃交替动力推进系统由2台通用电气公司的LM 2500型燃气轮机和2台皮尔斯蒂克公司16 PA6STC型柴油机组成。该推进系统通过2个齿轮箱推动2台可调螺距螺旋桨。LM2500型燃气轮机的功率为17 652千瓦，由印度航空有限公司组装。皮尔斯蒂克16 PA6STC型柴油机功率超过了5 590千瓦。

| 基本参数 | |
|---|---|
| 服役时间 | 2010年至今 |
| 功率 | 44 000千瓦以上 |
| 制造商 | 马扎冈船坞 |
| 排水量 | 4 500吨 |
| 全长 | 143米 |
| 全宽 | 16.9米 |
| 吃水 | 4.5米 |
| 最高航速 | 32节 |
| 续航距离 | 5 000海里 |
| 舰员 | 250人 |

### 舰船特点

　　据印度海军专家称，"什瓦利克"级隐身护卫舰具有平滑的外表面，并采用雷达吸波复合材料，减小了雷达反射面，使其很难被发现。"什瓦利克"级护卫舰同样也是一艘网络化的舰艇。舰上安装了综合舰载数据网络，光纤以太网贯穿全舰，网络传输速率达千兆级，完全可满足舰艇视频、声音、数据传输的需要。

# 伊朗 "阿勒万德" 级护卫舰

"阿勒万德" 级护卫舰是英国为伊朗制造的轻型护卫舰。

## 性能解析

　　"阿勒万德" 级护卫舰的主要武器有 1 座五联装 "海杀手 II" 型反舰导弹发射装置 ( 后换装为 2 座双联装 C-802 型导弹发射装置 )、1 座维克斯 Mk8 型 114 毫米主炮，1 座双联装 35 毫米 "厄利空" 火炮，3 座 "厄利空" GAM-BO1 型 20 毫米火炮，2 挺 12.7 毫米机枪，2 具三联装 324 毫米鱼雷发射管等。

## 舰船特点

　　"阿勒万德" 级护卫舰是英国沃斯帕公司于 20 世纪 60 年代末为伊朗海军建造的。伊朗海军有 3 艘 "阿勒万德" 级护卫舰。

| 基本参数 | |
|---|---|
| 服役时间 | 1971 年至今 |
| 同级数量 | 43 艘 |
| 满载排水量 | 1 540 吨 |
| 全长 | 94.5 米 |
| 全宽 | 11.1 米 |
| 吃水 | 3.3 米 |
| 最高航速 | 17 节 |
| 续航距离 | 5 000 海里 |
| 舰员 | 146 人 |

# 巴西"巴罗索"级护卫舰

作为"伊尼亚乌马"级护卫舰的改进版，"巴罗索"级护卫舰的改进重点在前者的适航性上。

## 性能解析

"巴罗索"级护卫舰对军舰的舰形进行了大幅度修改：原有的中央桥楼形设计得到保留，但舰体前部改用大飞剪艏设计，而且前甲板明显上扬，有效改善了军舰的耐波性和远航性能。此外，"巴罗索"级护卫舰在延续了与"伊尼亚乌马"级护卫舰相同的上层建筑布局的同时，更加强调了舰体隐身的特点——该舰上层建筑的各个侧壁均向内倾斜，各斜面结合处则圆滑过渡，副炮也采用隐身炮塔设计。虽然不能和法国"拉斐特"级护卫舰那样采用全隐身设计的舰艇相比，但体现了巴西造船工业努力追赶世界军舰发展潮流的努力。动力系统方面，"巴罗索"级基本沿袭了"伊尼亚乌马"级的配置，即1台LM2500型燃气轮机和2台MTU型柴油机，双轴推进，最大航速27节，续航力15节/4 000海里。

| 基本参数 | |
|---|---|
| 服役时间 | 2008 年至今 |
| 标准排水量 | 1 785 吨 |
| 满载排水量 | 2 350 吨 |
| 全长 | 103.4 米 |
| 全宽 | 11.4 米 |
| 吃水 | 5.3 米 |
| 最高航速 | 27 节 |
| 续航距离 | 7 408 千米 |
| 舰员 | 154 人 |

## 舰船特点

和原型"伊尼亚乌马"级护卫舰相比，"巴罗索"级有效改善了前者备遭诟病的远洋航海性能，并保持了其火力相对强大的特点，同时也注意了在能力范围内对全舰隐身等技术的采用。然而，和"伊尼亚乌马"级护卫舰一样，"巴罗索"级护卫舰自计划启动之日同样也饱受国内船厂积累不足和经费匮乏之苦。

该舰于2002年12月下水，直到2008年8月才正式服役，这对于一直致力于主战舰艇国产化的巴西海军而言，无疑是个巨大的讽刺与重挫。

# 挪威"南森"级护卫舰

"南森"级护卫舰因首舰南森号舷号为 F310 也被称作 F310 型护卫舰,是当前挪威皇家海军的主力舰艇。

## 性能解析

"南森"级的舰体布局与西班牙新一代的 F-100 多用途宙斯盾护卫舰颇为相似,不过不具备区域防空能力,所以"南森"级可被视为 F-100 的缩小版。与 F-100 相同,"南森"级也采用模块化技术建造,全舰共由 24 个模块构成,分为 13 个水密隔舱,舰体(不含上层结构)有 5 层甲板。"南森"级的舰体设计相当注重稳定性、隐身性以及抵抗战损的能力,

| 基本参数 ||
| --- | --- |
| 服役时间 | 2006 年至今 |
| 同级数量 | 5 艘 |
| 满载排水量 | 5 290 吨 |
| 全长 | 132 米 |
| 全宽 | 16.8 米 |
| 吃水 | 4.9 米 |
| 最高航速 | 27 节 |
| 舰员 | 120 人 |

沿用了与 F-100 护卫舰相似的各种隐身技术,包括隐身外形、隔音罩、轮机弹性基座、弹性管路接头、洒水系统、消磁系统等,致力于降低雷达截面积、红外线信号以及噪声,而且舰体航行与螺旋桨产生的噪声也降至最低。

## 舰船特点

"南森"级护卫舰以反潜作战为主要任务,其他工作还包括保卫挪威的领海、经济海域与海洋资源,或参加国际维和与人道救灾行动。

# Chapter 06

# 潜　　艇

　　潜艇是海军的主要舰种之一，既能在水面航行，又能潜入水中某一深度进行机动作战。潜艇的主要任务包括攻击敌人军舰或潜艇、近岸保护、突破封锁、侦察和掩护特种部队行动等。潜艇配套设备多样，技术要求高，全世界能够自行研制并生产潜艇的国家不多，尤其是核动力潜艇。

# 美国"小鲨鱼"级潜艇

"小鲨鱼"级潜艇是美国海军在二战中的主力潜艇，又音译为"加托"级。

## 性能解析

　　"小鲨鱼"级潜艇基本上保持了"一战"潜艇的模样，不过排水量更高。"小鲨鱼"级潜艇的舱间自舰首起，分别为鱼雷舱、官舱、控制舱、无线电室、厨房、餐厅、住舱、前轮机舱、后轮机舱、主机控制舱、后鱼雷舱等。和当时所有的传统潜艇一样，"小鲨鱼"级下潜后的续航力和机动力都不佳，高速水下航行很快会将电瓶电量耗尽。当时的传统潜艇更像是"可潜鱼雷艇"，大部分时间都在水面航行，而且水面航速高于水下航速。

| 基本参数 ||
| --- | --- |
| 服役时间 | 1943—1969 年 |
| 同级数量 | 77 艘 |
| 潜航排水量 | 2 424 吨 |
| 全长 | 95 米 |
| 全宽 | 8.3 米 |
| 吃水 | 5.2 米 |
| 潜航速度 | 8.5 节 |
| 潜航深度 | 230 米 |
| 艇员 | 60 人 |

## 舰船特点

　　"小鲨鱼"级潜艇除了打击运输线，在战役场面表现也相当亮眼。它不仅对运输船，还能对有战斗力的军舰构成巨大威胁。

# 美国"鹦鹉螺"号潜艇

"鹦鹉螺"号潜艇是世界上第一艘攻击核潜艇。

## 性能解析

　　"鹦鹉螺"号的艇体外形与内部、动力仪器与作战装备,都是当时最精密的科学产品,用流线型的结构与简便的控制装配起来。该艇总重 2 800吨,远超旧式潜艇,整个核动力装置占船身的一半左右。它能在最大航速下连续航行 50 天、全程3 万千米而不需要加任何燃料。与当时的普通潜艇相比,它的航速大约快了一半。

| 基本参数 | |
| --- | --- |
| 服役时间 | 1953—1972 年 |
| 同级数量 | 1 艘 |
| 潜航排水量 | 1 850 吨 |
| 全长 | 62.1 米 |
| 全宽 | 8.2 米 |
| 吃水 | 6.7 米 |
| 潜航速度 | 33 节 |
| 艇员 | 52 人 |

## 舰船特点

　　"鹦鹉螺"号潜艇 (USS Nautilus SSN–571) 是隶属于美国海军的一艘作战用潜水艇。它除了是世界上第一艘实际用作服役的核动力潜艇外,也是第一艘实际航行穿越北极的船只。

# 美国"灰鲸"级潜艇

　　"灰鲸"级潜艇是伴随着"天狮星 II"型巡航导弹的研发而出现的,也随着"天狮星 II"型巡航导弹的下马而昙花一现。

## 性能解析

　　"灰鲸"级潜艇将原先设计的非耐压艇体的一号主压载水舱改成了首浮力舱,并增大了浮力舱的容积,这使潜艇能处在稳定的水面状态发射导弹。"灰鲸"级潜艇的导弹库布置在艇首,因此艇首呈隆起形状。首部上甲板还布置了主动声呐罩,艇首水平舵可以折叠。导弹库和指挥围壳间布置着"天狮星 II"型巡航导弹的发射架。指挥围壳相对较小,指挥围壳后部的上端是通气管装置的进气管。

| 基本参数 | |
|---|---|
| 服役时间 | 1958—1984 年 |
| 同级数量 | 2 艘 |
| 潜航排水量 | 3 708 吨 |
| 全长 | 96.8 米 |
| 全宽 | 8.3 米 |
| 吃水 | 5.8 米 |
| 潜航速度 | 12 节 |
| 续航距离 | 15 000 海里 |
| 艇员 | 84 人 |

## 舰船特点

　　"灰鲸"级潜艇是伴随着"天狮星 II"型巡航导弹的研发而出现的。"灰鲸"级主耐压舱内的舱室布置从首到尾分别是前蓄电池舱、作战指挥舱、导弹制导室、后蓄电池舱、主机舱、控制室和尾鱼雷舱。前蓄电池舱的上方是军官居住区,指挥舱后是"天狮星"II导弹的专用制导室。后蓄电池舱的上方是厨房、士兵餐厅、士兵居住舱等。控制室下方是主电机舱。

# 美国"鲼鱼"级潜艇

"鲼鱼"级潜艇是美国海军继"鹦鹉螺"号之后发展的第二代攻击核潜艇。

## 性能解析

  "鲼鱼"级潜艇的动力装置采用了美国当时新研制的 S3W 或 S4W 压水反应堆，该反应堆采用蒸汽透平减速齿轮推进方式，噪声较小。但由于追求小型化而减低了航速，后来这种反应堆再也没有安装到别的核潜艇上。"鲼鱼"级潜艇鱼雷发射管的设置在美国也不多见，除艇首有 6 具 533 毫米鱼雷管外，艇尾也有 2 具 533 毫米鱼雷管。

| 基本参数 | |
|---|---|
| 服役时间 | 1957—1989 年 |
| 同级数量 | 4 艘 |
| 潜航排水量 | 2 850 吨 |
| 全长 | 81.6 米 |
| 全宽 | 7.6 米 |
| 吃水 | 6.5 米 |
| 潜航速度 | 22 节 |
| 潜航深度 | 210 米 |
| 艇员 | 84 人 |

## 舰船特点

  "鲼鱼"级核潜艇的出现标志着美国发展核动力潜艇的试验阶段已经完成。"鲼鱼"级潜艇排水量比"鹦鹉螺"号要小，其首艇"鲼鱼"号做了许多前人没有做过的事：1958 年完成了潜艇历史上第一次水下横渡大西洋的航行，创造了在水下连续航行 31 天的纪录；1958 中 8 月 11 日从冰下通过了北极点；1959 年 3 月 17 日第一次在北极破冰上浮。

# 美国"白鱼"级潜艇

"白鱼"级潜艇是美国于 20 世纪 50 年代研制的常规动力潜艇。

## 性能解析

"白鱼"级潜艇以"青花鱼"级唯一的"青花鱼"号潜艇为设计基础,所以它算是世界上最早实际采用"水滴形"船体的作战潜艇,也率先将航管指挥中心改配置在船体内,而不同于过去的在指挥塔内。"白鱼"级的艇体采用 3.81 厘米厚的 HY-80 高强化钢材,使潜艇的一般潜航深度在 215 米,容许的最大潜航深度达 320 米。

| 基本参数 | |
|---|---|
| 服役时间 | 1959—1990 年 |
| 同级数量 | 3 艘 |
| 潜航排水量 | 2 637 吨 |
| 全长 | 66.9 米 |
| 全宽 | 8.8 米 |
| 吃水 | 7.6 米 |
| 潜航速度 | 25 节 |
| 潜航深度 | 320 米 |
| 艇员 | 77 人 |

## 舰船特点

"白鱼"级潜艇的设计优越,在之后的船舶上使用被证明是非常成功的,因此,在 1990 年该型舰的技术被转移至荷兰的"旗鱼"级潜艇、日本的"涡潮"级潜艇与"汐潮"级潜艇上。

# 美国"鲣鱼"级潜艇

"鲣鱼"级潜艇是美国研制的第二代攻击核潜艇。

## 性能解析

　　"鲣鱼"级潜艇是世界上首级采用水滴形壳体的核潜艇，大大提高了水下航速。该级艇使用 1 座 S5W 压水堆和 2 台蒸汽轮机，单轴推进，最大功率 11 000 千瓦。S5W 压水反应堆由 S3W 型和 S4W 型发展而来，效率更高，整体体积更小。武器装备方面，"鲣鱼"级潜艇装有 6 具 533 毫米鱼雷发射管，使用 Mk48 型鱼雷。

## 舰船特点

| 基本参数 | |
| --- | --- |
| 服役时间 | 1955—1991 年 |
| 同级数量 | 6 艘 |
| 潜航排水量 | 3 513 吨 |
| 全长 | 77 米 |
| 全宽 | 9.7 米 |
| 吃水 | 7.4 米 |
| 潜航速度 | 33 节 |
| 潜航深度 | 210 米 |
| 艇员 | 90 人 |

　　"鲣鱼"级核潜艇是世界上第一次采用标准压水堆、围壳舵、单轴推进的潜艇。"鲣鱼"级潜艇虽然速度快，但在设计上仍然延续二战时期潜艇以攻击水面舰艇为首要任务的传统，在静音性能方面并未有所发展，侦测装备也不符合猎杀潜艇的需求。因此 6 艘"鲣鱼"级艇全部建成后，除 1 艘部署在太平洋外，其余 5 艘都游弋于大西洋。

# 美国"长尾鲨"级潜艇

"长尾鲨"级潜艇是美国研制的第三代攻击核潜艇。

## 性能解析

　　"长尾鲨"级潜艇的中部装有 4 具 533 毫米鱼雷发射管，配备了射程比鱼雷远的"沙布洛克"反潜鱼雷火箭。该级舰服役时号称当时美国最新型、最先进的核动力潜艇。该级艇的首舰"长尾鲨"号在第二次巡航时因不明原因而失事沉没，成为美国海军难解的谜题。

## 舰船特点

　　"长尾鲨"级潜艇增大了下潜深度，即能最

| 基本参数 | |
|---|---|
| 服役时间 | 1961—1994 年 |
| 同级数量 | 13 艘 |
| 潜航排水量 | 4 312 吨 |
| 全长 | 84.9 米 |
| 全宽 | 9.6 米 |
| 吃水 | 7.7 米 |
| 潜航速度 | 28 节 |
| 潜航深度 | 396 米 |
| 艇员 | 112 人 |

大限度地利用所谓不可透视的海水深度，从而减少潜艇被水面反潜舰艇和反潜飞机发现的可能性，提高了该艇的生存能力，在反潜战中使自己处于有利地位。

# 美国"乔治·华盛顿"级潜艇

"乔治·华盛顿"级潜艇是美国第一代弹道导弹核潜艇。

## 性能解析

　　"乔治·华盛顿"级潜艇庞大的上层建筑，是其外观上最明显的特征，从指挥台围壳前一直向艇尾延伸，覆盖着 16 个弹道导弹发射筒。该级艇的内部分为 7 个舱室，从首至尾依次是首鱼雷舱、指挥舱、导弹舱、第一辅机舱、反应堆舱、第二辅机舱和主机舱。其中，首鱼雷舱布置有 6 具 533 毫米鱼雷发射管，分两列布置。反应堆舱里布置 1 座由威斯汀豪斯电气公司制造的 S5W 型核反应堆，功率为 11 032 千瓦。

| 基本参数 | |
|---|---|
| 服役时间 | 1959—1985 年 |
| 同级数量 | 5 艘 |
| 潜航排水量 | 6 880 吨 |
| 全长 | 116.3 米 |
| 全宽 | 10.1 米 |
| 吃水 | 8.8 米 |
| 潜航速度 | 24 节 |
| 潜航深度 | 213 米 |
| 艇员 | 132 人 |

## 舰船特点

　　"乔治·华盛顿"级潜艇的建成，标志着潜射弹道导弹第一次构成了真正的全球性威慑力量。"乔治·华盛顿"级的 5 艘弹道导弹核潜艇目前已经全部退役，其中首艇"乔治·华盛顿"号于 1981 年 11 月 20 日被改装成了攻击型核潜艇，1985 年 4 月 30 日退出现役。

# 美国"伊桑·艾伦"级潜艇

"伊桑·艾伦"级潜艇是美国第二代弹道导弹核潜艇。

### 性能解析

"伊桑·艾伦"级潜艇的耐压艇体采用了 HY–80 高强度钢，使其最大下潜深度可以达到 300 米。这个下潜深度成为其后美国海军各种型号弹道导弹核潜艇的标准下潜深度。该级潜艇装有 4 具 533 毫米鱼雷发射管，左右各布置 2 具。导弹舱内装有 16 枚 "北极星" A2 弹道导弹，后改装 "北极星" A3 型导弹。

### 舰船特点

| 基本参数 | |
| --- | --- |
| 服役时间 | 1961—1992 年 |
| 同级数量 | 5 艘 |
| 潜航排水量 | 7 900 吨 |
| 全长 | 125 米 |
| 全宽 | 10.1 米 |
| 吃水 | 9.8 米 |
| 潜航速度 | 21 节 |
| 潜航深度 | 300 米 |
| 艇员 | 130 人 |

"伊桑·艾伦"级潜艇虽然是美国海军第二代弹道导弹核潜艇，但是该级核潜艇是从初始设计阶段即作为标准型的弹道导弹核潜艇设计的。因此，该级核潜艇为美国海军以后各种型号的弹道导弹核潜艇的设计提供了许多借鉴和参考的依据。该级艇对美国海军其后数十年间的弹道导弹核潜艇的基本设计模式起到了定型和固化作用。

# 美国"拉斐特"级潜艇

"拉斐特"级潜艇是美国研制的第三代弹道导弹核潜艇。

## 性能解析

"拉斐特"级潜艇除装备 16 枚弹道导弹外，还携载 12 枚鱼雷用于自卫，均由位于艇首的 4 具 533 毫米鱼雷发射管发射。"拉斐特"级前 8 艘装备的是 16 枚"北极星"A2 导弹，后 23 艘装备"北极星"A3 导弹。后来由于反弹道导弹武器的出现，美国海军决定将"拉斐特"级潜艇全部改为装备"海神 C-3"多弹头分导重返大气层弹道导弹。1978—1982 年，美国海军又将 12 艘该级艇改装为装备"三叉戟 I"型弹道导弹。

| 基本参数 | |
|---|---|
| 服役时间 | 1963—1994 年 |
| 同级数量 | 9 艘 |
| 潜航排水量 | 8 250 吨 |
| 全长 | 129.5 米 |
| 全宽 | 10.1 米 |
| 吃水 | 10 米 |
| 潜航速度 | 25 节 |
| 潜航深度 | 300 米 |
| 艇员 | 143 人 |

## 舰船特点

"拉斐特"级潜艇与前两代相比，该级潜艇装备了射程更远的弹道导弹，改进了导弹发射指挥系统，使潜艇在海上能够自己选择目标进行攻击，同时也改善了艇员居住条件，改进了电子设备，使其小型化和自动化程度更高。

美国"鲟鱼"级潜艇

"鲟鱼"级潜艇是美国研制的第四代攻击核潜艇。

## 性能解析

　　"鲟鱼"级潜艇采用先进的水滴形艇形，但艇体比以往的攻击型潜艇大，指挥台围壳较高，围壳舵的位置较低，这样可提高潜艇在潜望镜深度时的操纵性能。"鲟鱼"级潜艇可在北极冰下活动，装有一部探冰声呐。为了有利于上浮时破冰，可将围壳舵折起。该级艇装有4具鱼雷发射管，可发射"战斧"巡航导弹、"鱼叉"反舰导弹、"萨布洛克"反潜导弹和Mk48鱼雷等。

| 基本参数 | |
|---|---|
| 服役时间 | 1967—2004 年 |
| 同级数量 | 37 艘 |
| 潜航排水量 | 4 640 吨 |
| 全长 | 89.1 米 |
| 全宽 | 9.7 米 |
| 吃水 | 9.1 米 |
| 潜航速度 | 26 节 |
| 潜航深度 | 400 米 |
| 艇员 | 107 人 |

## 舰船特点

　　"鲟鱼"级潜艇服役后陆续进行了一些改装，有些潜艇装有消声瓦；有些潜艇装载了深潜救生艇；还有些艇因为装上了蛙人运输艇，而具有两栖攻击的辅助作战能力。虽然"鲟鱼"级的设计使用寿命为30年，但随着美国海军的战略调整，有一些舰艇提前退役。

# 美国"洛杉矶"级潜艇

"洛杉矶"级潜艇是美国研制的第五代攻击核潜艇。

## 性能解析

　　"洛杉矶"级潜艇在舰体中部设有 4 具 533 毫米鱼雷发射管,可发射"鱼叉"反舰导弹、"萨布洛克"反潜导弹、"战斧"巡航导弹以及传统的线导鱼雷等。从"普罗维登斯"号开始的后 31 艘潜艇又加装了 12 具垂直发射器,可在不减少其他武器数量的情况下,增载 12 枚"战斧"巡航导弹。此外,该级艇还具备布设 Mk67 触发水雷和 Mk60"捕手"水雷的能力。

| 基本参数 | |
|---|---|
| 服役时间 | 1976 年至今 |
| 同级数量 | 62 艘 |
| 潜航排水量 | 6927 吨 |
| 全长 | 110.3 米 |
| 全宽 | 10 米 |
| 吃水 | 9.9 米 |
| 潜航速度 | 32 节 |
| 潜航深度 | 500 米 |
| 艇员 | 133 人 |

## 舰船特点

　　"洛杉矶"级潜艇是世界上建造批量最大的一级核潜艇,其具有优良的综合性能,主要承担反潜、反舰、对陆攻击等任务。因其首艇编号为 688,故又被称为 688 级核潜艇。该型潜艇前 12 艘以支持其发展计划的参议员所代表的地区的名称命名,除了 SSN709 之外,其他后继艇都是以美国城市的名称命名,这打破了美国海军长期以来以海洋生物来命名的规则。

# 美国"俄亥俄"级潜艇

"俄亥俄"级潜艇是美国发展的第四代弹道导弹核潜艇。

## 性能解析

每艘"俄亥俄"级潜艇设有24具垂直导弹发射筒,其中前8艘装载"三叉戟Ⅰ"型(C4)导弹,到第9艘"田纳西"号时则改为"三叉戟Ⅱ"型导弹(射程12 000千米,每枚导弹可携带8~12个威力为100千吨或300~475千吨TNT当量的分导式多弹头,圆概率偏差90米),前8艘后来也改用"三叉戟Ⅱ"型导弹。

此外,被改装成巡航导弹核潜艇的4艘"俄亥俄"级潜艇则改用"战斧"常规巡航导弹。除导弹外,各艇另有4具533毫米Mk68鱼雷发射管,可携带12枚Mk48型多用途线导鱼雷,用于攻击潜艇或水面舰艇。

| 基本参数 | |
|---|---|
| 服役时间 | 1981年至今 |
| 同级数量 | 18艘 |
| 潜航排水量 | 18 750吨 |
| 全长 | 170米 |
| 全宽 | 13米 |
| 吃水 | 11.8米 |
| 潜航速度 | 20节 |
| 潜航深度 | 240米 |
| 艇员 | 155人 |

## 舰船特点

"俄亥俄"级只是一种放大改良版的"拉菲特"级潜艇,并且仍旧使用S5W核反应炉,极限速度在20节左右。但是为了增强静音效果,本级舰艇采用了许多先进静音科技;而为了符合成本效益,最后"俄亥俄"级竟然设计成"拉法叶"级的两倍大,成为美国海军最大的潜艇。

# 美国"海狼"级潜艇

"海狼"级潜艇是美国研制的攻击核潜艇，静音性能较佳。

## 性能解析

　　由于应用了现代最新技术，"海狼"级潜艇在动力装置、武器装备和探测器材等设备方面堪称世界一流。该级艇外形为长宽比 7.7：1 的水滴形，接近最佳长宽比，其下潜深度达到了 610 米，原因在于它的艇壳使用的材料是 HY-100 高强度钢。它配有能透过冰层的侦测装置，可在北极冰下海区执行作战任务。

## 舰船特点

| 基本参数 | |
| --- | --- |
| 服役时间 | 1997 年至今 |
| 同级数量 | 3 艘 |
| 潜航排水量 | 9 142 吨 |
| 全长 | 107.6 米 |
| 全宽 | 12.2 米 |
| 吃水 | 10.7 米 |
| 潜航速度 | 35 节 |
| 潜航深度 | 610 米 |
| 艇员 | 133 人 |

　　"海狼"级潜艇是美国海军装备的一款核动力快速攻击潜艇，设计任务是在各大洋与北冰洋冷水对抗任何俄罗斯现有与未来核潜艇，并取得制海权的反潜猎杀核潜艇，在设计上堪称是潜艇进行反潜作战的极致产物。

美国"弗吉尼亚"级潜艇

"弗吉尼亚"级潜艇是美国海军在建的最新一级多用途攻击型核潜艇。

## 性能解析

"弗吉尼亚"级潜艇装备有 12 个"战斧"巡航导弹的垂直发射筒，可发射射程为 2 500 千米的对陆攻击型"战斧"巡航导弹，能够对陆地纵深目标实施打击。该级潜艇还装备了 4 具 533 毫米鱼雷发射管，发射管具有涡轮气压系统，免除了发射前需要注水而会产生噪声的老问题。这 4 具鱼雷发射管不但可以发射 Mk48 型鱼雷、"鱼叉"反舰导弹以及布放水雷，还可以发射、回收水下无人驾驶遥控装置，以及无人空中飞行器。

| 基本参数 | |
|---|---|
| 服役时间 | 2004 年至今 |
| 同级数量 | 30 艘（计划） |
| 潜航排水量 | 7 928 吨 |
| 全长 | 115 米 |
| 全宽 | 10.4 米 |
| 吃水 | 10.1 米 |
| 潜航速度 | 30 节 |
| 潜航深度 | 600 米 |
| 艇员 | 134 人 |

## 舰船特点

由于战术战斧导弹的装备，使"弗吉尼亚"级潜艇对陆上战略战役目标和濒海港口重要区域的快速打击能力获得了较大提升。因为战术战斧导弹具备对时间敏感性目标进行打击的能力，所以"弗吉尼亚"级潜艇也拥有了对艇上特战队员上陆作战，提供应急火力支援的能力。战术战斧导弹使"弗吉尼亚"级潜艇具备了优秀的濒海战略战役打击能力，是美国维护全球利益应付突发事件的关键性装备。

# 俄罗斯"旅馆"级潜艇

"旅馆"级潜艇是苏联研制的第一代弹道导弹核潜艇。

## 性能解析

　　"旅馆"级潜艇的外壳除了舰桥和艇首以外，基本和"十一月"级潜艇相同。该级艇是苏联第一种铺设消声瓦的潜艇，由于当时苏联的消声瓦铺设技术还不够成熟，所以很多潜艇的消声瓦在服役时有一定程度的脱落。尽管"旅馆"级潜艇对于当时的苏联来说是一个飞跃，但整体性能仍逊色于美国"乔治·华盛顿"级潜艇。

| 基本参数 | |
|---|---|
| 服役时间 | 1960—1991 年 |
| 同级数量 | 8 艘 |
| 潜航排水量 | 5 300 吨 |
| 全长 | 114 米 |
| 全宽 | 7.2 米 |
| 吃水 | 7.5 米 |
| 潜航速度 | 26 节 |
| 潜航深度 | 300 米 |
| 艇员 | 128 人 |

## 舰船特点

　　由于"旅馆"级潜艇配备的导弹需要在水面状态下发射，所以"旅馆"级潜艇艇首没有使用"鱼雷弹头"型，而是采用了水面船只样式的艇首。

# 俄罗斯"杨基"级潜艇

"杨基"级潜艇是苏联第二代弹道导弹核潜艇。

## 性能解析

"杨基"级潜艇是苏联第一种能够与美国战略潜艇在导弹装载量上媲美的弹道导弹核潜艇，"杨基Ⅰ"级可携带16枚弹道导弹。"杨基"级采用了消音装置技术，比"旅馆"级潜艇更安静，但是噪声依然比当时北约的潜艇大。

## 舰船特点

"杨基"级的外形与美国"乔治·华盛顿"级很像，但内部结构却相差甚远。与其他苏联潜艇一

| 基本参数 | |
|---|---|
| 服役时间 | 1967—1995 年 |
| 同级数量 | 34 艘 |
| 潜航排水量 | 10020 吨 |
| 全长 | 128 米 |
| 全宽 | 11.7 米 |
| 吃水 | 7.8 米 |
| 潜航速度 | 28 节 |
| 潜航深度 | 400 米 |
| 艇员 | 114 人 |

样，"杨基"级采用双壳体结构，大储备浮力。"杨基"级系列开始使用指挥围壳舵，取消了首水平舵。这种围壳舵使得潜艇可以在无倾斜的情况下改变下潜深度从而简化了潜艇深度控制操作，有利于发射导弹。

# 俄罗斯"德尔塔"级潜艇

"德尔塔"级潜艇是苏联建造的第二代弹道导弹核潜艇。

## 性能解析

　　"德尔塔"Ⅳ级潜艇装备 16 发 P-29PM 潜射弹道导弹，装载在 D-9PM 型发射筒内。该级潜艇还可以使用 SS-N-15"海星"反舰导弹，这种导弹速度为 200 节，射程为 45 千米，可以装配核弹头。"德尔塔"Ⅳ级潜艇可以在 6~7 节航速、55 米深度的情况下连续发射出所有的导弹，并且可以在任何航向下，以及一定的纵向倾斜角度下发射导弹。此外，该级艇还装备了 4 具 533 毫米鱼雷发射管，并安装了自动鱼雷装填系统。

| 基本参数 | |
|---|---|
| 服役时间 | 1972 年至今 |
| 同级数量 | 18 艘 |
| 潜航排水量 | 19000 吨 |
| 全长 | 167 米 |
| 全宽 | 12 米 |
| 吃水 | 9 米 |
| 潜航速度 | 24 节 |
| 潜航深度 | 400 米 |
| 艇员 | 130 人 |

## 舰船特点

　　"德尔塔"级是苏联建造的德尔塔Ⅰ~Ⅳ级弹道导弹核潜艇的总称，属于苏联第三代弹道导弹核潜艇，由红宝石设计局设计。作为苏联海军拥有的第一级真正意义上的战略导弹核潜艇，无论是作战性能，还是技术性能，该型潜艇所具有的高含金量是毋庸置疑的。

# 俄罗斯"台风"级潜艇

"台风"级潜艇是苏联研制的一款弹道导弹核潜艇。

## 性能解析

"台风"级设有20具导弹发射管、2具533毫米鱼雷发射管、4具650毫米鱼雷发射管，可发射SS-N-16反潜导弹、SS-N-15反潜导弹、SS-N-20弹道导弹，以及常规鱼雷和"风暴"空泡鱼雷等。它可以同时齐射2发SS-N-20弹道导弹，这是世界上其他任何级别的弹道导弹潜艇都无法做到的。

## 舰船特点

"台风"级潜艇是目前世界最大体积和吨位潜艇纪录保持者，是典型的冷战产物。3艘已经被拆除。另外3艘中，只有1艘仍处于运行状态。"台风"级潜艇的主要作战任务是从苏联的领海，主要是北冰洋海域发射洲际弹道导弹打击美国本土的战略目标。不过要求装备的是新研制的固体燃料弹道导弹和新型的观通导航电子设备。

| 基本参数 | |
|---|---|
| 服役时间 | 1982年至今 |
| 同级数量 | 6艘 |
| 潜航排水量 | 48 000吨 |
| 全长 | 171.5米 |
| 全宽 | 25米 |
| 吃水 | 17米 |
| 潜航速度 | 25节 |
| 潜航深度 | 500米 |
| 艇员 | 160人 |

# 俄罗斯 "北风之神" 级潜艇

"北风之神" 级潜艇是由红宝石设计局设计的俄罗斯第五代弹道导弹核潜艇。

## 性能解析

"北风之神" 级潜艇的首艇上装有 16 个导弹发射筒、12 枚 SSNX-30 "圆锤 M" 洲际导弹, 导弹舱设在指挥台围壳之后。后期服役的同型潜艇完整配备 16 枚 "圆锤 M" 导弹。常规自卫武器方面, "北风之神" 级装备了 4~6 具 533 毫米鱼雷发射管, 可发射 16 枚鱼雷和 SS-N-15 型反潜导弹, 同时还配备了 SA-N-8 型近程舰空导弹, 自身防卫作战能力极为强悍。此外, 俄罗斯海军还在考虑装备速度达 200 节的 "暴风" 高速鱼雷, 这种鱼雷不仅能有效地反潜, 而且还能反鱼雷。

| 基本参数 | |
|---|---|
| 服役时间 | 2013 年至今 |
| 同级数量 | 10 艘（计划） |
| 潜航排水量 | 17 000 吨 |
| 全长 | 170 米 |
| 全宽 | 13 米 |
| 吃水 | 10 米 |
| 潜航速度 | 27 节 |
| 潜航深度 | 450 米 |
| 艇员 | 107 人 |

## 舰船特点

为确保其优异的水下航行性能及隐身效果, 俄克雷洛夫中央科研所对 "北风之神" 级潜艇艇体结构进行了大量分析、研究和试验, 在数个方案之中优化选择了近似拉长水滴型的流线造型, 与 971 型阿库拉级相似。这种外形结构能够在保证水下高航速的同时, 减少艇体与水流之间的摩擦, 降低航行时的噪声。

# 俄罗斯"奥斯卡"级潜艇

"奥斯卡"级潜艇是苏联研制的巡航导弹核潜艇，是俄罗斯海军目前最先进的攻击型潜艇。

## 性能解析

"奥斯卡"级潜艇共装 24 枚 SS-N-19 反舰导弹，最大射程 550 千米。该级艇上还装有鱼雷发射管，可发射 53 型鱼雷和 65 型鱼雷。另外，它也可以使用 SS-N-15 型和 SS-N-16 型反潜导弹攻击敌方潜艇。该潜艇还可用 65 型反舰鱼雷进行对舰攻击。该鱼雷采用主 / 被动声自导和尾流制导，可携带核弹头。

| 基本参数 | |
|---|---|
| 服役时间 | 1980 年至今 |
| 同级数量 | 13 艘 |
| 潜航排水量 | 19 400 吨 |
| 全长 | 155 米 |
| 全宽 | 18.2 米 |
| 吃水 | 9 米 |
| 潜航速度 | 32 节 |
| 潜航深度 | 600 米 |
| 艇员 | 130 人 |

## 舰船特点

"奥斯卡"级潜艇属于大型核潜艇，艇内空间大，可布置多种设备，改善了艇员的工作和生活条件，包括设置健身房、游泳池、日光浴室、桑拿浴室和娱乐区等，使该艇的自持力达到了 120 天，从而提高了战斗力。它的任务是保护苏联的弹道导弹核潜艇；使敌方攻击型核潜艇难以接近苏联海军的舰队和基地；攻击敌方的大型集装箱运输船、超级油轮、运兵船以及其他有高价值的军用辅助船和民用船舶。

# 俄罗斯"十一月"级潜艇

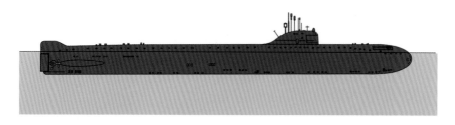

"十一月"级潜艇是苏联海军第一种核动力潜艇。

## 性能解析

"十一月"级潜艇采用双壳体结构，与美国潜艇不同的是，美国潜艇的舱室较大，数量较少，储备浮力也小，而苏联的潜艇舱室则比较小，数量比较多，储备浮力很大。苏联潜艇的这种设计一直持续到现在。这种设计的最大好处就是抗沉性强，潜艇结构强度也较大，但缺点则在于排水量较大以及由大排水量所带来的阻力大、噪声大和航速慢。

| 基本参数 | |
| --- | --- |
| 服役时间 | 1957—1991 年 |
| 同级数量 | 13 艘 |
| 潜航排水量 | 4380 吨 |
| 全长 | 109.8 米 |
| 全宽 | 8.3 米 |
| 吃水 | 5.8 米 |
| 潜航速度 | 30 节 |
| 潜航深度 | 340 米 |
| 艇员 | 105 人 |

## 舰船特点

"十一月"级潜艇的噪声比以往的常规动力潜艇和美国的第一批核潜艇都要大，尽管应用了精致的鱼雷状艇体，艇体上数量有限的排水孔、特制的降噪变距螺旋桨、主要设备振动抑制装置和特殊的消声艇体涂料（在核潜艇上是第一次应用）等降噪措施，但问题还是未能解决。相对于美国第一艘核潜艇"鹦鹉螺"号，"十一月"级潜艇在最大速度和最大潜深等方面有着更好的性能参数。

# 俄罗斯"维克托"级潜艇

"维克托"级潜艇是苏联研制的第二代攻击核潜艇。

## 性能解析

"维克托"级潜艇装备了 4 具 533 毫米和 2 具 650 毫米鱼雷发射管，可以发射 53 型鱼雷和 65 型鱼雷，以及 SS-N-15 和 SS-N-16 反潜导弹等。此外，该艇还可以携带射程为 3000 千米的 SS-N-21 远程巡航导弹，战斗部为 20 万吨 TNT 当量的核弹头或 500 千克烈性炸药的常规弹头，其巡航高度为 25~200 米，能够攻击敌方陆上重要目标。

## 舰船特点

| 基本参数 | |
| --- | --- |
| 服役时间 | 1967 年至今 |
| 同级数量 | 48 艘 |
| 潜航排水量 | 5300 吨 |
| 全长 | 94 米 |
| 全宽 | 10.5 米 |
| 吃水 | 7.3 米 |
| 潜航速度 | 32 节 |
| 潜航深度 | 300 米 |
| 艇员 | 76 人 |

"维克托"级潜艇传承了苏俄潜艇的双壳体结构，该级潜艇也是苏联第一种采用钛合金制造各种高压管路的潜艇。非耐压壳体、指挥塔围壳、艇尾垂直舵和水平舵都采用低磁钢材建造。不仅如此，该艇还安装了消磁装置，这使艇体结构变得更复杂，但是也同样使对方反潜飞机的磁探仪很难发现目标。

# 俄罗斯"阿尔法"级潜艇

"阿尔法"级潜艇也是苏联研制的第二代攻击核潜艇。

## 性能解析

"阿尔法"级潜艇装有6具533毫米鱼雷发射管，可以发射53型两用鱼雷、SS-N-15反潜导弹以及水雷等。该级艇的电子设备主要有"魔头"水面搜索雷达、"鲨鱼鳃"和"鼠叫"声呐、"秃头"和"砖群"电子支援设备、"园林灯"警戒雷达等。"阿尔法"级的最大潜深达914米，仅次于"麦克"级的1 000米。"阿尔法"级潜艇的水下航速也高达42节，在世界核潜艇中位列前茅。

## 舰船特点

"阿尔法"级潜艇艇体采用钛合金制造，使下潜深度达到700米，这也使得磁性大为减弱。艇员数的减少反映了"阿尔法"级较高水准的自动化。航海系统包括惯性导航系统、卫星导航、"罗兰"和"奥米加"。高水准的航速与噪声密切相关，低速时要安静得多。

| 基本参数 | |
| --- | --- |
| 服役时间 | 1977—1996 年 |
| 同级数量 | 7 艘 |
| 潜航排水量 | 3 600 吨 |
| 全长 | 81.5 米 |
| 全宽 | 9.5 米 |
| 吃水 | 7.5 米 |
| 潜航速度 | 42 节 |
| 潜航深度 | 914 米 |
| 艇员 | 40 人 |

# 俄罗斯"塞拉"级潜艇

"塞拉"级潜艇是苏联研制的第三代攻击核潜艇。

## 性能解析

　　"塞拉"级潜艇装备的武器种类众多,包括 SS-N-16 型反潜导弹、SS-N-15 型反潜导弹、SS-N-21 型远程巡航导弹以及 53 型、65 型鱼雷和各种水雷等,而且携带数量也较多。"塞拉"级潜艇的动力主要由 2 座压水堆反应堆提供,其单堆输出功率为 200 兆瓦,回路采用的是 2 台涡轮发动机,输出功率为 69 872 千瓦。另外,潜艇上还有 2 套柴油发电机组和 2 组蓄电池作为备用,可以保证潜艇在应急和事故状态下的辅助用电,并推动潜艇应急航行。

| 基本参数 | |
|---|---|
| 服役时间 | 1987 年至今 |
| 同级数量 | 4 艘 |
| 潜航排水量 | 8 200 吨 |
| 全长 | 107 米 |
| 全宽 | 12.2 米 |
| 吃水 | 8.8 米 |
| 潜航速度 | 35 节 |
| 潜航深度 | 600 米 |
| 艇员 | 60 人 |

## 舰船特点

　　"塞拉"级潜艇虽然被定义为多用途攻击潜艇,但其最主要的任务则是消灭敌方的弹道导弹核潜艇。但它同样也能胜任摧毁敌方水面舰艇、攻击陆上战略目标等多种任务。

# 俄罗斯"麦克"级潜艇

"麦克"级潜艇是苏联第四代攻击型核潜艇。

## 性能解析

　　"麦克"级潜艇是苏联第 3 种采用钛合金制造的核潜艇，采用球形首，水滴尖尾。"麦克"级潜艇比其他钛合金制造的潜艇的下潜深度都大很多，是世界上潜航深度最大的核潜艇。该级艇的武器装备包括：2 具 533 毫米和 4 具 650 毫米鱼雷发射管，用于发射导弹、鱼雷和布放水雷。艇上搭载的武器包括 SS-N-21 巡航导弹、SS-N-15 反潜导弹、SS-N-16 反潜导弹、鱼雷和水雷等。

| 基本参数 | |
|---|---|
| 服役时间 | 1988—1989 年 |
| 同级数量 | 2 艘 |
| 潜航排水量 | 8 000 吨 |
| 全长 | 117.5 米 |
| 全宽 | 10.7 米 |
| 吃水 | 9 米 |
| 潜航速度 | 30 节 |
| 潜航深度 | 1 000 米 |
| 艇员 | 70 人 |

## 舰船特点

　　"麦克"级潜艇艇体由钛合金建造，采用双壳体结构。其加大了内壳与外壳间的间距，这样既减小了艇内机械振动噪声向外传播，也增加了潜艇的安静性，又减小了受到攻击时对艇内的破坏。

# 俄罗斯"阿库拉"级潜艇

"阿库拉"级潜艇也是俄罗斯海军的第四代攻击核潜艇。

## 性能解析

　　"阿库拉"级核潜艇采用良好的水滴外形，并采用了双壳体结构，里面一层艇壳为钛合金制造的耐压壳体，这种耐压壳保证"阿库拉"级核潜艇能下潜到 650 米深的海底，而当时一般的潜艇最多只能下潜到 600 米。在"亚森"级潜艇服役前，"阿库拉"级潜艇是苏联最安静的潜艇。

## 舰船特点

　　"阿库拉"级核潜艇是一级多用途攻击核潜艇。它是俄罗斯排水量最大的攻击型核潜艇，就是在当今世界现役核攻击潜艇当中也是数一数二的。目前有 9 艘在俄罗斯海军服役。该艇主要用于消灭敌方潜艇和水面舰只，协同水面舰艇编队作战等任务。

| 基本参数 | |
| --- | --- |
| 服役时间 | 1984 年至今 |
| 同级数量 | 15 艘 |
| 潜航排水量 | 12 770 吨 |
| 全长 | 110 米 |
| 全宽 | 13.5 米 |
| 吃水 | 9 米 |
| 潜航速度 | 33 节 |
| 潜航深度 | 650 米 |
| 艇员 | 100 人 |

# 俄罗斯"亚森"级潜艇

"亚森"级潜艇是俄罗斯研制的新型攻击核潜艇。

## 性能解析

　　"亚森"级潜艇在艇首装备了 4 具 650 毫米和 2 具 533 毫米鱼雷发射管，可以发射 65 型和 53 型鱼雷、SS-N-15 反潜导弹等武器。此外，该艇还在指挥台围壳后面的巡航导弹舱，布置了 8 个用于发射 SS-N-27 巡航反舰导弹的垂直发射管。SS-N-27 巡航导弹的最大飞行速度为 2.5 马赫，最大射程超过 3 000 千米，命中精度为 4~8 米。到现在为止，世界各国还没有能够有效对付这种导弹的方法和武器，它是有效的航母杀手之一。

| 基本参数 | |
| --- | --- |
| 服役时间 | 尚未服役 |
| 同级数量 | 8 艘（计划） |
| 潜航排水量 | 13 800 吨 |
| 全长 | 120 米 |
| 全宽 | 15 米 |
| 吃水 | 8.4 米 |
| 潜航速度 | 28 节 |
| 潜航深度 | 650 米 |
| 艇员 | 90 人 |

## 舰船特点

　　"亚森"级核潜艇是用来替代"奥斯卡"巡航导弹核潜艇和"阿库拉"级攻击核潜艇的新一代多功能静音核潜艇。与以往的俄国核潜艇相比，其具有更强的火力、更高的机动性和更佳的隐蔽性，在西方军事界称其为"世界最先进的攻击核潜艇"。

# 俄罗斯"威士忌"级潜艇

　　"威士忌"级潜艇是苏联在二战之后生产的第一种潜艇，目前印度尼西亚海军仍在使用。

### 性能解析

　　"威士忌"级潜艇虽然为二战后设计，但明显还带有二战时期的一些特征，最主要的是原型设计装备了1门甲板炮。所有1956年以前建造的"威士忌"级潜艇都携带有甲板炮，直到1956年才被拆除。与二战时期的潜艇相比，"威士忌"级装备了通气管，并能使潜艇在潜望镜深度通过通气管运转柴油机并给电池充电。

### 舰船特点

　　"威士忌"级潜艇的整体结构设计对于后续俄罗斯潜艇的研究起到了相当大的影响。该级艇采用双壳体结构，典型的大储备浮力、舱室小的布局。

| 基本参数 | |
|---|---|
| 服役时间 | 1951年至今 |
| 同级数量 | 215艘 |
| 潜航排水量 | 1340吨 |
| 全长 | 76米 |
| 全宽 | 6.3米 |
| 吃水 | 4.6米 |
| 潜航速度 | 13节 |
| 潜航深度 | 200米 |
| 艇员 | 52人 |

# 俄罗斯"朱莉叶"级潜艇

"朱莉叶"级潜艇是苏联研制的一款巡航导弹潜艇。

## 性能解析

根据苏联当时的战术要求,"朱莉叶"级应该可以在敌人舰队附近或者目标打击海岸附近上浮,饱和发射全部核导弹摧毁敌人舰队或目标地区。"朱莉叶"级的结构基本上沿袭了"威士忌"级的设计,采用双壳体结构,是典型的大储备浮力和舱室小的布局。水下排水量超过 4 000 吨,这对于常规动力潜艇来说是非常庞大的。全艇共7 个耐压舱:前鱼雷舱、电池及导弹控制舱、舰桥舱、艇员生活及艇尾电池舱、柴油动力舱、电机舱、艇尾鱼雷舱。

| 基本参数 | |
|---|---|
| 服役时间 | 1963—1994 年 |
| 同级数量 | 16 艘 |
| 潜航排水量 | 4 137 吨 |
| 全长 | 90 米 |
| 全宽 | 10 米 |
| 吃水 | 7 米 |
| 潜航速度 | 18 节 |
| 续航距离 | 9 000 海里 |
| 艇员 | 82 人 |

## 舰船特点

"朱莉叶"级潜艇在指挥台围壳前后的耐压壳体和非耐压壳体之间分置了 4 具长达 18 米的细长形导弹发射筒,发射筒的倾斜度为 20°,艇首发射,但不能在水下发射导弹,必须浮出水面发射。DD-N-12 导弹研制出来后,"朱莉叶"级潜艇换装了这种射程更远的导弹。"朱莉叶"级潜艇在服役 20 多年后从 1990年开始陆续退役,目前俄罗斯拥有的巡航导弹潜艇全部为核动力推进。

# 俄罗斯"回声"级潜艇

"回声"级潜艇是苏联研制的第一级巡航导弹核潜艇。

## 性能解析

　　"回声 I"型装有 6 枚射程为 460 千米，用于攻击岸上目标的 SSN-3C"柚子"巡航导弹。由于该导弹不具备攻击活动目标的能力，使得其战略意义远大于其真正的战斗价值。II 型最初装有 8 发 SS-N-3A 反舰巡航导弹，射程为 400 千米。后又改装成为先进的 SS-N-12"沙箱"反舰导弹，射程为 550 千米，弹头为 35 万吨 TNT 当量核弹头或 1000 千克烈性炸药。除导弹外，II 型在艇首装有 6 具 533 毫米鱼雷发射管。

| 基本参数 | |
| --- | --- |
| 服役时间 | 1960—1994 年 |
| 同级数量 | 34 艘 |
| 潜航排水量 | 5 760 吨 |
| 全长 | 119 米 |
| 全宽 | 9.2 米 |
| 吃水 | 6.9 米 |
| 潜航速度 | 24 节 |
| 潜航深度 | 300 米 |
| 艇员 | 109 人 |

## 舰船特点

　　"回声"级潜艇是苏联第一级核动力巡航导弹潜艇，也是世界上第一级核动力巡航导弹潜艇，目前均已退役。"回声 I"型的最初装备 P-5 型（北约编号 SS-N-3）导弹是为打击相对静止目标而设计的，对于相对航速超过 10 节的敌舰命中率几乎为零，而发射导弹的时候潜艇必须保持水面状态并且静止，这使得"回声 I"型艇的实战能力极为有限。

# 俄罗斯"查理"级潜艇

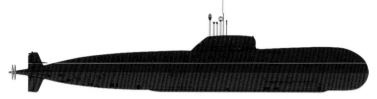

"查理"级潜艇是苏联继"回声"级潜艇后发展的第二代巡航导弹核潜艇。

## 性能解析

"查理"级潜艇是苏联第一级具有水下发射导弹能力的潜艇,具有更好的隐蔽性,更强大的攻击能力,同时也减少了发射时的暴露机会。该级艇吨位较小,在艇首的压力壳外部两侧各斜置安装4座反舰导弹发射装置,使用SS-N-7"紫水晶"主动雷达制导反舰导弹,射程65千米,虽然射程较短,但敌舰预警与反制的机会也变少了。与"回声"级潜艇相比,"查理"级潜艇增加了卫星数据链,截获敌方目标位置的手段更加可靠。

| 基本参数 | |
|---|---|
| 服役时间 | 1967—1998 年 |
| 同级数量 | 17 艘 |
| 潜航排水量 | 4 900 吨 |
| 全长 | 103 米 |
| 全宽 | 10 米 |
| 吃水 | 8 米 |
| 潜航速度 | 24 节 |
| 潜航深度 | 300 米 |
| 艇员 | 100 人 |

## 舰船特点

"查理"级潜艇是第一级具有水下发射导弹能力的潜艇。该型 K-43 号在 1988 年 1 月到 1991 年 1 月租借给印度海军改名为"查卡拉"号,成为世界上第一艘租借国外的核潜艇。

俄罗斯"帕帕"级潜艇

"帕帕"级潜艇是苏联研制的第二代巡航导弹核潜艇。

## 性能解析

　　"帕帕"级潜艇为钛质艇体，装备 10 枚可水下发射的 SS-N-7 "紫水晶"反舰导弹。导弹发射箱排列于潜艇首部坚固壳体外的两侧，上仰角为 32.5°，最大发射深度为 30 米。该艇在试验中以 97% 的堆功率曾创造了 44.7 节的水下航行速度世界纪录，至今未被打破。但由于它存在成本高、噪声大、结构复杂等缺陷，未投入批量生产。

## 舰船特点

　　"帕帕"级潜艇的航速可以超过当时的鱼雷，但它存在的问题是建造成本太高，航行时会产生巨大的噪声，而且在航行的时候还会造成壳体受损。

| 基本参数 | |
|---|---|
| 服役时间 | 1969—1988 年 |
| 同级数量 | 1 艘 |
| 潜航排水量 | 7 000 吨 |
| 全长 | 106.9 米 |
| 全宽 | 11.5 米 |
| 吃水 | 8.1 米 |
| 潜航速度 | 44.7 节 |
| 潜航深度 | 400 米 |
| 艇员 | 80 人 |

# 俄罗斯"祖鲁"级潜艇

"祖鲁"级潜艇是苏联在二战后研制的常规动力潜艇。

## 性能解析

　　"祖鲁"级潜艇有几个改进型，都是在"祖鲁"级的基础上进行的修改和完善，如拆除甲板炮，增加通气管等，其中"祖鲁Ⅴ"型是装备弹道导弹的弹道导弹潜艇。"祖鲁"级在使用过程中暴露出许多问题，如导弹射程近、打击威力不足、航速低、自持力低，不适于执行全新的作战任务等。

## 舰船特点

　　尽管"祖鲁"级潜艇的意义仅限于战役层次，但为苏联导弹潜艇干部队伍的组建、战斗勤务和战斗巡逻的组织、导弹潜艇部队岸上设施的建设都发挥了巨大作用。

| 基本参数 | |
| --- | --- |
| 服役时间 | 1952—1967 年 |
| 同级数量 | 26 艘 |
| 潜航排水量 | 2 400 吨 |
| 全长 | 90.5 米 |
| 全宽 | 7.5 米 |
| 吃水 | 5.1 米 |
| 潜航速度 | 16 节 |
| 潜航深度 | 12 000 海里 |
| 艇员 | 70 人 |

# 俄罗斯"高尔夫"级潜艇

"高尔夫"级潜艇是世界上第一级弹道导弹潜艇，也是全世界唯一一级柴电动力的弹道导弹潜艇。

## 性能解析

"高尔夫"级潜艇装有 6 具 533 毫米鱼雷发射管，3 座 P–13 弹道导弹发射装置。该级艇的动力装置包括 3 台柴油机和 3 台推进电机，采用三轴推进方式。在"高尔夫"级所有改型中，IV型的意义最为重大，因为在此之前的型号都只能在水面发射导弹，IV 型是为了水下发射导弹而进行改装设计的。

| 基本参数 | |
|---|---|
| 服役时间 | 1958—1990 年 |
| 同级数量 | 23 艘 |
| 潜航排水量 | 3 553 吨 |
| 全长 | 98.9 米 |
| 全宽 | 8.2 米 |
| 吃水 | 8.5 米 |
| 潜航速度 | 12 节 |
| 潜航深度 | 300 米 |
| 艇员 | 83 人 |

## 舰船特点

"高尔夫"级潜艇的一些艇最初装备的是 P–11 型导弹，后来装备 P–13 都是在维修期的时候在修理厂改装的。1958 年至 1960 年，"高尔夫"级为提高技术型和战斗能力而进行了一系列小的改动，部分艇安装新型无线电通信设备，部分艇则安装了噪声测向仪等。作为苏联第一级弹道导弹潜艇，"高尔夫"级潜艇除了常规的战备以外也被赋予辅助后续弹道导弹潜艇的研制使命。

# 俄罗斯"罗密欧"级潜艇

"罗密欧"级潜艇是苏联于 20 世纪 50 年代研制的柴电动力潜艇。

## 性能解析

　　"罗密欧"级潜艇与"威士忌"级潜艇相比,主要改进之处是:增加 2 具鱼雷发射管,提高了水声设备性能,增加了蓄电池的水冷却系统,下潜深度增大。"罗密欧"级潜艇通过将贮备浮力转变成超载燃油的途径,巧妙地使续航力和自持力增大了 1 倍。

## 舰船特点

　　"罗密欧"级潜艇有 11 个压载水舱,具有良好的水下不沉性和适航性。其主要观通设备有雷达和雷达侦察机、综合声呐、通信声呐、侦察声呐和潜望镜、电罗经、水压计程仪、航迹自绘仪以及短波、长波、超短波等无线电通信设备及其天线。

| 基本参数 | |
|---|---|
| 服役时间 | 1958 年至今 |
| 同级数量 | 133 艘 |
| 潜航排水量 | 1 830 吨 |
| 全长 | 76.6 米 |
| 全宽 | 6.7 米 |
| 吃水 | 5.2 米 |
| 潜航速度 | 13 节 |
| 潜航深度 | 300 米 |
| 艇员 | 54 人 |

# 俄罗斯"狐步"级潜艇

"狐步"级潜艇是苏联研制的一级常规动力攻击潜艇。

## 性能解析

　　"狐步"级潜艇的动力装置包括 3 台 1 471 千瓦柴油发动机、2 台 993 千瓦电动机及 1 台 1 986 千瓦电动机、1 台辅助发电机。该级艇的主要武器为 10 具 533 毫米鱼雷发射管，艇首 6 座，艇尾 4 座。

## 舰船特点

　　作为苏联核动力潜艇投入使用前的最后一批常规动力攻击潜艇，"狐步"潜艇的航程、续航能力都与前者相差甚远，即便如此仍然有为数众多的"狐步"级被投入到使用之中，从波罗的海到太平洋的各大海域中都能见到它的身影。

| 基本参数 | |
| --- | --- |
| 服役时间 | 1958—2000 年 |
| 同级数量 | 74 艘 |
| 潜航排水量 | 2 475 吨 |
| 全长 | 89.9 米 |
| 全宽 | 7.4 米 |
| 吃水 | 5.9 米 |
| 潜航速度 | 15 节 |
| 续航距离 | 20 000 海里 |
| 艇员 | 78 人 |

# 俄罗斯"探戈"级潜艇

"探戈"级潜艇是苏联第二代常规潜艇的最后一型。

## 性能解析

  "探戈"级潜艇是"狐步"级潜艇的后继型号，动力装置与"狐步"级最后批次的相同，电池容量比之前的苏联潜艇有了巨大改进，因此水下续航力超过了一周。首部声呐类似于苏联攻击型核潜艇的声呐。后期改型加长了数米，以安装 ASW 导弹装置。

## 舰船特点

  "探戈"级潜艇是"狐步"级常规潜艇的改

| 基本参数 | |
| --- | --- |
| 服役时间 | 1972—2010 年 |
| 同级数量 | 18 艘 |
| 潜航排水量 | 3 800 吨 |
| 全长 | 91 米 |
| 全宽 | 9.1 米 |
| 吃水 | 7.2 米 |
| 潜航速度 | 16 节 |
| 续航距离 | 12 000 海里 |
| 艇员 | 62 人 |

进型，也是苏联第二代常规潜艇的最后一型。20 世纪 70 年代初开始服役，是当年苏联海军常规潜艇的主力之一，目前该级潜艇已退役。"探戈"级首部声呐类似于苏联攻击型核潜艇的声呐。动力装置与"狐步"级潜艇最后批次的相同。电池容量比之前的苏联潜艇有了巨大改进，因此水下续航力超过了一周。据说该级潜艇可在水下发射弹道式反潜导弹(即火箭助飞鱼雷)。

# 俄罗斯"基洛"级潜艇

"基洛"级潜艇是目前俄罗斯海军的主要常规潜艇，有"大洋黑洞"之称。

## 性能解析

"基洛"级潜艇的艇首设有 6 具 533 毫米鱼雷发射管，可发射 53 型鱼雷、SET–53M 鱼雷、SAET–60M 鱼雷、SET–65 鱼雷、71 系列线导鱼雷等，改进型和印度出口型还可以通过鱼雷管发射"俱乐部 –S"潜射反舰导弹。"基洛"级艇内共配备 18 枚鱼雷，并有快速装雷系统。6 具发射管可在 15 秒内完成射击，2 分钟后再装填完毕，以实施第二轮打击。"基洛"级的最大特点便是优异的安静性，其设计目标就将安静性置于快速性之上，通过各种措施将噪声降到了 118 分贝。

| 基本参数 | |
|---|---|
| 服役时间 | 1982 年至今 |
| 同级数量 | 57 艘 |
| 潜航排水量 | 3 076 吨 |
| 全长 | 73.8 米 |
| 全宽 | 9.9 米 |
| 吃水 | 16.6 米 |
| 潜航速度 | 25 节 |
| 潜航深度 | 300 米 |
| 艇员 | 57 人 |

## 舰船特点

"基洛"级潜艇是苏联海军研制的最成功的常规潜艇，主要用于在近海浅水区域进行反舰与反潜作战，是目前俄罗斯出口量最大的潜艇，以火力强大、噪声小而闻名。

# 俄罗斯"阿穆尔"级潜艇

"阿穆尔"级潜艇是由俄罗斯红宝石中央设计局在"拉达"级常规动力潜艇基础上研制出的第四代常规动力潜艇，前者装备俄罗斯海军，后者出售给俄罗斯第三代常规动力潜艇的国外用户。

## 性能解析

"阿穆尔"级潜艇装备有可伸缩桅杆和攻击潜望镜。复合导航装置包括 1 部小型惯性导航系统，可保证航行安全并确定发射导弹所需的潜艇运动参数。1 部观察桅杆可装备电视摄像头、红外成像仪和激光测距仪，可保证在任何时候进行观测。1 部天线用于接收卫星导航系统 GPS 和 Glonass 的信号，同时还有 1 部天线用于接收无线电信号。1 部攻击潜望镜（"阿穆尔"级 1650 型）具有目视和低可见光电视通路。雷达系统的目标探测距离、隐蔽性、精确性都有所提高。这套系统可完成自动标图和解决航行问题等任务。无线电通信装置包括 1 部可释放无线电天线，可在水下 100 米无法被探测到的情况下接收指令和信息。

| 基本参数 | |
|---|---|
| 服役时间 | 2010 年至今 |
| 潜航排水量 | 2 800 吨 |
| 全长 | 66.8 米 |
| 全宽 | 7.1 米 |
| 续航距离 | 6 000 海里 |
| 潜航速度 | 21 节 |
| 潜航深度 | 300 米 |
| 艇员 | 35 人 |

## 舰船特点

"阿穆尔"级潜艇以其良好的生活条件令人注目。所有艇员都住在乘员舱内。厨房和起居室装备先进，十分便利。有效的通风和空调系统是专门设计的，可用于在热带海域执行任务。艇上还安装有蒸馏机，可用来补充淡水储备。

# 俄罗斯"拉达"级潜艇

"拉达"级潜艇是俄罗斯自苏联解体后研制的第一级柴电潜艇。

## 性能解析

　　"拉达"级潜艇装有 6 具鱼雷发射管,武器载荷为 18 枚。该级艇在设计上有诸多创新,其中包括 1 套基于现代数据总线技术的自动化指挥和武器控制系统、1 套包含拖曳阵在内的声呐装置以及"基洛"级潜艇上的降噪技术。红宝石设计局同时也开发了 AIP 推进模块,可根据用户的需要进行安装。对外出口型还可在水平舵后加装 1 个垂直发射舱,可以容纳 8 具垂直发射管,发射"布拉莫斯"反舰导弹。

| 基本参数 | |
|---|---|
| 服役时间 | 尚未服役 |
| 同级数量 | 1 艘 |
| 潜航排水量 | 2 700 吨 |
| 全长 | 72 米 |
| 全宽 | 7.1 米 |
| 吃水 | 6.5 米 |
| 潜航速度 | 21 节 |
| 潜航深度 | 250 米 |
| 艇员 | 34 人 |

## 舰船特点

　　据红宝石中央设计局称,"拉达"级潜艇应用了许多新的系统,在设计上也有诸多创新。其中包括 1 套基于现代数据总线技术的自动化指挥和武器控制系统、1 套包含拖曳阵在内的声呐装置以及"基洛"级潜艇 636 型上的降噪技术。艇上覆盖了消声涂层以降低对敌主动声呐的目标回声强度。

# 英国"拥护者"级潜艇

"拥护者"级潜艇是英国在 20 世纪 70 年代末期研制的常规潜艇。

## 性能解析

"拥护者"级潜艇装有 6 具鱼雷发射管，搭载的鱼雷为"虎鱼"Mk24 Mod 2 线导鱼雷，可选用较复杂且较快速的"剑鱼"鱼雷。"拥护者"级潜艇还装备了麦道公司的潜射"鱼叉"反舰导弹，采用主动雷达寻的，射程达 130 千米。"拥护者"级潜艇的主要推进系统为 2 台帕克斯曼维伦塔 1600 RPA-200 SZ 柴油发动机，这也是此种发动机首次装置于潜艇上。此外，还有 1 台电机，功率 2 800 千瓦。

| 基本参数 | |
|---|---|
| 服役时间 | 1990 年至今 |
| 同级数量 | 4 艘 |
| 潜航排水量 | 2 455 吨 |
| 全长 | 70.3 米 |
| 全宽 | 7.6 米 |
| 吃水 | 5.5 米 |
| 潜航速度 | 20 节 |
| 潜航深度 | 200 米 |
| 艇员 | 45 人 |

## 舰船特点

"拥护者"级潜艇由维克斯造船工程公司承造，该公司的巴罗厂是英国仅存的具有核动力舰只建造经验的造船厂，由于该厂当时正受委托进行三叉戟计划，因而缩减了其建造数量。"拥护者"级的所有设计结合了当时最精良的科学技术。潜航深度也十分优异。

# 英国"决心"级潜艇

"决心"级潜艇是英国研制的第一代弹道导弹核潜艇。

## 性能解析

"决心"级潜艇的指挥台围壳后部有 16 具导弹发射筒，用来发射从美国购买的 16 枚射程为 4 630 千米的"北极星"A3 导弹。A3 导弹有 3 个由英国自制的 20 万吨 TNT 当量分导弹头，弹头上装有一种突防装置，以突破反弹道导弹的防御。

## 舰船特点

"决心"级的艇体和动力装置完全由英国自行研制，技术水平与美国同期装备的北极星导弹的弹道导弹核潜艇相当。但"决心"级所携带的弹道导弹仍需从美国引进。

| 基本参数 | |
| --- | --- |
| 服役时间 | 1968—1996 年 |
| 同级数量 | 4 艘 |
| 潜航排水量 | 8 500 吨 |
| 潜航深度 | 300 米 |
| 全长 | 129.5 米 |
| 全宽 | 10.1 米 |
| 吃水 | 9.1 米 |
| 潜航速度 | 25 节 |
| 艇员 | 143 人 |

# 英国"前卫"级潜艇

"前卫"级潜艇是英国于 20 世纪 80 年代研制的第二代弹道导弹核潜艇。

## 性能解析

  "前卫"级潜艇装备了世界上最先进的"三叉戟Ⅱ"型导弹，共 16 枚。该型导弹为三级固体燃料推进的导弹，射程为 12 000 千米。每枚导弹可携带 8 个威力为 150 千吨 TNT 当量的分导式多弹头，每艘艇的弹头数为 128 个，总威力为 19 200 千吨 TNT 当量。"前卫"级在提高隐身能力上下了很大功夫，为了降噪，采用了经过淬火处理的变额硬化齿轮、筏式整体减震装置。此外，艇壳上的流水孔很少，表面光滑，减少了水动力噪声。

| 基本参数 | |
| --- | --- |
| 服役时间 | 1993 年至今 |
| 同级数量 | 4 艘 |
| 潜航排水量 | 15 900 吨 |
| 全长 | 149.9 米 |
| 全宽 | 12.8 米 |
| 吃水 | 12 米 |
| 潜航速度 | 25 节 |
| 潜航深度 | 350 米 |
| 艇员 | 135 人 |

## 舰船特点

  "前卫"级潜艇采用了英国首创的泵喷推进技术，有效降低了辐射噪声，安静性和隐蔽性尤为出色。该级艇配有两套艇员，一套艇员出海巡逻时，另一套艇员可在基地进行整休、训练，以及为下次出海做准备，因而艇员出海时精力充沛，操作水平高。艇员在艇上有宽裕的居住铺位，饮食、娱乐、健身、医疗、淡水充分保证，工作环境也比较好，该艇的自持力可达 70 天。

# 英国"勇士"级潜艇

"勇士"级潜艇是英国研制的第一代攻击核潜艇。

### 性能解析

"勇士"级潜艇的主要武器为艇首的 6 具 533 毫米鱼雷管,可发射总数多达 32 枚的"鱼叉"导弹和"虎鱼"Mk24-2 型鱼雷。该级艇的动力装置由 1 座压水堆和 2 台蒸汽轮机组成,水上航速 20 节,水下航速 30 节。

### 舰船特点

"勇士"级潜艇是英国在二战后发展的第一代核动力攻击型潜艇,其中"勇士"号 1967 年从新加坡潜航返回英国,完成了 1.2 万海里航程,创下了英国海军潜艇水下连续航行 25 天的纪录。

| 基本参数 | |
|---|---|
| 服役时间 | 1966—1994 年 |
| 同级数量 | 5 艘 |
| 潜航排水量 | 4 900 吨 |
| 全长 | 86.9 米 |
| 全宽 | 10.1 米 |
| 吃水 | 8.2 米 |
| 潜航速度 | 30 节 |
| 潜航深度 | 300 米 |
| 艇员 | 103 人 |

# 英国"敏捷"级潜艇

"敏捷"级潜艇是英国研制的第二代攻击核潜艇。

## 性能解析

与英国第一代攻击核潜艇"勇士"级相比，"敏捷"级的艇体显得丰满、稍短，前水平舵靠前，少1具鱼雷管，下潜深度和航速增加。"敏捷"级潜艇装备的武器有休斯公司的"战斧"潜射型巡航导弹，麦道公司的潜射"鱼叉"导弹，此外，还有马可尼公司的"旗鱼"线导鱼雷、"虎鱼"鱼雷等。

| 基本参数 | |
|---|---|
| 服役时间 | 1973—2010 年 |
| 同级数量 | 6 艘 |
| 潜航排水量 | 4 900 吨 |
| 全长 | 82.9 米 |
| 全宽 | 9.8 米 |
| 吃水 | 8 米 |
| 潜航速度 | 30 节 |
| 潜航深度 | 450 米 |
| 艇员 | 98 人 |

## 舰船特点

"敏捷"级潜艇是于 20 世纪 70 年代初至 2010 年在英国皇家海军服役的核动力攻击型潜艇。到 2010 年"敏捷"级陆续退役，逐渐被"机敏"级潜艇取代。除了本身的鱼雷装备、水雷和反舰导弹，一些潜艇得以升级，新增了发射战斧式巡航导弹的功能。"敏捷"级潜艇也是英国皇家海军第一批配备喷水式推进器的潜艇。

# 英国"特拉法尔加"级潜艇

"特拉法尔加"级潜艇是英国第三代攻击核潜艇。

## 性能解析

　　"特拉法尔加"级潜艇具有反潜、反舰和对陆攻击的全面作战能力，其艇首装有5具533毫米鱼雷发射管，可发射"战斧"巡航导弹、"鱼叉"反舰导弹、"矛鱼"鱼雷和"虎鱼"鱼雷，不携带鱼雷时可载50枚Mk5"石鱼"或Mk6"海胆"水雷。该级艇的排水量仅为美国"洛杉矶"级的75%，但反潜、反舰和对陆攻击能力却与"洛杉矶"级不相上下。

| 基本参数 | |
| --- | --- |
| 服役时间 | 1983年至今 |
| 同级数量 | 7艘 |
| 潜航排水量 | 5 208 吨 |
| 全长 | 85.4 米 |
| 全宽 | 9.8 米 |
| 吃水 | 9.5 米 |
| 潜航速度 | 32 节 |
| 潜航深度 | 600 米 |
| 艇员 | 97 人 |

## 舰船特点

　　"特拉法尔加"级潜艇是英国海军在反潜快速级基础上改进发展的新型攻击型核潜艇，主要改进是进一步减小水中噪声，艇体表面铺设了消声瓦。该级艇采用1座PWR1反应堆。除首艇外，该艇首次在核潜艇上采用了喷水推进系统。此外该艇还采取一系列降噪措施，使之成为"标准"的安静型潜艇。

# 英国"机敏"级潜艇

"机敏"级潜艇是英国研制的第四代攻击核潜艇。

## 性能解析

　　"机敏"级潜艇的艇首装有 6 具 533 毫米鱼雷发射管，可发射"旗鱼"鱼雷、"鱼叉"反舰导弹和"战斧"对陆攻击巡航导弹，鱼雷和导弹的装载总量为 38 枚，也可携带水雷作战。总体上，"机敏"级的武器火力比"特拉法尔加"级高 50%。为了有效发挥各种武器的效能，"机敏"级上安装了 BAE-SEMA 公司的 SMCS 型战术数据处理系统，对武器的发射进行自动化处理，并可以与 16 号数据链配合使用。

| 基本参数 | |
| --- | --- |
| 服役时间 | 2010 年至今 |
| 同级数量 | 2 艘 |
| 潜航排水量 | 7 800 吨 |
| 全长 | 97 米 |
| 全宽 | 11.3 米 |
| 吃水 | 10 米 |
| 潜航速度 | 32 节 |
| 潜航深度 | 300 米 |
| 艇员 | 100 人 |

## 舰船特点

　　"机敏"级潜艇的艇体基本设计沿用抹香鲸形的艇体，但长度与宽度增加，潜航排水量放大到以搭载更强大的动力系统与更多武器。"机敏"级的艇体细部造型十分光滑简洁，帆罩造型与"前卫"级战略核潜艇相似，都为向上渐缩型，以降低航行时产生的噪声以及受到的阻力。"机敏"级的艇体表面也敷设能隔绝本身噪声并降低敌方主动声呐回波的隔音瓦。

# 德国 VII 级潜艇

VII 级潜艇是二战中德国海军最广泛使用的潜艇，贯穿整个二战。

## 性能解析

VIIA 型是本级的原型，为第一代新远洋攻击型潜艇，于 1933—1934 年完成了设计，由"一战"后期研制的 UB–III 级潜艇改进而来。基本设计为采用单壳体结构，燃油储存于耐压壳体内，能防止深水炸弹攻击导致外漏。舰身中部有主压载水舱，耐压壳体外部前后方各有 2 个副压载水仓，两侧各有 1 个鞍状储水舱，船头有类似一战德国潜艇的锯齿状构造（后期型就没有此设计）。

| 基本参数 | |
| --- | --- |
| 服役时间 | 1936—1970 年 |
| 最大航程 | 8 190 海里（水上） |
| 潜航排水量 | 745 吨 |
| 全长 | 67.1 米 |
| 全宽 | 6.2 米 |
| 吃水 | 4.7 米 |
| 潜航速度 | 16 节 |
| 潜航深度 | 295 米 |
| 同级数量 | 703 艘 |
| 艇员 | 44~52 人 |

## 舰船特点

VII 级潜艇也是历史上生产量最多的潜艇，共建造了 709 艘，还拥有许多种型号。第一艘击沉敌船的 U–30 与最后一艘被击沉的 U–320 皆属于此级潜艇。

# 德国 XXI 级潜艇

XXI 级潜艇是德国海军在二战后期使用的一级潜艇，也是世界上第一种完全为水下作战设计的，而非以往为攻击和躲避水面舰攻击才下潜的潜艇。

## 性能解析

XXI 级潜艇改进了德军原有的电池容量，约是 VIIC 型潜艇电池容量的 3 倍，大大增加了潜艇的水下航程，并缩短了浮出水面所需的时间。XXI 级潜艇通过通气管只需要不到 5 小时的充电时间，就能在水下以 5 节速度连续潜航 2~3 天而不用重新充电。

在静音能力方面，XXI 级也比 VIIC 型要安静，使其在潜航时更不容易被发现。XXI 级的艇体设计也更简洁化，流线型更好，减少了潜航阻力，提高了其潜航速度，使敌人追踪起来更加困难。

| 基本参数 | |
|---|---|
| 服役时间 | 1944—1982 年 |
| 同级数量 | 118 艘 |
| 潜航排水量 | 2 100 吨 |
| 全长 | 76.7 米 |
| 全宽 | 8 米 |
| 吃水 | 5.3 米 |
| 潜航速度 | 17.2 节 |
| 潜航续航力 | 340 海里 |
| 艇员 | 57 人 |

## 舰船特点

与 VII 级潜艇相比，XXI 级潜艇的内部空间更大，设备也更好。其大型的舰体在搭载了多组蓄电池后仍有充足的空间，同时舰上还突破性地增加了冷冻设备和供士兵洗澡的淋浴间。

# 德国 XXIII 级潜艇

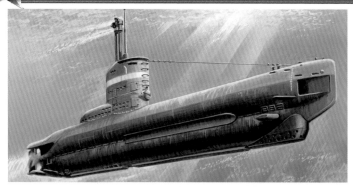

XXIII 级潜艇是德国海军在二战后期使用的一级潜艇。

## 性能解析

XXIII 级潜艇为全焊接单壳结构舰体，也是第一艘单壳体结构潜艇，舰身采用流线型，只保留了相对较小的指挥塔和柴油引擎排烟时的整流罩与消音器，并有着非常平滑的上层甲板。按照原来的设计，XXIII 级潜艇后来还配备了水上划艇。为了能够用火车运输，潜艇的体型受限很大，以配合铁轨的装载限界，运输时要将船体分成 4 份，并将舰桥分离。受潜艇体型的限制，潜艇的头部也被设计得尽可能短，这使它只能配装 2 个鱼雷发射管和 2 枚鱼雷，发射后也不能从舰内直接重新装填鱼雷，而必须借由其他船只从潜艇外部将鱼雷运到船头，排出船头鱼雷管的水后才能重新装填。

| 基本参数 | |
| --- | --- |
| 服役时间 | 1944—1968 年 |
| 同级数量 | 61 艘 |
| 潜航排水量 | 258 吨 |
| 全长 | 34.7 米 |
| 全宽 | 3 米 |
| 吃水 | 3.67 米 |
| 潜航速度 | 12.5 节 |
| 潜航深度 | 180 米 |
| 艇员 | 14~16 人 |

## 舰船特点

不同于用于大西洋海战作为猎杀商船主力的 XXI 级潜艇，XXIII 级潜艇主要用于在近海与浅水区（包括黑海、北海和地中海）作战。XXIII 级潜艇的体积相对较小，因此仅能携带 2 枚鱼雷，且这 2 枚鱼雷均需在艇外装填，也就是说必须要在执行任务前将鱼雷安装到发射装置中。XXIII 级潜艇拥有通气管和大量电动马达，使其拥有比以往潜艇更长的潜航时间和更高的航行速度。战后，XXIII 级潜艇和 XXI 级潜艇皆成了近代潜艇的设计雏形。

# 德国 201 级潜艇

201 级是德国海军二战后建造的第一种军用潜艇。

### 性能解析

201 级采用了防磁钢板来抵消磁性水雷的危害，但在服役中却发现这种材料并不能起到应有的作用。由于材料的缺陷，艇身在受到一定程度的压强后会在内部出现微小的裂纹。这一致命因素迫使海军取消了原已订购的 9~10 艘潜艇，并提前退役现有的 3 艘。201 级随后被采用普通钢板建造的 205 级所取代。

### 舰船特点

201 级潜艇装备了 8 具鱼雷发射管，潜艇艇体使用低磁性钢材制造，隐身性能较好。

| 基本参数 | |
|---|---|
| 服役时间 | 1962—1967 年 |
| 水面航速 | 10.7 节 |
| 潜航排水量 | 450 吨 |
| 全长 | 42 米 |
| 全宽 | 4.6 米 |
| 吃水深度 | 3.8 米 |
| 潜航速度 | 17.5 节 |
| 潜航深度 | 100 米 |
| 潜航续航距离 | 270 海里 |
| 艇员 | 21 人 |

# 德国 205 级潜艇

205 级潜艇是德国在 20 世纪 60 年代研制的柴电动力潜艇。

## 性能解析

205 级潜艇采用单层壳体结构,以便能在浅滩处航行。该级潜艇使用 ST-52 钢板,替代了原先 201 级潜艇上使用的防磁钢板,因为 201 级潜艇使用的防磁钢板在服役中出现了严重的裂纹缺陷。

## 舰船特点

205 级潜艇是在德国于二战后研制的 201 级潜艇的基础上加长艇身、换装新型机械与声呐系统的进化型。U-1 和 U-2 号潜艇是在 201 级潜艇基础上直接改进而来的 205 级潜艇,且 U-1 号曾在解体前被用作闭合循环式燃料电池系统(AIP)的试验艇。

| 基本参数 ||
| --- | --- |
| 服役时间 | 1967—2005 年 |
| 同级数量 | 13 艘 |
| 潜航排水量 | 508 吨 |
| 全长 | 43.9 米 |
| 全宽 | 4.6 米 |
| 吃水 | 4.3 米 |
| 潜航速度 | 17 节 |
| 潜航深度 | 100 米 |
| 艇员 | 22 人 |

# 德国 206 级潜艇

206 级潜艇是德国哈德威造船厂研制的小型近岸柴电潜艇。

## 性能解析

"冷战"期间，小巧灵活的 206 级潜艇被部署在波罗的海浅水处，以便在战争爆发后能攻击敌方舰船。它的艇身采用防磁钢板以抵消磁性水雷的威胁，并削弱敌方磁场探测器的搜索能力。

## 舰船特点

由于早期的 201 级潜艇的相关无磁技术尚未成熟，其材料在遭受水压侵蚀时会产生裂纹，所以 206 级潜艇改用了一种新型防磁钢板——ST-52 钢板，具有极好的弹力和动力强度。

| 基本参数 | |
| --- | --- |
| 服役时间 | 1971—2011 年 |
| 同级数量 | 18 艘 |
| 潜航排水量 | 498 吨 |
| 全长 | 48.6 米 |
| 全宽 | 4.6 米 |
| 吃水 | 4.5 米 |
| 潜航速度 | 17 节 |
| 潜航深度 | 200 米 |
| 艇员 | 23 人 |

# 德国 209 级潜艇

209 级潜艇是德国在 20 世纪 70 年代研制的一种柴电动力潜艇。

## 性能解析

209 级潜艇的主要武器是位于艇首的 8 具 533 毫米鱼雷发射管,可发射包括线导鱼雷在内的各型鱼雷,原来使用 DM-2A1 反舰鱼雷和 DM-1 反潜鱼雷,后全部换为更先进的 SST-4 和 SUT 反舰 / 反潜两用鱼雷。除此之外,部分 209 级潜艇还装了"鱼叉"潜射反舰导弹。209 级潜艇可靠性高,操控自动化水平高,使配备的艇员大大减少,只需 31~40 人,比相同吨位的其他常规潜艇减少了 1/3 以上。

## 舰船特点

由于该艇是一种专门为出口而研制的潜艇型号,因此 209 级潜艇根据进口国的要求,有多种改进型艇。这些潜艇因型号不同,排水量和艇体的长度也有所不同。但这些潜艇的艇体结构和布局以及大部分性能都基本相同。

| 基本参数 | |
| --- | --- |
| 服役时间 | 1971 年至今 |
| 同级数量 | 61 艘 |
| 潜航排水量 | 1 810 吨 |
| 全长 | 64.4 米 |
| 全宽 | 6.5 米 |
| 吃水 | 6.2 米 |
| 潜航速度 | 21.5 节 |
| 潜航深度 | 500 米 |
| 艇员 | 36 人 |

# 德国212级潜艇

212级潜艇是由德国哈德威造船厂所开发设计的柴电动力潜艇。

## 性能解析

212级艇首装有6具533毫米鱼雷发射管，可发射DM2A4重型鱼雷、IDAS短程导弹等，艇上还备有自动化鱼雷快速装填装置。该级艇通常携带24枚水雷、40枚干扰器/诱饵等。212级潜艇的电子设备主要包括搜索潜望镜、攻击潜望镜、1007型导航雷达、卫星导航定位系统、无线电综合导航系统、电罗经、计程仪和测深仪等。其中1007型导航雷达主要用于导航和对海搜索，具有频率捷变、自动跟踪、脉冲压缩和动目标显示等功能，作用距离大于30千米，探测能力良好。

| 基本参数 | |
|---|---|
| 服役时间 | 2005年至今 |
| 同级数量 | 8艘 |
| 潜航排水量 | 1 800吨 |
| 全长 | 51米 |
| 全宽 | 6.4米 |
| 吃水 | 6.5米 |
| 潜航速度 | 21节 |
| 潜航深度 | 200米 |
| 艇员 | 27人 |

## 舰船特点

212A级潜艇也是德国海军在21世纪初期的主要作战潜艇，该级艇既能攻击水面舰艇，又能进行反潜和攻势布雷，是一级设计新颖、性能优良、能长时间在水下进行战斗的新型常规潜艇。

# 德国 214 级潜艇

214 级潜艇是德国在 209 级潜艇的基础上研制而来的新型常规潜艇。

## 性能解析

214 级潜艇采用模块化设计建造技术，将武器系统、传感器和潜艇平台紧密结合为一体，适合完成各种使命任务，基本代表了目前常规动力潜艇的技术发展水平。214 级潜艇通过在总体、动力、设备等方面的精心研制，获得了一个安静的作战平台。耐压艇体由 HY-80 和 HY-100 低磁钢建造，强度高、弹性好，下潜深度为 400 米，不易被敌方磁探测器发现。艇体进行光顺设计，尽量减少表面开口，开口采用挡板结构，以便尽可能地减小因海水流动产生的噪声。

| 基本参数 | |
| --- | --- |
| 服役时间 | 2007 年至今 |
| 同级数量 | 15 艘（计划） |
| 潜航排水量 | 1 980 吨 |
| 全长 | 65 米 |
| 全宽 | 6.3 米 |
| 吃水 | 6 米 |
| 潜航速度 | 20 节 |
| 潜航深度 | 400 米 |
| 艇员 | 27 人 |

## 舰船特点

214 级潜艇具有小排水量、卓越的隐身性能以及较高的有效负载，还提高了潜艇外壳的强度。因此，214 级潜艇能在浅海和深海满足当今的各种作战需求。

# 法国"桂树神"级潜艇

"桂树神"级潜艇是法国研制的常规动力潜艇，又称为"女神"级潜艇。

## 性能解析

"桂树神"级潜艇被法国认为是设计较好的一型潜艇，其大小适宜、水下航速大、无噪声、水下性能好和装备较强的电子设备，适合反潜使用。该级艇的主要武器为12具550毫米鱼雷发射管，艇首8具，艇尾4具，备弹为12枚ECANE15型鱼雷。电子设备有DLT-D3型鱼雷发射控制系统、卡里普索对海搜索雷达、DSUV-2被动搜索声呐、DUUA-2主动搜索与攻击声呐、DUUX-2被动声呐等。

| 基本参数 | |
| --- | --- |
| 服役时间 | 1964—2010 年 |
| 同级数量 | 11 艘 |
| 潜航排水量 | 1 038 吨 |
| 全长 | 57.8 米 |
| 全宽 | 6.8 米 |
| 吃水 | 4.6 米 |
| 潜航速度 | 16 节 |
| 潜航深度 | 300 米 |
| 艇员 | 53 人 |

## 舰船特点

"桂树神"级潜艇是由法国"林仙"级发展而来的一级反潜潜艇，于1971年改装了武器装备和电子探测装置，"桂树神"级已经出口到西班牙、葡萄牙、巴基斯坦、南非等国海军。

# 法国"可畏"级潜艇

"可畏"级潜艇是法国建造的第一级弹道导弹核潜艇。

## 性能解析

　　"可畏"级潜艇安装了 4 具 533 毫米鱼雷发射管，可携带 18 枚鱼雷。该级艇最初 2 艘上配置有 M1 潜射弹道导弹，该导弹改良型 M2 及后续的 M20、M4 则在随后配置于所有的"可畏"级潜艇上。M20 拥有 1 枚 120 万吨 TNT 当量的热融合核弹头，射程约为 3974 千米。M20 的扩大型 M4 潜射弹道导弹可携带 6 枚 15 万吨 TNT 当量的多目标弹头独立重返大气载具 (MIRV)，射程达 6114 千米。

| 基本参数 | |
|---|---|
| 服役时间 | 1971 年至今 |
| 同级数量 | 6 艘 |
| 潜航排水量 | 9 000 吨 |
| 全长 | 128 米 |
| 全宽 | 10.6 米 |
| 吃水 | 10 米 |
| 潜航速度 | 25 节 |
| 潜航深度 | 200 米 |
| 艇员 | 135 人 |

## 舰船特点

　　"可畏"级的艇员分为两组：蓝组和红组，轮流出海。巡航期间，艇上人员实行 3 班工作制，不分昼夜，值班人员高度警惕。除值班外，每班人员还负责设备的日常保养、排除故障、打扫卫生。其余时间用来就餐、睡觉及娱乐。此外，全体人员还定期进行战位演习，根据导弹发射模拟程序，进行作战训练。

# 法国"阿格斯塔"级潜艇

"阿格斯塔"级潜艇是法国在20世纪70年代研制建造的一级常规动力潜艇。

## 性能解析

"阿格斯塔"级潜艇在艇首装有4具533毫米鱼雷发射管，能携带和发射法国制造的Z16、E14与E15、L3与L5以及F17P等型号鱼雷。Z16为直航式鱼雷，主要用来攻击水面舰艇和大型商船。E14、E15为单平面被动寻的鱼雷，用以攻击水面舰艇。L3与L5为双平面主动寻的鱼雷，用来攻击潜艇。F17P为双平面主/被动寻的末端线导鱼雷，既能反舰，又能反潜。该级潜艇还能同时携带和发射SM39型"飞鱼"反舰导弹，布放MC23型水雷以及发射PIIL气幕弹。艇上可携带鱼雷或导弹20枚，或水雷36枚。

| 基本参数 | |
|---|---|
| 服役时间 | 1977年至今 |
| 同级数量 | 4艘 |
| 潜航排水量 | 1 760吨 |
| 全长 | 67.6米 |
| 全宽 | 6.8米 |
| 吃水 | 5.4米 |
| 潜航速度 | 20节 |
| 潜航深度 | 350米 |
| 艇员 | 54人 |

## 舰船特点

"阿格斯塔"级潜艇是法国海军首次配备533毫米鱼雷发射管的潜艇，其电池容量是"桂树神"级的2倍，自持力45天。法国政府为了降低该艇噪声进行了大量研究工作，包括光顺的外壳和进行内部噪声阻尼。1987年装备了SM 39"飞鱼"反舰导弹和更好的鱼雷发射与装填系统。

# 法国"红宝石"级潜艇

"红宝石"级潜艇是法国研制的第一代攻击核潜艇。

## 性能解析

　　"红宝石"级潜艇在艇首装有 4 具 533 毫米口径的鱼雷发射管,可发射鱼雷和导弹。鱼雷主要为 F-17 Ⅱ 型和 L-5 Ⅲ 型。F-17 Ⅱ 为线导、主 / 被动寻的型鱼雷,40 节时射程 20 千米。L-5 Ⅲ 为两用鱼雷,主 / 被动寻的,35 节时射程 9.5 千米。该级潜艇还搭载了 SM-39 "飞鱼"潜射反舰导弹,0.9 马赫时射程 50 千米,战斗部重 165 千克。艇上共可携带鱼雷和导弹共 18 枚,在执行布雷任务时则可携带各型水雷。

| 基本参数 | |
|---|---|
| 服役时间 | 1983 年至今 |
| 同级数量 | 6 艘 |
| 潜航排水量 | 2 600 吨 |
| 全长 | 72.1 米 |
| 全宽 | 7.6 米 |
| 吃水 | 6.4 米 |
| 潜航速度 | 25 节 |
| 潜航深度 | 300 米 |
| 艇员 | 70 人 |

## 舰船特点

　　"红宝石"级潜艇采用了"积木式"的一体化设计原理,即反应堆的压力壳、蒸汽发生器和主泵联结成一个整体,反应堆的所有部件都是一个完整的结合体,这就使反应堆具有结构紧凑、系统简单、体积小、重量轻,便于安装调试、可提高轴功率等一系列优点,并有助于采用自然循环冷却方式,以降低潜艇的辐射和噪声。另外,法国一贯坚持的电力推进方式也是为了达到降低辐射和噪声的目的。

# 法国"凯旋"级潜艇

"凯旋"级潜艇是法国海军第三代弹道导弹核潜艇。

## 性能解析

"凯旋"级潜艇装有 16 具弹道导弹发射筒，设计装备 M–51 导弹。该导弹为三级固体燃料导弹，射程 11 000 千米，圆概率偏差 300 米。每枚导弹可携带 6 个威力为 15 万吨 TNT 当量的分导式热核弹头。该级艇首部设置 4 具 533 毫米鱼雷发射管，可发射 L5–3 型两用主/被动声自导鱼雷或 SM39 "飞鱼"反舰导弹，鱼雷和反舰导弹可混合装载 18 枚。

| 基本参数 | |
|---|---|
| 服役时间 | 1997 年至今 |
| 同级数量 | 4 艘 |
| 潜航排水量 | 14 335 吨 |
| 全长 | 138 米 |
| 全宽 | 12.5 米 |
| 吃水 | 12.5 米 |
| 潜航速度 | 25 节 |
| 潜航深度 | 500 米 |
| 艇员 | 111 人 |

## 舰船特点

"凯旋"级潜艇装备射程远、精度高、威力大的弹道导弹，具有 6 个分导式弹头，可同时攻击多个目标，打击范围及攻击能力比"威严"级弹道导弹核潜艇增大 1 倍以上。该级潜艇采用新型合金钢做艇壳材料，使下潜深度达 500 米，并采用消磁、减少红外特性等措施，以提高隐蔽性和生命力。

# 法国"梭鱼"级潜艇

"梭鱼"级潜艇是法国研制中的下一代攻击核潜艇。

## 性能解析

　　"梭鱼"级潜艇的 4 个鱼雷发射管可以发射总共 20 枚重型武器，包括重型鱼雷、SM 39 "飞鱼"反舰导弹和"斯卡尔普"海军巡航导弹。同时，它还可以在尾部携带一个吊舱，携带 12 名突击队员。与"红宝石"级潜艇 45 天的巡航时间相比，"梭鱼"级潜艇的巡航时间可以达到 70 天。

## 舰船特点

　　"梭鱼"级潜艇的设计工作采用了"凯旋"级弹道导弹核潜艇的技术，但螺旋桨推进器是全新的设计，可以装备巡航导弹，以实现远距离深入打击。执行的任务包括：反舰、反潜作战、对地攻击、情报收集、危机处理和特种作战等

| 基本参数 | |
| --- | --- |
| 服役时间 | 尚未服役 |
| 同级数量 | 6 艘（计划） |
| 潜航排水量 | 5 300 吨 |
| 全长 | 99.5 米 |
| 全宽 | 8.8 米 |
| 吃水 | 7.3 米 |
| 潜航速度 | 25 节 |
| 潜航深度 | 350 米 |
| 艇员 | 60 人 |

# 法国/西班牙"鲔鱼"级潜艇

　　"鲔鱼"级潜艇是法国和西班牙以出口国际市场为导向而推出的常规动力潜艇。2008年12月，巴西和法国签署了总额86亿欧元的防务合同。根据计划，法国将为巴西提供50架EC725型军用直升机，帮助巴西建造4艘"鲔鱼"级常规动力潜艇和1艘核动力潜艇，援建1座具有生产和维修能力的潜艇工厂以及1处可供潜艇停靠的海军基地。

| 基本参数 | |
| --- | --- |
| 服役时间 | 2005年至今 |
| 同级数量 | 14艘以上 |
| 水上排水量 | 2 000 吨 |
| 全长 | 76.2 米 |
| 全宽 | 6.2 米 |
| 吃水 | 5.5 米 |
| 潜航速度 | 20 节 |
| 潜航深度 | 350 米 |
| 艇员 | 31 人 |

## 性能解析

　　"鲔鱼"级潜艇采用了"金枪鱼"形的壳体形式，并尽可能减少了体外附属物的数量。艇上主要设备均采取弹性安装，在需要的部位还采用了双层减震。精心设计的螺旋桨具有较低的辐射噪声。由于潜艇的耐压壳体采用高拉伸钢建造，故重量轻，可使艇上装载更多的燃料和弹药，并使其随时根据需要下潜至最大深度。"鲔鱼"级潜艇的高度自动化、关键功能的实时分析及冗余设计，使其编制人员人数可减少到31人，正常值班仅需9人。

## 舰船特点

　　"鲔鱼"级潜艇的设计是结合了西班牙的常规动力潜艇与法国"凯旋"级弹道导弹核潜艇的部分概念。

# 西班牙 S-80 级潜艇

S-80 级潜艇是西班牙研制的新型 AIP 常规动力潜艇。

## 性能解析

　　S-80 级潜艇的水下排水量远大于"鲉鱼"级，艇长也有所增加，潜艇耐压壳直径为 7.3 米，大于"鲉鱼"级的 6.2 米。两种潜艇都采用了典型的长水滴形设计，但 S-80 级潜艇拥有稍大一点的方向舵控制面，而且尾部水平舵在艇体上的位置也不一样。由于西班牙工业技术水平的限制，S-80 级潜艇的许多设备都需要从别国引进。

## 舰船特点

| 基本参数 | |
| --- | --- |
| 服役时间 | 尚未服役 |
| 同级数量 | 4 艘（计划） |
| 潜航排水量 | 2 426 吨 |
| 全长 | 71.1 米 |
| 全宽 | 11.7 米 |
| 吃水 | 6.2 米 |
| 潜航速度 | 19 节 |
| 续航距离 | 8000 千米 |
| 艇员 | 32 人 |

　　据 2013 年 5 月 20 日报道，西班牙国防部一份价值 22 亿欧元的合同遭遇挫折，测试显示该型"世界上最现代化"的潜艇无法使用。西班牙《世界报》19 日报道称，该潜艇项目的最新进展使国防部感到沮丧。

　　该价值 22 亿欧元的合同旨在设计和建造 S-80 型潜艇，该型潜艇被称为是"世界上最现代化的潜艇"。该项目在工程师发现计划存在问题后被敲响警钟。施工企业纳凡蒂亚公司的工程师经过计算后发现，该型潜艇的设计造成了超重，潜艇在下水后会直沉海底并且无法浮起。而在此之前施工方已经投入了 5.3 亿欧元。

# 意大利"萨乌罗"级潜艇

"萨乌罗"级潜艇是意大利海军二战后的第二代潜艇。

## 性能解析

"萨乌罗"级潜艇的主要武器为 6 具 533 毫米鱼雷发射管(配备"怀特海德"A124 Mod 3 鱼雷,备弹 12 枚),并可携带水雷。该级艇的电子设备有 CSU-90 主/被动声呐、AESN MD-100S 阵列声呐、SPEA CCRG 火控系统等。"萨乌罗"级潜艇的动力系统为 3 台 GMT A210-16 柴油机,1 台 Malerri 推进电机。

## 舰船特点

由于建造过程中的持续改进,"萨乌罗"级又可以分为三个不同级别:第一批、第二批建造的被称为"萨乌罗"级,第三批"萨乌罗"改型又被称为"萨尔瓦特雷·佩罗希"级,第四批"萨乌罗"级改型则被称为"普里莫·隆戈纠尔多"级,性能参数分别有些差异。

| 基本参数 | |
|---|---|
| 服役时间 | 1978 年至今 |
| 同级数量 | 8 艘 |
| 潜航排水量 | 1 641 吨 |
| 全长 | 63.9 米 |
| 全宽 | 6.8 米 |
| 吃水 | 5.6 米 |
| 潜航速度 | 19 节 |
| 潜航深度 | 250 米 |
| 艇员 | 47 人 |

# 以色列"海豚"级潜艇

"海豚"级潜艇是以色列海军装备的一种常规动力潜艇。

## 性能解析

　　"海豚"级潜艇是德国 209 级潜艇和 212 级潜艇的改良型。和 212 级艇相似，"海豚"级潜艇最大的特色在于它多出了一段可供两栖特战人员进出的舱段，而且还装载潜水推送器以执行输送特种部队的任务，能够胜任侦察和渗透作战。"海豚"级潜艇的鱼雷管数量多达 10 管，能够携带 14 枚鱼雷。"海豚"级潜艇还可以发射美制"鱼叉"级潜射反舰导弹，最远射程达 130 千米。

| 基本参数 | |
| --- | --- |
| 服役时间 | 1998 年至今 |
| 同级数量 | 5 艘 |
| 潜航排水量 | 1 900 吨 |
| 全长 | 57 米 |
| 全宽 | 6.8 米 |
| 吃水 | 6.2 米 |
| 潜航速度 | 21.5 节 |
| 潜航深度 | 300 米 |
| 艇员 | 45 人 |

## 舰船特点

　　"海豚"级潜艇是以色列海军的第四代潜艇，首艇已经服役，它采用 HY-80 高强度钢耐压艇体，拥有良好的流线型艇体，先进的声呐、安全系统等特点成为常规潜艇中的亮点。

# 瑞典 "西约特兰" 级潜艇

"西约特兰" 级潜艇是瑞典在 20 世纪 80 年代研制的常规动力潜艇。

## 性能解析

　　"西约特兰" 级潜艇装有 6 具 533 毫米和 3 具 400 毫米鱼雷发射管,可发射 TP613 型线导反舰鱼雷( 18 枚 )和 TP42 型小型线导反潜鱼雷( 6 枚 )。此外,还可由 400 毫米鱼雷管布放 22 枚水雷。动力装置采用柴电推进形式,由 2 台柴油机、1 台推进电机和 2 组蓄电池构成。由于该级艇在动力、操纵和武器控制方面有很高的自动化水平,可实现无人机舱,因此人员编制很少。为了适应瑞典海域较浅的特点,该级艇在设计上注重提高浅水活动能力,耐压壳体具有承受 75 米距离爆炸冲击的能力。

| 基本参数 | |
| --- | --- |
| 服役时间 | 1987 至今 |
| 同级数量 | 4 艘 |
| 潜航排水量 | 1 150 吨 |
| 全长 | 48.1 米 |
| 全宽 | 6.1 米 |
| 吃水 | 5.6 米 |
| 潜航速度 | 20 节 |
| 潜航深度 | 300 米 |
| 艇员 | 33 人 |

## 舰船特点

　　"西约特兰" 级潜艇虽然排水量不大,但武器装备很强。据报道,瑞典海军有意在指挥台围壳内布设 4 个垂直发射筒以发射射程 150 千米的 RBS-15 型潜舰导弹,还有意对潜艇进行改装,以安装能显著提高潜航时间的斯特林发动机。若这些愿望果真能实现的话,"西约特兰" 级潜艇将能为瑞典海防做出更大贡献。

# 瑞典"哥特兰"级潜艇

"哥特兰"级潜艇是世界上第一批装备了不依赖空气推进装置的常规潜艇。

## 性能解析

　　"哥特兰"级潜艇所携带的武器不仅性能先进而且种类较多，仅鱼雷就有 3 种，包括 TP2000 型鱼雷、TP613/ TP62 型鱼雷以及 TP432/ TP451 型鱼雷。TP2000 型鱼雷的推进系统采用了高浓度过氧化氢，其速度高达 50 节，最大攻击距离超过 25 千米，而且具有较大的作战潜深，在攻击时还不留航迹，并具备攻击高性能快速潜艇的能力。TP613/ TP62 型鱼雷的速度高达 45 节，最大攻击距离约 20 千米，主要用于攻击敌方水面舰艇。

| 基本参数 | |
|---|---|
| 服役时间 | 1996 年至今 |
| 同级数量 | 3 艘 |
| 潜航排水量 | 1 599 吨 |
| 全长 | 60.4 米 |
| 全宽 | 6.2 米 |
| 吃水 | 5.6 米 |
| 潜航速度 | 20 节 |
| 潜航深度 | 300 米 |
| 艇员 | 32 人 |

TP432/ TP451 型小型鱼雷采用的是电动方式，并有触发和非触发两种引信可用，它是一种具备主动 / 被动寻的装置的线导鱼雷，主要用于自卫。

## 舰船特点

　　"哥特兰"级潜艇在柴 – 电动力装置的基础上，加装了 1 套斯特林 AIP 系统即辅助推进装置，由此构成了该级艇独特的闭式循环混合动力系统，走出了常规潜艇动力发展的新路。正因为加装了斯特林 AIP 系统，才使潜艇的潜航时间增加到 2~3 周，航程为数千海里。

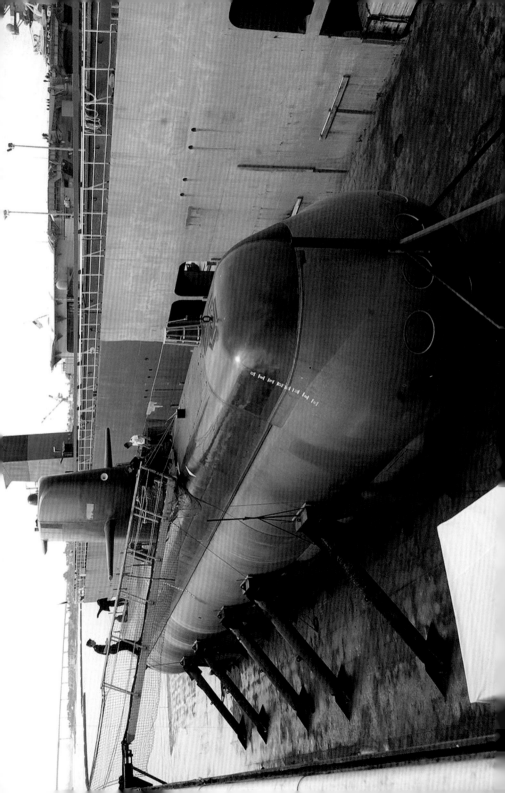

# 荷兰"旗鱼"级潜艇

"旗鱼"级潜艇是荷兰于 20 世纪 60 年代研制的一款常规潜艇。

## 性能解析

"旗鱼"级潜艇的艇首装置了 6 具 533 毫米鱼雷管，舰上鱼雷舱可容纳 14 枚鱼雷，使用美制 Mk-37、MK-48 与 NT-37 等鱼雷。"旗鱼"级潜艇的鱼雷管为游出式，故无法发射导弹或水雷。

## 舰船特点

在 1980 年，荷兰为"旗鱼"级进行了一次大规模的中期翻修与改良，包括将声呐系统换装为 Thomson Sintra Eledone 的主 / 被动中频搜索与攻击声呐以及 1 具 GEC Avionics Type-2026 被动拖曳声呐，并加装 Signnal Gipsy 潜舰战斗系统。二号舰 S-807 号在 1987 年至 1988 年进行了改装，而"旗鱼"号则在 1989 年至 1990 年完成这次改良。

| 基本参数 | |
|---|---|
| 服役时间 | 1972—1995 年 |
| 同级数量 | 4 艘 |
| 潜航排水量 | 2 620 吨 |
| 全长 | 66.9 米 |
| 全宽 | 8.4 米 |
| 吃水 | 7.1 米 |
| 潜航速度 | 20 节 |
| 潜航深度 | 300 米 |
| 艇员 | 67 人 |

## 荷兰"海象"级潜艇

"海象"级潜艇是荷兰研制的常规动力潜艇。

### 性能解析

　　"海象"级潜艇为鲸型艇首、回转体尖尾艇形，它的艇尾控制板采用的是 X 形布置，这样提高了潜艇在水下航行时的机动性和抗沉性，并由计算机控制。该艇采用的螺旋桨为 7 叶大侧斜螺旋桨，艇体采用 HY-100 型钢制造而成。"海象"级潜艇在 9 节的航速下，续航能力高达 10 000 海里，能够持续在海上执行 60 天任务。

### 舰船特点

| 基本参数 | |
| --- | --- |
| 服役时间 | 1990 年至今 |
| 同级数量 | 4 艘 |
| 潜航排水量 | 2 800 吨 |
| 全长 | 67.7 米 |
| 全宽 | 8.4 米 |
| 吃水 | 6.6 米 |
| 潜航速度 | 25 节 |
| 潜航深度 | 450 米 |
| 艇员 | 55 人 |

　　"海象"级的使命是参与荷兰海军与北约的军事行动，利用鱼雷和导弹攻击潜艇和水面舰艇，执行侦察与其他特种作战任务。加拿大海军原计划引进"海象"级的设计进行改进，改进有：鱼雷发射管从 4 个增加到 6 个，安装不依赖空气的推进装置（AIP），同时加强结构以适合冰层下作业，但由于购得英国的"支持者"级而放弃了这一计划。

# 澳大利亚"柯林斯"级潜艇

"柯林斯"级潜艇是澳大利亚海军最新型的常规动力潜艇。

## 性能解析

"柯林斯"级潜艇的前端配有 6 具 533 毫米鱼雷发射管，能够发射 Mark 48 型线导主 / 被动寻的鱼雷，这种鱼雷在 55 节时射程为 38 千米，40 节时射程为 50 千米，其弹头重达 267 千克。此外，该级潜艇还能发射波音公司研制的"捕鲸叉"反舰导弹，该艇一共能够携带 22 枚导弹或鱼雷以及 44 枚水雷。

| 基本参数 | |
| --- | --- |
| 服役时间 | 1996 年至今 |
| 同级数量 | 6 艘 |
| 潜航排水量 | 3 353 吨 |
| 全长 | 77.8 米 |
| 全宽 | 7.8 米 |
| 吃水 | 6.8 米 |
| 潜航速度 | 20 节 |
| 潜航深度 | 255 米 |
| 艇员 | 45 人 |

## 舰船特点

"柯林斯"级潜艇被认为是世界上常规潜艇中能力最强的一种潜艇。澳大利亚机构称，世界上没有其他常规潜艇在技术方面能超过"柯林斯"级潜艇，在水中，"柯林斯"级常规潜艇几乎无法被发现。

# 阿根廷 TR-1700 级潜艇

　　TR-1700 级潜艇是德国蒂森 – 克虏伯集团北海造船厂为阿根廷海军建造的常规潜艇。

## 性能解析

　　TR-1700 级潜艇拥有水下航速快、自持力高、生存能力强的特性。该级艇安装 4 台 MTU 柴油发动机，4 台发电机，安装的西门子电动机可以推动潜艇达到 25 节的速度，船上还安装了 8 组 120 电池。自持力由普通潜艇的 30 天延长到 70 天。所有潜艇都配备了可以接受连接深潜救生艇的设备。武器包括 6 具 533 毫米鱼雷发射管，可发射 22 SST 或 Mark 37 型鱼雷，鱼雷的自动装填系统可以在 50 秒内完成再装填。

| 基本参数 | |
| --- | --- |
| 服役时间 | 1984 年至今 |
| 同级数量 | 2 艘 |
| 潜航排水量 | 2 264 吨 |
| 全长 | 66 米 |
| 全宽 | 7.3 米 |
| 吃水 | 6.5 米 |
| 潜航速度 | 25 节 |
| 潜航深度 | 300 米 |
| 艇员 | 26 人 |

## 舰船特点

　　TR-1700 级潜艇是德国自二战后建造的最大潜艇，也是世界上速度最快的柴油发电机潜艇之一。

# 日本"汐潮"级潜艇

"汐潮"级潜艇是由日本三菱重工和川崎重工建造的常规动力攻击潜艇。

## 性能解析

"汐潮"级潜艇总共能携带20枚鱼雷，高于"涡潮"级的16枚。前4艘"汐潮"级潜艇最初仅配备美制Mk-37C或日本自制的89式鱼雷，后6艘改良型"汐潮"级潜艇则增加了使用美制"鱼叉"反舰导弹的能力，而后前4艘陆续回厂翻修时也追加了这一能力。89式鱼雷堪称Mk-48的日本版，直径533毫米，重1.579吨，导引方式为线导＋主/被动声呐寻标，最大攻击深度900米，最大射程约50千米，以最大速度55节运行时则射程约38千米。

| 基本参数 | |
| --- | --- |
| 服役时间 | 1980—2006年 |
| 同级数量 | 10艘 |
| 潜航排水量 | 2 900吨 |
| 全长 | 76米 |
| 全宽 | 9.9米 |
| 吃水 | 7.4米 |
| 潜航速度 | 20节 |
| 潜航深度 | 300米 |
| 艇员 | 80人 |

## 舰船特点

"汐潮"级潜艇是当时全世界最新锐、划时代的柴电攻击潜艇，其拥有水滴形舰壳、舰首大型整合声呐阵列等崭新技术。"汐潮"级潜艇在1999年至2006年陆续完成除役或转换成训练用潜艇，由次型"春潮"级潜艇逐一取代。

# 日本"春潮"级潜艇

"春潮"级潜艇是日本于 20 世纪 80 年代末开始建造的常规动力潜艇。

## 性能解析

　　"春潮"级潜艇的武器装备主要是潜射型"鱼叉"反舰导弹和日本国产 89 式自导鱼雷，由 6 具 533 毫米鱼雷发射管发射。该级艇的主要作战使命是反潜和攻击大型水面舰艇，因此在设计上体现了"五个方面性能的改进提高"：一是进一步提高水下续航时间；二是提高其安静性；三是提高搜索和攻击能力；四是提高鱼雷和导弹的性能；五是改善居住环境，不至于造成陆上和艇上居住性能的极大反差。

| 基本参数 | |
|---|---|
| 服役时间 | 1990 年至今 |
| 同级数量 | 7 艘 |
| 潜航排水量 | 3 200 吨 |
| 全长 | 77 米 |
| 全宽 | 10 米 |
| 吃水 | 7.7 米 |
| 潜航速度 | 20 节 |
| 潜航深度 | 400 米 |
| 艇员 | 75 人 |

## 舰船特点

　　"春潮"级潜艇的舰体比法国的"红宝石"级潜艇还要大。设计上延续前型的"涡潮"级、"汐潮"级一脉传承的基本构型，包括双壳"水滴形"舰体、十字形尾翼、单轴、前水平翼位于帆罩上等。但在舰体长度上增加了 1 米，直径略增，排水量增大，在人员适居性、艇体材料、潜航续航力、静音能力、水下侦测等方面都有许多改进；所以"春潮"级基本上是"汐潮"级的改良型。

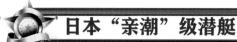

# 日本"亲潮"级潜艇

"亲潮"级潜艇是日本于 20 世纪 90 年代初开始建造的常规潜艇。

## 性能解析

　　"亲潮"级潜艇的鱼雷发射管布置方式与以往的日本潜艇不同，虽然鱼雷室仍设置在艇身中段，但以往是将 6 具鱼雷发射管以上下并列方式从前段艇身两侧突出，"亲潮"级潜艇的发射管则向艇首前移，两侧发射管各以一前两后的方式配置，并且是从舰体中心朝外斜向发射。"亲潮"级潜艇内共装备 20 枚鱼雷和导弹，包括最大射程 38~50 千米的 89 式线导鱼雷和潜射式"鱼叉"反舰导弹。

| 基本参数 | |
| --- | --- |
| 服役时间 | 1998 年至今 |
| 同级数量 | 11 艘 |
| 潜航排水量 | 4 000 吨 |
| 全长 | 81.7 米 |
| 全宽 | 8.9 米 |
| 吃水 | 7.4 米 |
| 潜航速度 | 20 节 |
| 潜航深度 | 500 米 |
| 艇员 | 70 人 |

## 舰船特点

　　"亲潮"级潜艇是日本自卫队海军目前的主力柴电潜艇。该级所有潜艇皆配备潜射"鱼叉"反舰导弹以及日制的 89 式 533 毫米重型线导鱼雷，采用 SMCS 式火控系统。将 6 门 533 毫米鱼雷发射管口的位置，从原来一贯的船身左右舷两侧移到了艇首上部。而鱼雷发射管的下方位置，是休斯 ZQQ-5B/6 舰首声呐，其具有中低频主被动搜索与攻击功能。

# 日本"苍龙"级潜艇

"苍龙"级潜艇是日本在二战后建造的吨位最大的潜艇。

## 性能解析

"苍龙"级潜艇装载的鱼雷和反舰导弹等各种武备基本上与"亲潮"级潜艇相同，但是艇上武器装备的管理却采用了新型艇内网络系统。此外，艇上作战情报处理系统的计算机都采用了成熟商用技术。该级艇装备的是 6 具 533 毫米鱼雷发射管，与"亲潮"级潜艇上装备的鱼雷发射管完全相同。具体布置方式是，在潜艇首部分为上下两层水平排列，上层 2 具，下层 4 具。鱼雷发射管可发射 89 型鱼雷、"鱼叉"导弹以及布放水雷等。

| 基本参数 | |
|---|---|
| 服役时间 | 2009 年至今 |
| 同级数量 | 9 艘（计划） |
| 潜航排水量 | 4 200 吨 |
| 全长 | 84 米 |
| 全宽 | 9.1 米 |
| 吃水 | 8.5 米 |
| 潜航速度 | 20 节 |
| 潜航深度 | 500 米 |
| 艇员 | 65 人 |

## 舰船特点

"苍龙"级潜艇是"亲潮"级潜艇的放大改良版，是日本海上自卫队第一种采用 AIP 动力的潜艇，亦为现役海上自卫队乃至世界上排水量最大的常规动力攻击潜艇，同时也是日本海上自卫队现役最新型的潜艇类型。

# 印度"歼敌者"级潜艇

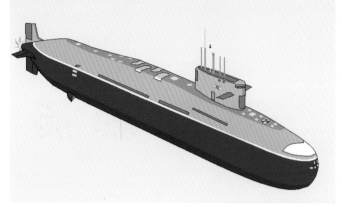

"歼敌者"级潜艇是印度研制的第一艘核动力潜艇。

## 性能解析

"歼敌者"级潜艇的单艘造价约29亿美元，可配备12枚最大射程超过700千米的K-15型"海洋"弹道导弹，或者K-X"烈火-3"弹道导弹。此外，该级艇还可携带6枚533毫米鱼雷。

## 舰船特点

印度海军"歼敌者"级核潜艇属于印度计划建造的5艘潜艇中的第1艘。新德里的国家海事基金会乌代·巴斯卡尔说，"歼敌者"的下水标志着印度的一项重要的技术成就，从而使印度成为少数几个能够设计和建造核动力潜艇的国家之一。

| 基本参数 | |
|---|---|
| 服役时间 | 2016年至今 |
| 同级数量 | 4艘（计划） |
| 潜航排水量 | 6 000吨 |
| 全长 | 112米 |
| 全宽 | 11米 |
| 吃水 | 9米 |
| 潜航速度 | 22节 |
| 潜航深度 | 300米 |
| 艇员 | 100人 |

# Chapter 07

# 两栖舰艇

　　两栖舰艇也称登陆舰艇，它是一种用于运载登陆部队、武器装备、物资车辆、直升机等进行登陆作战的舰艇，出现于第二次世界大战中，是 20 世纪 50 年代以后大力发展起来的新舰种。

# 美国"新港"级坦克登陆舰

"新港"级坦克登陆舰是美国海军于 20 世纪 60 年代末研制的。

## 性能解析

　　"新港"级坦克登陆舰可运载坦克和车辆，共计 500 吨。该级舰装有 2 座双联装 Mk33 型 76 毫米舰炮，1 个 Mk15 型 6 管 20 毫米"密集阵"近程武器系统。另外还设直升机平台，可起降 2 架直升机。该级舰的电子设备有 1 部 SPS67 型对海搜索雷达，1 部 LN66 型或 CRP3100 型导航雷达。

| 基本参数 | |
| --- | --- |
| 服役时间 | 1969—2002 年 |
| 同级数量 | 20 艘 |
| 满载排水量 | 8 500 吨 |
| 全长 | 159 米 |
| 全宽 | 21 米 |
| 吃水 | 5.3 米 |
| 最高航速 | 20 节 |
| 续航距离 | 2 500 海里 |
| 舰员 | 257 人 |

## 舰船特点

　　"新港"级登陆舰具有防空、反舰和火力支援等能力，是世界上装备武器最多、火力最强的坦克登陆舰之一。

# 美国 "硫磺岛" 级两栖攻击舰

"硫磺岛"级两栖攻击舰是美国于 20 世纪 50 年代研制的。

## 性能解析

"硫磺岛"级两栖攻击舰装载量较大，可装载 1 个直升机中队，约 28~32 架直升机。1 个海军陆战队加强营，约 2 000 人及装备。该级舰可起降直升机和垂直起降飞机，但没有船坞设施。"硫磺岛"级舰艇的自卫武器主要包括 2 座八联装"海麻雀"防空导弹发射装置，2 座 Mk33 主炮，2 座 Mk15"密集阵"近防炮。

## 舰船特点

| 基本参数 | |
| --- | --- |
| 服役时间 | 1961—2002 年 |
| 同级数量 | 7 艘 |
| 满载排水量 | 18 474 吨 |
| 全长 | 180 米 |
| 全宽 | 26 米 |
| 吃水 | 8.2 米 |
| 最高航速 | 22 节 |
| 续航距离 | 6 000 海里 |
| 舰员 | 667 人 |

美国海军的"硫磺岛"级两栖攻击舰是世界上第一种专为两栖垂直攻击作战而建造的战舰，1958 年开始设计和建造，可运载 20 余架直升机或短距垂直起降战斗机，它的最大优点是可以利用直升机输送登陆兵、车辆或物资，并进行快速垂直登陆，在敌方纵深地带开辟登陆场。

# 美国"塔拉瓦"级两栖攻击舰

"塔拉瓦"级舰艇是美国研制的大型通用两栖攻击舰。

## 性能解析

  "塔拉瓦"级舰艇可作为直升机攻击舰、两栖船坞运输舰、登陆物资运输舰和两栖指挥舰使用,能完成4~5艘登陆运输舰的任务。该级舰武器装备多、威力大,装备有对空导弹、机载空舰导弹和近防武器系统,以及直升机和垂直/短距起降飞机,形成远、中、近距离结合和高、中、低一体的作战体系,具有防空、反舰和对岸火力支援等能力。

## 舰船特点

  "塔拉瓦"级舰艇的主要任务是运载海军陆战队的1个加强营(约2000人)及其装备,以支援登陆战。由于舰上设有指挥控制部位,并安装了先进的电子设备,因此还具有指挥舰的作用。

| 基本参数 | |
|---|---|
| 服役时间 | 1976 年至今 |
| 同级数量 | 5 艘 |
| 满载排水量 | 39 967 吨 |
| 全长 | 254 米 |
| 全宽 | 40.2 米 |
| 吃水 | 7.9 米 |
| 最高航速 | 24 节 |
| 续航距离 | 10 000 海里 |
| 舰员 | 1 703 人 |

美国"黄蜂"级两栖攻击舰

"黄蜂"级舰艇是美国研制的一级多用途两栖攻击舰。

## 性能解析

　　"黄蜂"级舰艇是目前世界上两栖舰艇中吨位最大、搭载直升机最多的舰艇。其机库面积为1394平方米，有3层甲板高，可存放28架CH-46E直升机。飞行甲板上还可停放14架CH-46E或9架CH-53E直升机。舰尾部机库甲板下面是长度为81.4米的坞舱，可运载12艘LCM6机械化登陆艇或3艘LCAC气垫登陆艇。坞舱前面是一个两层车辆舱，可装载坦克、车辆约200辆。

| 基本参数 | |
|---|---|
| 服役时间 | 1989 年至今 |
| 同级数量 | 8 艘 |
| 满载排水量 | 40 500 吨 |
| 全长 | 253.2 米 |
| 全宽 | 31.8 米 |
| 吃水 | 8.1 米 |
| 最高航速 | 22 节 |
| 续航距离 | 9 500 海里 |
| 舰员 | 1 077 人 |

## 舰船特点

　　"黄蜂"级舰艇基于"塔拉瓦"级两栖攻击舰设计建造，但比"塔拉瓦"级能使用更先进的舰载机和登陆艇。"黄蜂"级几乎能运输一整支美国海军陆战队远征部队，并通过登陆艇或直升机在敌方领土纵深或前线作战。

# 美国"美利坚"级两栖攻击舰

"美利坚"级舰艇是美国建造的两栖攻击舰，属直升机登陆突击舰类别。

## 性能解析

　　"美利坚"级舰艇主要作为两栖登陆作战中空中支援武力的投射平台，完全省略了坞舱的设计。取消了坞舱得以换取一个更加延长的飞行甲板与两座更宽敞、空间更大、装设有吊车，可容纳MV-22B"鱼鹰"倾旋翼机的维修舱。另外还将LHD上医疗区的空间缩减2/3，以换取机库空间。相较于过去的两栖攻击舰，"美利坚"级拥有更大的机库、经重新安排与扩大的航空维修区、大幅扩充的零件与支援设备储存空间，以及更大的油料库。

| 基本参数 | |
|---|---|
| 服役时间 | 尚未服役 |
| 同级数量 | 11 艘（计划） |
| 满载排水量 | 45 570 吨 |
| 全长 | 257.3 米 |
| 全宽 | 32.3 米 |
| 吃水 | 8.7 米 |
| 最高航速 | 20 节 |
| 舰员 | 2 746 人 |

## 舰船特点

　　"美利坚"级舰艇将主要用于取代老化的"塔拉瓦"级两栖攻击舰，该级舰艇能够搭载数量更多的作战飞机，作战能力更加强大，是美国21世纪海上战略的重要支柱之一。

# 美国"惠德贝岛"级船坞登陆舰

"惠德贝岛"级船坞登陆舰是美国海军两栖战舰的主力之一。

## 性能解析

　　"惠德贝岛"级船坞登陆舰是美国海军陆战队未来一段时间内进行远程兵力投送的主力舰艇。该级舰在两栖战舰中属中型舰，既能较好地满足中小规模登陆作战的装载要求，又能使舰的造价降低。"惠德贝岛"级采用了中速柴油机动力装置。这是由于柴油机的重量轻，低负载时经济性高，动力装置生命力强，舰员的工作环境条件也好。

## 舰船特点

| 基本参数 | |
|---|---|
| 服役时间 | 1985 年至今 |
| 同级数量 | 8 艘 |
| 满载排水量 | 16 100 吨 |
| 全长 | 186 米 |
| 全宽 | 26 米 |
| 吃水 | 5 米 |
| 最高航速 | 20 节 |
| 续航距离 | 8 000 海里 |
| 舰员 | 340 人 |

　　"惠德贝岛"级登陆舰的特点是坞舱巨大，可装载 9 艘 LCAC 型气垫登陆艇和 21 艘 LCM 型螺旋桨推进的机动登陆艇，飞行甲板可以同时起降 2 架 CH-46 中型直升机或同等级的直升机。

# 美国"奥斯汀"级两栖登陆舰

"奥斯汀"级舰艇是美国于 20 世纪 60 年代建造的两栖坞式登陆舰。

## 性能解析

"奥斯汀"级舰艇可充当浮动直升机的基地以及紧急反应中心。其兵员舱也可用来存储救援物资，而且该空间还可用来存放 2 000 吨的补给品和设备，另有存放 22.45 万加仑航空燃料以及 11.9 万加仑车用燃料的油罐。舰上有 7 台起重机，其中 1 台为 30 吨，另外 6 台皆为 4 吨。升降机从飞行甲板到机库甲板可运载 8 吨的负重。

## 舰船特点

| 基本参数 | |
|---|---|
| 服役时间 | 1965 年至今 |
| 同级数量 | 12 艘 |
| 满载排水量 | 16 914 吨 |
| 全长 | 173 米 |
| 全宽 | 32 米 |
| 吃水 | 10 米 |
| 最高航速 | 21 节 |
| 续航距离 | 7 700 海里 |
| 舰员 | 420 人 |

"奥斯汀"级两栖坞式登陆舰在 1965 年 2 月 6 日被批准建造时，"奥斯汀"号是第一艘两栖攻击舰，也是这级舰的首舰。"奥斯汀"级最多可搭载 4 架波音 CH–46D/ E"海骑士"运输直升机；1 架轻型直升机使用的机库 (LPD4 号舰无机库 )。

# 美国"圣安东尼奥"级船坞登陆舰

"圣安东尼奥"级船坞登陆舰是由美国英格尔斯造船厂建造的。

## 性能解析

"圣安东尼奥"级船坞登陆舰能搭载海军陆战队的各种航空器，包括CH-46中型运输直升机、CH-53重型运输直升机或下一代运输主力MV-22倾斜旋翼机。该级舰有3个总面积达2 360平方米的车辆甲板、3个总容量为962立方米的货舱、1个容量为1 192立方米的JP5航空燃油储存舱、1个容量达37.8立方米的车辆燃油储存舱及1个弹药储存舱，能为登陆部队提供充分的后勤支援。舰内设有一个全通式泛水坞穴甲板，由舰尾升降闸门出入，可停放2艘LCAC气垫登陆艇或1艘LCU通用登陆艇，位于舰中、紧邻坞穴的部位可停放14辆新一代先进的两栖突击载具。

| 基本参数 | |
| --- | --- |
| 服役时间 | 2006年至今 |
| 同级数量 | 8艘 |
| 满载排水量 | 24 900吨 |
| 全长 | 208米 |
| 全宽 | 32米 |
| 吃水 | 7米 |
| 最高航速 | 22节 |
| 续航距离 | 7 700海里 |
| 舰员 | 420人 |

## 舰船特点

"圣安东尼奥"级船坞登陆舰是21世纪上半叶美国海军新锐主力之一，相较于以往的两栖船坞登陆舰，"圣安东尼奥"级着重于减少对友军岸上设施的依赖，减少人力需求、降低作业成本、保留了未来改良空间以及提高了独力作战能力，特别是自卫能力。可满足未来美国海军快速应付区域冲突，将两栖陆战队运送上岸的任务。

# 美国"蓝岭"级两栖指挥舰

"蓝岭"级两栖指挥舰是美国于 20 世纪 60 年代建造的两栖指挥舰。

## 性能解析

在海上作战指挥中，"蓝岭"级两栖指挥舰处于中心环节。该级舰上的"旗舰指挥中心"是一个大型综合通信及信息处理系统，它同 70 多台发信机和 100 多台收信机连接在一起，同 3 组卫星通信装置相通，可以每秒 3 000 个单词的速度同外界进行信息交流。

接收的全部密码可自动进行翻译，通过舰内自动装置将译出的电文送到指挥人员手中，同时可将这些信息存储在综合情报中心的计算机中。"蓝岭"级舰艇的这种信息收发处理能力，在目前世界现役的所有两栖指挥舰中是首屈一指的。

| 基本参数 | |
|---|---|
| 服役时间 | 1970 年至今 |
| 同级数量 | 2 艘 |
| 满载排水量 | 18 874 吨 |
| 全长 | 194 米 |
| 全宽 | 32.9 米 |
| 吃水 | 8.8 米 |
| 最高航速 | 23 节 |
| 续航距离 | 13 000 海里 |
| 舰员 | 743 人 |

## 舰船特点

"蓝岭"级两栖指挥舰可作为美国海军两栖远征舰队的旗舰，在两栖作战中提供战场通信中继、资料处理、情报分析、电子对抗与指挥决策等支援。该级舰直接由"硫磺岛"级两栖攻击舰的舰体改造而成，舰上空间充裕，甲板面积宽阔，可随局势变化改变舰上指挥舱室和电子系统，宽阔的甲板也可随时架设各种天线仪器。

# 美国 LCAC 气垫登陆艇

LCAC 气垫登陆艇是美国于 20 世纪 80 年代研制的气垫登陆艇。

## 性能解析

　　LCAC 气垫登陆艇的艇体为铝合金结构，不受潮汐、水深、雷区、抗登陆障碍和近岸海底坡度的限制，可在全世界 70% 以上的海岸线实施登陆作战。在登陆作战时，携带气垫登陆艇的两栖舰船在远离岸边 20~30 海里时，便可让气垫登陆艇依靠自身的动力将人员和装备送上敌方滩头，从而保证自身的安全。经实践表明，LCAC 气垫登陆艇稍作改装，即可执行扫雷、反潜和导弹攻击等任务。

| 基本参数 | |
|---|---|
| 服役时间 | 1986 年至今 |
| 同级数量 | 91 艘 |
| 满载排水量 | 87 吨 |
| 全长 | 26.4 米 |
| 全宽 | 14.3 米 |
| 吃水 | 0.9 米 |
| 最高航速 | 40 节 |
| 续航距离 | 300 海里 |
| 舰员 | 5 人 |

## 舰船特点

　　美国是发展气垫艇数量最多的国家，LCAC 气垫登陆艇数量在世界上各型气垫登陆艇中居领先地位。但是 LCAC 气垫登陆艇没有装甲防护，发动机和螺旋桨都暴露在外部，在火力密集的高强度条件下作战易损坏。被运载的装备全部露天放置，恶劣天气下不利于保存。此外，噪声太大与所引起的尘土过多也是这种气垫登陆艇的缺点。虽然沿着侧裙装有泡沫抑止器，可改善驾驶员的视野，不过在恶劣海洋气象下行动仍有相当大的问题。

# 俄罗斯"伊万·格林"级登陆舰

"伊万·格林"级登陆舰是俄罗斯于 21 世纪初开始建造的一款登陆舰，计划建造 4 艘。

## 性能解析

"伊万·格林"级登陆舰的自卫武器为 2 座 AK-630 近程防御武器系统、1 座 AK-630M-2 近程防御武器系统和 2 挺 14.5 毫米 KPV 重机枪。"伊万·格林"级登陆舰的编制舰员约 100 人，还可搭载 300 名海军陆战队员，可运载 13 辆主战坦克或 36 辆装甲输送车。此外，该级舰还配有直升机平台和机库，可以携带 2 架卡 -29 直升机。

| 基本参数 | |
|---|---|
| 服役时间 | 2018 年至今 |
| 同级数量 | 4 艘 |
| 满载排水量 | 6 600 吨 |
| 全长 | 120 米 |
| 全宽 | 16 米 |
| 吃水 | 3.6 米 |
| 最高航速 | 18 节 |
| 续航距离 | 3 500 海里 |
| 舰员 | 100 人 |

## 舰船特点

"伊万·格林"级登陆舰是 21 世纪以来俄罗斯海军建造的第一种远洋登陆舰，被看作俄罗斯海军再次重视发展大型登陆舰的标志。"伊万·格林"级登陆舰的舰体前后均设有舱门，供车辆进出首尾直通的登陆舱，舰首舱门为左右开启式，舰尾舱门为起倒式，首尾舱门均可在海上开启释出登陆载具。

# 俄罗斯"蟾蜍"级坦克登陆舰

"蟾蜍"级坦克登陆舰是苏联于 20 世纪 60 年代研制的。

## 性能解析

　　"蟾蜍"级坦克登陆舰采用平甲板船型，上层建筑布置在舰中后方，它前面的上甲板为装载甲板，上面开有一个装货舱口。上甲板前端呈方形，尾部有尾跳板。目前，该级舰有两种装载方式 (10 辆主战坦克和 190 名登陆士兵或 24 辆装甲战斗车和 170 名士兵 )，可根据需要任选一种，灵活性较高。

## 舰船特点

　　"蟾蜍"级舰艇与"伊万·罗戈夫"级船坞登

| 基本参数 | |
| --- | --- |
| 服役时间 | 1975 年至今 |
| 同级数量 | 28 艘 |
| 满载排水量 | 4 080 吨 |
| 全长 | 112.5 米 |
| 全宽 | 15 米 |
| 吃水 | 3.7 米 |
| 最高航速 | 18 节 |
| 续航距离 | 6 100 海里 |
| 舰员 | 98 人 |

陆舰一起，被认为是苏联两栖战舰迈入先进行列的标志。经过 20 世纪 90 年代的兵力削减，目前在俄罗斯海军中尚有 18 艘"蟾蜍"级在役。

# 俄罗斯 / 乌克兰 "野牛" 级登陆艇

"野牛"级登陆艇是俄罗斯和乌克兰研制的一款目前世界上最大的气垫登陆艇。

## 性能解析

　　"野牛"级登陆艇有 400 平方米的面积用于装载，自带燃料 56 吨。该级艇可运载 3 辆主战坦克，或 10 辆步兵战车加上 140 名士兵，若单独运送武装士兵则可达到 500 人。该级艇可在浪高 2 米、风速 12 米 / 秒的海况下行驶。"野牛"级舰艇配备的火力大大高于其他气垫登陆艇，装备有"箭 -3M"或"箭 -2M"防空导弹系统，2 座 30 毫米 AK-630 火炮，2 座 22 管 MC-227 型 140 毫米非制导弹药发射装置，以及 20~80 枚鱼雷。

| 基本参数 | |
|---|---|
| 服役时间 | 1988 年至今 |
| 同级数量 | 13 艘以上 |
| 满载排水量 | 555 吨 |
| 全长 | 57.3 米 |
| 全宽 | 25.6 米 |
| 吃水 | 1.6 米 |
| 最高航速 | 63 节 |
| 续航距离 | 300 海里 |
| 舰员 | 31 人 |

## 舰船特点

　　"野牛"级登陆艇以其 555 吨的满载排水量成为世界上最大的气垫登陆艇，且其尺寸远大于现今船坞登陆舰和两栖攻击舰的容纳能力，不能由任何母船搭载，完全依靠本身的续航力，因此苏联海军将其直接划分为"登陆舰"。

# 英国"海神之子"级登陆舰

"海神之子"级登陆舰是英国于 20 世纪末建造的船坞登陆舰。

## 性能解析

　　"海神之子"级登陆舰具有坦克登陆舰、武装运输舰、船坞登陆舰、两栖货船等综合功能，其设计思想近乎美国"圣安东尼奥"级舰艇的翻版。该舰既能利用登陆艇和直升机登上海岸，也可以通过集成的指挥、控制和通信系统协调两栖作战行动。尽管该级舰载机数量不多，难以进行较强的垂直登陆作战，但携带有多种登陆装备，除登陆车辆外，还有登陆艇，具有较强的舰到岸平面登陆作战能力。尤其是该舰能接近登陆滩头作战，便于第一波登陆部队抢滩登陆，为后续部队建立稳固的滩头阵地。

| 基本参数 | |
|---|---|
| 服役时间 | 2003 年至今 |
| 同级数量 | 2 艘 |
| 满载排水量 | 18 500 吨 |
| 全长 | 176 米 |
| 全宽 | 28.9 米 |
| 吃水 | 7.1 米 |
| 最高航速 | 18 节 |
| 续航距离 | 7 000 海里 |
| 舰员 | 325 人 |

## 舰船特点

　　"海神之子"级登陆舰是一种两栖船坞登陆舰，在两栖舰队中，负责运送部队以及武器、军备和一定数目的补给品作为远征，抵达后使用登陆艇和直升机等工具，将部队和装备送上岸作战。同时也负责指挥整场两栖作战。

# 英国"海洋"号两栖攻击舰

　　"海洋"号两栖攻击舰是英国于 20 世纪 90 年代建造的一款两栖攻击舰，1998 年 9 月开始服役。

## 性能解析

　　"海洋"号两栖攻击舰的设计衍生自英国"无敌"级航空母舰，但为了最大化降低成本，整体防护性能有一定程度的下降，但仍维持英国海军的舰艇抗沉标准。"海洋"号的自卫武器与"无敌"级相差不大，都装有 3 座 MK 15"密集阵"近程防御武器系统和 4 座双联装 30 毫米高平两用炮。此外，还有 8 挺 M134 机枪和 4 挺 FN MAG 机枪。"海洋"号设有舷侧 LCVP 登陆艇，舰内可搭载 40 辆装甲车和 830 名海军陆战队员。舰上甲板强度可操作 CH-47 重型运输直升机。

| 基本参数 | |
| --- | --- |
| 服役时间 | 1998 年至今 |
| 同级数量 | 1 艘 |
| 满载排水量 | 21 500 吨 |
| 全长 | 203.4 米 |
| 全宽 | 35 米 |
| 吃水 | 6.5 米 |
| 最高航速 | 18 节 |
| 续航距离 | 7 000 海里 |
| 舰员 | 465 人 |

## 舰船特点

　　由于任务需求的不同，"无敌"级航空母舰的部分设计并没有用在"海洋"号两栖攻击舰上，例如没有"滑跃"甲板，岛式上层建筑较小，舰宽也略有不同。"海洋"号两栖攻击舰大量使用商规钢板建造，这种钢板具有良好的低温延展性，施工成本较低。水线以上部位多采用平面造型，能加快施工组装进度，同时有助于减少雷达截面积。

# 法国"暴风"级船坞登陆舰

"暴风"级船坞登陆舰是法国于 20 世纪 60 年代建造的。

## 性能解析

"暴风"级船坞登陆舰可装载 343 名陆战队队员，2 艘能装载 11 吨坦克的登陆艇或 8 艘装有货物的运货平底驳船。舰上的固定平台可起降 3 架"超黄蜂"或 10 架"云雀Ⅲ"直升机，活动平台另可起降 1 架"超黄蜂"或 3 架"云雀Ⅲ"直升机。船坞可放 400 吨的舰船。"暴风"级舰艇装有 2 座 120 毫米深水炸弹发射装置，射速为 42 发／分，射程为 20 千米，弹重为 24 千克。4 座博福斯 40 毫米舰炮，射速为 300 发／分，射程为 12 千米。

| 基本参数 | |
| --- | --- |
| 服役时间 | 1965—2007 年 |
| 同级数量 | 2 艘 |
| 满载排水量 | 8 500 吨 |
| 全长 | 149 米 |
| 全宽 | 23 米 |
| 吃水 | 5.4 米 |
| 最高航速 | 17 节 |
| 续航距离 | 9 000 海里 |
| 舰员 | 213 人 |

## 舰船特点

"暴风"级船坞登陆舰集货船、运输舰、浮力船坞、登陆艇母舰及指挥舰等两栖登陆作战功能于一身，主要任务是装运登陆艇和兵员，实施大规模两栖登陆作战或远洋快速登陆作战。

# 法国"闪电"级船坞攻击舰

"闪电"级船坞登陆舰是法国于 20 世纪 80 年代末开始建造的。

## 性能解析

　　"闪电"级船坞登陆舰拥有容积达到 13 000 立方米的船坞，能被当作 1 个浮动船坞使用或携带登陆车辆。船坞也能容纳 10 艘中型登陆艇，或者 1 艘机械化登陆艇和 4 艘中型登陆艇。可移动甲板用于提供车辆停车位或舰载直升机降落操作。"闪电"级舰艇还安装了 1 个船货升降机，升力高达 52 吨。另有 1 台 12 米起重机，额定吊运能力 37 吨。

| 基本参数 | |
|---|---|
| 服役时间 | 1990 年至今 |
| 同级数量 | 2 艘 |
| 满载排水量 | 12 000 吨 |
| 全长 | 168 米 |
| 全宽 | 23.5 米 |
| 吃水 | 5.2 米 |
| 最高航速 | 21 节 |
| 续航距离 | 10 961 海里 |
| 舰员 | 210 人 |

## 舰船特点

　　"闪电"级船坞登陆舰飞行甲板后端的升降机将坞舱、车辆库房及飞行甲板有机地结合在一起，使坞舱根据需要随时可变成直升机库，而飞行甲板也随时可停放大量的车辆。尾端的活动坞舱盖，既可增加直升机起降点，又可在拆除后进行较大吨位舰艇的坞内修理。

# 法国"西北风"级两栖攻击舰

"西北风"级两栖攻击舰是法国于 20 世纪末研制的。

## 性能解析

"西北风"级两栖攻击舰可以运载 16 架以上 NH90 或"虎"式武装直升机，以及 70 辆以上车辆，其中包含 13 辆主战车的运载维修空间。该级舰还设有 900 名陆战队员的运载空间（长程航行至少可以运载 450 名），并包含 69 个床位的舰上医院。该级舰的飞行甲板面积为 5 200 平方米，设有 6 个直升机停机点。

## 舰船特点

为了配合两栖作战或人道救援任务，"西北风"级两栖攻击舰设有完善的医疗设备。此外，"西北风"级在设计上也很注重舰上乘员的适居性，舰上的模块化舱房依照阶级总共有单人、双人、四人与六人等不同类型，舰上起居空间设计也经过仔细的安排规划。舰上的物资储存空间很大，足以应付持续 45 天的海上活动。

| 基本参数 | |
|---|---|
| 服役时间 | 2005 年至今 |
| 同级数量 | 3 艘（法） |
| 满载排水量 | 21 300 吨 |
| 全长 | 199 米 |
| 全宽 | 32 米 |
| 吃水 | 6.3 米 |
| 最高航速 | 18.8 节 |
| 续航距离 | 10 800 海里 |
| 舰员 | 160 人 |

# 意大利"圣·乔治奥"级两栖攻击舰

"圣·乔治奥"级两栖攻击舰是意大利于 20 世纪 80 年代研制的。

## 性能解析

　　"圣·乔治奥"级两栖攻击舰可容纳 400 名作战人员或 36 辆轮式装甲运兵车或 30 辆中型坦克。在舰尾还有飞行甲板，可供 3 架 SH-3D "海王"直升机或 AW101 "隼"式直升机或 5 架 AB 212 直升机起降。舰尾舱门可供 2 辆 LCM 登陆艇同时进出。

　　"圣·乔治奥"号和"圣·马可"号在舱门舷台处可装载 2 辆 LCVP 登陆艇，稍大一些的"圣·吉斯托"号在吊舱柱处可装载 3 辆 LCVP 登陆艇。每艘船坞登陆舰均有符合北约标准的医疗设施。

| 基本参数 | |
|---|---|
| 服役时间 | 1987 年至今 |
| 同级数量 | 3 艘 |
| 满载排水量 | 7 665 吨 |
| 全长 | 137 米 |
| 全宽 | 20.5 米 |
| 吃水 | 5.3 米 |
| 最高航速 | 21 节 |
| 续航距离 | 7 500 海里 |
| 舰员 | 163 人 |

## 舰船特点

　　由于"圣·乔治奥"级两栖攻击舰要具备平战结合的特点，因此在总体结构、推进装置和舾装等方面符合商船标准，尤其在坞舱，车辆甲板和飞行甲板等部位体现了合理和经济的设计思想。

# 荷兰/西班牙"鹿特丹"级船坞登陆舰

"鹿特丹"级船坞登陆舰是荷兰和西班牙于 20 世纪 90 年代共同研制的。

## 性能解析

　　"鹿特丹"级船坞登陆舰能够在 6 级海况下执行直升机行动任务，在 4 级海况下进行登陆艇行动任务。飞行甲板长度为 58 米，宽度为 25 米，可供 2 架 EH101 这样的大型直升机起降。在执行两栖作战任务时，"鹿特丹"级舰艇可对海军陆战队士兵、联合作战和后勤支援所需的车辆和装备进行装运，并辅助其登陆。"鹿特丹"级舰艇可以运输170 辆装甲运兵车，或者是 33 辆主战坦克，同时还可以搭载 6 艘登陆艇。

| 基本参数 | |
|---|---|
| 服役时间 | 1998 年至今 |
| 同级数量 | 2 艘 |
| 满载排水量 | 16 800 吨 |
| 全长 | 176.4 米 |
| 全宽 | 25 米 |
| 吃水 | 5.8 米 |
| 最高航速 | 19 节 |
| 续航距离 | 6 000 海里 |
| 舰员 | 124 人 |

## 舰船特点

　　"鹿特丹"级船坞登陆舰是荷兰与西班牙联合设计，用以进一步强化两国军队的远洋投送能力，并作为联合特遣武力的海上指挥中心旗舰。舰上携带的给养物资可保障其承载的海军陆战队官兵 10 天以上的供给。除此之外，它还能承担运送后备力量、撤离受伤人员的任务。

# 荷兰/西班牙"加里西亚"级船坞登陆舰

"加里西亚"级船坞登陆舰是荷兰和西班牙联合研制的一款船坞登陆舰。

## 性能解析

　　"加里西亚"级船坞登陆舰的自卫武器非常简单，仅有2座"梅罗卡"近程防御武器系统和2门20毫米厄利空舰炮。"加里西亚"级船坞登陆舰一次能运送2个全副武装的加强连，共约540人。二号舰装备了供65名海军陆战队参谋人员使用的指挥支援系统和通信设施，其所能装载的作战部队人数也减为400人。除此之外，"加里西亚"级船坞登陆舰还可搭载4艘通用登陆艇或者6艘车辆人员登陆艇、130辆装甲车或者33辆主战坦克，总载重2 488吨。

| 基本参数 | |
| --- | --- |
| 服役时间 | 1998 年至今 |
| 同级数量 | 2 艘 |
| 满载排水量 | 13 815 吨 |
| 全长 | 166.2 米 |
| 全宽 | 25 米 |
| 吃水 | 5.8 米 |
| 最高航速 | 20 节 |
| 续航距离 | 6 000 海里 |
| 舰员 | 185 人 |

## 舰船特点

　　"加里西亚"级船坞登陆舰的基本设计与"鹿特丹"级船坞登陆舰大同小异，唯舰体长度与排水量略小于后者，并使用不同的动力系统、作战系统与自卫武器。

# 西班牙"胡安·卡洛斯一世"号战略投送舰

"胡安·卡洛斯一世"号战略投送舰是西班牙自主设计建造的多用途战舰，兼具航空母舰和两栖攻击舰的功能。

## 性能解析

不同于通常的两栖登陆舰，"胡安·卡洛斯一世"号战略投送舰拥有专供战机起飞的"滑跃"式甲板，因此也能被归类于航空母舰。该舰由上而下分为 4 层：大型全通飞行甲板层、轻型车库和机库（1 000 平方米）层、船坞和重型车库层、居住层。总的来说，"胡安·卡洛斯一世"号的设计更注重适航性、装载能力和海上自持力，不太注重航行速度。

| 基本参数 | |
|---|---|
| 服役时间 | 2010 年至今 |
| 同级数量 | 1 艘 |
| 满载排水量 | 24 660 吨 |
| 全长 | 230.82 米 |
| 全宽 | 32 米 |
| 吃水 | 7.07 米 |
| 最高航速 | 21 节 |
| 续航距离 | 9 000 海里 |
| 舰员 | 243 人 |

## 舰船特点

"胡安·卡洛斯一世"号战略投送舰具有直通式飞行甲板和舰首的滑跃甲板，适合舰载机的垂直或滑跃式起飞和垂直降落，可适应"鹞"式战斗机以及未来的 F-35 战斗机的起降。在西班牙金融和经济困境中退役了"阿斯图里亚斯亲王"号航空母舰之后，该舰将优先作为航空母舰使用。

# 希腊"杰森"级坦克登陆舰

"杰森"级坦克登陆舰是希腊于 20 世纪 90 年代研制的。

## 性能解析

"杰森"级坦克登陆舰的武器装备包括 1 门奥托·梅莱拉 76 毫米紧凑型舰炮、2 座双联装布雷达 40 毫米紧凑型舰炮、2 座双联装莱茵金属公司 20 毫米舰炮。此外，该级舰还设有可容纳 1 架中型直升机的起降平台。"杰森"级舰艇的电子设备有汤姆森 –CSF"海神"对海搜索雷达、凯尔文·休斯 1007 型导航雷达等。

| 基本参数 | |
|---|---|
| 服役时间 | 1994 年至今 |
| 同级数量 | 5 艘 |
| 满载排水量 | 4 400 吨 |
| 全长 | 116 米 |
| 全宽 | 15.3 米 |
| 吃水 | 3.4 米 |
| 最高航速 | 16 节 |

# 新加坡"坚韧"级船坞登陆舰

"坚韧"级船坞登陆舰是新加坡于 20 世纪 90 年代后期研制的。

### 性能解析

  "坚韧"级船坞登陆舰装有 2 座双联装"西北风"防空导弹发射装置、1 座奥托·梅莱拉 76 毫米舰炮、5 挺 12.7 毫米机枪。该级舰可供 2 架"超级美洲狮"直升机起降。在执行作战任务时,"坚韧"级舰艇的装载量如下:350 名士兵、18 辆坦克装甲车辆、20 辆军用车辆、4 艘登陆艇。

| 基本参数 | |
|---|---|
| 服役时间 | 2000 年至今 |
| 同级数量 | 4 艘(新加坡) |
| 满载排水量 | 8 500 吨 |
| 全长 | 141 米 |
| 全宽 | 21 米 |
| 吃水 | 5 米 |
| 最高航速 | 15 节 |
| 续航距离 | 5 000 海里 |

### 舰船特点

  "坚韧"级船坞登陆舰虽有舰首大门,但主要用于固定码头装卸。该级舰具备同船坞登陆舰相同的完整泛水坞舱,但受限于吨位,只能容纳 4 艘 LCM 钢制登陆艇。泛水坞舱与首舌门、运载甲板直通,可容纳 20 辆主战坦克级别的各类装备物资。另外本级舰有宽阔的飞行甲板,约占舰体长度的一半,并有机库,最多可操作 2 架 CH-46 运输直升机或 4 架 SH-60 舰载直升机,自卫武器较为简单。

# 日本 "大隅" 级两栖运输舰

"大隅" 级两栖运输舰是日本于 20 世纪 90 年代末建造的。

## 性能解析

　　"大隅" 级两栖运输舰主要用于搭载中型直升机、LCAC 气垫登陆艇，运送坦克和装甲车辆、人员和作战物资进行登陆作战。该级舰的使用，突破了日本海上自卫队以往登陆舰单一的抢滩登陆模式，实现了既可凭借气垫登陆艇抢滩登陆，又可以借助舰载直升机实施垂直登陆。

| 基本参数 | |
|---|---|
| 服役时间 | 1998 年至今 |
| 同级数量 | 3 艘 |
| 满载排水量 | 14 000 吨 |
| 全长 | 178 米 |
| 全宽 | 25.8 米 |
| 吃水 | 6 米 |
| 最高航速 | 22 节 |
| 舰员 | 135 人 |

## 舰船特点

　　"大隅" 级两栖运输舰只能算是一艘长得很像航空母舰的输送舰，由于 "大隅" 级的原始设计就是规划成一艘船坞登陆舰，因此推进系统能提供的航速（最大仅 22 节）与航空母舰相差甚远，而舰尾坞舱也占据了更多改造成航空母舰所需的额外空间。"大隅" 级现阶段根本没有与两栖突击舰或航空母舰相似的航空管制、战役指挥等指管通情装备。

# 韩国 "独岛" 级两栖攻击舰

"独岛" 级两栖攻击舰是韩国研制的一款两栖攻击舰, 外观与轻型航空母舰相似。

## 性能解析

"独岛" 级两栖攻击舰有一条与舰身等长的飞行甲板, 右舷边上建有 1 座堡垒式梯形结构的舰岛, 建筑外壁呈向内倾斜 8 度。舰上暴露的各个部位大多由倾斜的多面体组成, 在脆弱部位加装装甲钢板以强化防护能力。"独岛" 级舰艇使用钢制舰体, 舰首部分略带舷弧, 具有良好的压浪性能, 减少了舰体的摇摆幅度。"独岛" 级舰艇的雷达由于设计不良, 造成其甲板会反射雷达信号进而产生假性目标的缺点。

| 基本参数 | |
|---|---|
| 服役时间 | 2007 年至今 |
| 同级数量 | 3 艘 (计划) |
| 满载排水量 | 18 000 吨 |
| 全长 | 199 米 |
| 全宽 | 31 米 |
| 吃水 | 7 米 |
| 最高航速 | 23 节 |
| 续航距离 | 8 000 海里 |
| 舰员 | 700 人 |

## 舰船特点

"独岛" 级两栖攻击舰首舰是 "独岛" 号, 是韩国海军第一艘全通甲板式两栖攻击舰。可起降直升机或短距垂直起降战斗机, 但没有装配协助飞机起飞的滑跳甲板。

# Chapter 08

# 小型水面战斗舰艇

　　小型水面战斗舰艇有护卫艇、鱼雷艇、导弹艇、猎潜艇等。在水面战斗舰艇中标准排水量在 500 吨以上的，通常称为舰；500 吨以下的，通常称为艇。

# 美国"飞马座"级导弹艇

　　"飞马座"级舰艇是美国海军装备的导弹艇，具有优良的机动性、耐波性、隐蔽性、抗沉性和载荷能力。

## 性能解析

　　"飞马座"级舰艇为全浸式自控双水翼燃气轮机和喷水推进导弹艇。艇体采用混合线形、首部为尖瘦的 V 形，有助于获得良好的排水航行性能。尾部为短方尾线形，和尖舭一起使艇在过渡到翼航状态时把高速阻力降到最小。该级艇的主要武器有 1 座 76 毫米奥托舰炮。舰尾部安装有 2 座四联装"鱼叉"反舰导弹发射器。

| 基本参数 | |
| --- | --- |
| 服役时间 | 1977—1993 年 |
| 同级数量 | 6 艘 |
| 满载排水量 | 241 吨 |
| 全长 | 40 米 |
| 全宽 | 8.5 米 |
| 最高航速 | 48 节 |
| 乘员 | 21 人 |

## 舰船特点

　　"飞马座"级导弹艇具有优良的耐波性、机动性、隐蔽性、抗沉性和载荷能力。其使命主要是：对水面舰船实施攻击，对沿海水域进行监视、巡逻和封锁，以及实施阻击等作战任务。

美国"旗杆"级护卫舰

"旗杆"级护卫舰是美国海军在"冷战"期间装备的护卫舰。

### 性能解析

  "旗杆"级护卫舰采用全浸式水翼，由自动驾驶仪控制和操作，可以收放。翼航时使用 1 台2647 千瓦的燃气轮机，采用直角传动带动调距螺旋桨，最大航速 51 节。排水航行时使用 2 台柴油机带动喷水泵进行喷水推进，巡航速度大于 7 节。舰上的武器有 1 座 40 毫米舰炮、1 座 81 毫米无后坐力炮、2 座双管 20 毫米舰炮。"旗杆"级护卫舰可在 4~5 级海况下翼航，4 级海况下能使用武器。

| 基本参数 | |
|---|---|
| 服役时间 | 1968—1978 年 |
| 同级数量 | 1 艘 |
| 满载排水量 | 568 吨 |
| 全长 | 25 米 |
| 全宽 | 6.55 米 |
| 吃水 | 1.32 米 |
| 最高航速 | 51 节 |
| 续航距离 | 560 海里 |

### 舰船特点

  "旗杆"级护卫舰是美国海军的一种新型护卫舰，采用水翼艇艇形，是世界上速度最快的护卫舰。

# 美国"鱼鹰"级扫雷舰

"鱼鹰"级扫雷舰是美国于 20 世纪 90 年代研制的扫雷舰。

## 性能解析

　　"鱼鹰"级扫雷舰是世界上现役近岸扫雷舰中，船身尺寸第二大、仅次于英国"亨特"级的近岸扫雷舰。船上装有高精度扫雷声呐与水下无人扫雷载具，大幅提高了扫雷舰的扫雷安全性与效率。该级舰的自卫武器为 2 挺 12.7 毫米 Mk26 机枪，扫雷装置包括阿连特技术系统公司的 SLQ-48 遥控扫雷具、水雷压制系统以及 DGM-4 消磁系统。

## 舰船特点

　　"鱼鹰"级扫雷舰是在"勒里希"级艇的基础上改进而来的，但舰体更大，主要负责近岸的扫雷工作。

| 基本参数 | |
| --- | --- |
| 服役时间 | 1993—2007 年 |
| 同级数量 | 12 艘 |
| 满载排水量 | 893 吨 |
| 全长 | 57 米 |
| 全宽 | 11 米 |
| 吃水 | 3.7 米 |
| 最高航速 | 10 节 |
| 续航距离 | 1 500 海里 |
| 乘员 | 51 人 |

# 美国"阿尔·希蒂克"级导弹艇

　　"阿尔·希蒂克"级导弹艇是美国彼得森造船厂于20世纪70年代为沙特阿拉伯海军建造的一款快速导弹艇。

## 性能解析

　　"阿尔·希蒂克"级导弹艇装有2座双联装"鱼叉"反舰导弹发射装置，位于后甲板，后两部朝向左舷，前两部朝向右舷。此外，还有1门76毫米舰炮、1座"密集阵"近程防御武器系统、2门20毫米厄利空机炮、2门81毫米迫击炮和2门40毫米Mk 19榴弹发射器。"阿尔·希蒂克"级导弹艇装有2部洛拉尔·海柯尔Mk 36型六管固定式红外／金属箔条干扰发射装置。

| 基本参数 | |
| --- | --- |
| 服役时间 | 1980年至今 |
| 同级数量 | 9艘 |
| 满载排水量 | 495吨 |
| 全长 | 58.2米 |
| 全宽 | 8.1米 |
| 吃水 | 1.9米 |
| 最高航速 | 38节 |
| 续航距离 | 2 520海里 |
| 舰员 | 30人 |

## 舰船特点

　　"阿尔·希蒂克"级导弹艇有高艇首，倾斜的前甲板，醒目的大型雷达整流罩位于舰桥顶部，细长的三角式主桅位于艇体中部。多角的烟囱顶部为黑色，排气口位于主桅后方顶部突出位置，鞭状天线位于上层建筑后缘舰桥顶部。

# 俄罗斯"娜佳"级扫雷舰

"娜佳"级扫雷舰是苏联研制的一款远洋扫雷舰。

## 性能解析

"娜佳"级扫雷舰的电子装备包括"顿河"II或"低槽"搜索雷达、"鼓槌"火控雷达、MG 69/ 79 型舰壳扫雷声呐系统或 MG 69/ 79 型舰壳扫雷声呐系统。扫雷装置包括 2 部 GKT-2 触发式扫雷装置、1部 AT-2 水声扫雷装置、1 部 TEM-3 磁性扫雷具。

自卫武器包括 2 座四联装 SA-N-5/ 8 "圣杯"防空导弹发射装置、2 座双联装 30 毫米 AK 230 舰炮（或 2 门 30 毫米 AK 306 舰炮）、2 座双联装 25毫米舰炮、2 座 RBU 1200 固定式反潜火箭发射装置等。

| 基本参数 | |
|---|---|
| 服役时间 | 1970 年至今 |
| 同级数量 | 16 艘 |
| 满载排水量 | 804 吨 |
| 全长 | 61 米 |
| 全宽 | 10.2 米 |
| 吃水 | 3 米 |
| 最高航速 | 16 节 |
| 续航距离 | 3 000 海里 |
| 乘员 | 67 人 |

## 舰船特点

俄罗斯"娜佳"级扫雷舰是俄罗斯迄今为止大规模部署的最新一级远洋扫雷舰，是一级有一定作战能力的多用途扫雷舰。

# 俄罗斯 "毒蜘蛛" 级导弹艇

　　"毒蜘蛛" 级导弹快艇为俄罗斯 20 世纪 70 年代后期建造的，由于建造时期不同而可分成Ⅰ型、Ⅱ型、Ⅲ型和改进Ⅲ型 4 种型号。

## 性能解析

　　与早期研制的导弹艇相比，"毒蜘蛛" 级导弹快艇的排水量增加到近 500 吨，适航性及续航力都有了较大的提高，所携带的武器系统也有了很大的提高，新型反舰导弹也提高了射程及抗干扰能力。为了提高自卫能力，艇上还装备了中口径自动舰炮、小口径速射炮、防空导弹及电子战设备等，从而使其攻击力、防御力及生存力有了很大的提高。其所能执行的作战

| 基本参数 | |
| --- | --- |
| 海上自持力 | 14 天 |
| 满载排水量 | 455 吨 |
| 全长 | 56.1 米 |
| 全宽 | 11.5 米 |
| 吃水 | 2.5 米 |
| 最高航速 | 36 节 |
| 乘员 | 34 人 |

任务也从早期主要攻击水面舰艇扩展到可进行海上巡逻、护渔、护航、对敌方港口进行封锁及攻击敌方近岸目标等，所以可完全将其作为一种轻型护卫舰来使用。

## 舰船特点

　　"毒蜘蛛" 级虽然吨位不大，但其艇载电子设备安装密度大，艇载武器威力大。它体现出俄罗斯舰艇设计的优良传统，即在最大程度上提高舰艇的打击能力。只要让 "毒蜘蛛" 有了出击航母的机会，航母也会被穿膛破肚。

# 俄罗斯"奥萨"级导弹艇

　　"奥萨"级导弹艇是苏联于 20 世纪 50 年代研制的一款导弹艇，分为 I 型和 II 型两种型号。

## 性能解析

　　I 型艇装有 4 座 SS-N-2 舰对舰导弹发射架、2 座 30 毫米双联装全自动高炮。II 型艇装有 4 座 SS-N-11 舰对舰导弹发射架，部分艇安装有 SA-N-5 舰对空导弹发射架。与 I 型艇一样，II 型艇也有 2 座 30 毫米双联装全自动高炮。"奥萨"级导弹艇配备的电子设备包括"方结"对海雷达 1 部、"歪鼓"炮瞄雷达 1 部、"高杆"敌我识别器 1 部，"方首"敌我识别器 1 部。

| 基本参数 | |
| --- | --- |
| 服役时间 | 1960 年至今 |
| 同级数量 | 400 艘 |
| 满载排水量 | 235 吨 |
| 全长 | 38.6 米 |
| 全宽 | 7.6 米 |
| 吃水 | 1.7 米 |
| 最高航速 | 42 节 |
| 续航距离 | 1 800 海里 |
| 舰员 | 29 人 |

## 舰船特点

　　"奥萨"级导弹艇的首部甲板设有锚机、旗杆等，稍后为 1 座双联装 30 毫米炮。中部甲板有密闭的驾驶室和露天驾驶台以及流线型桅杆，桅杆上装有各种天线。从距首约 40% 艇长处一直到尾部，4 座导弹发射装置分别排列在两舷前后。驾驶室与发射装置间有密闭的通道，以便人员行走。尾部甲板有 1 座双联装 30 毫米炮。

英国"亨特"级扫雷舰

"亨特"级扫雷舰是英国于 20 世纪 70 年代末开始建造的扫雷舰，已出口到希腊。

### 性能解析

"亨特"级的武器装备包括 1 座 DES/ MSI DS 30B 30 毫米舰炮，2 座 20 毫米 GAM-C01 炮，2 挺 7.62 毫米机枪。水雷战对抗装备包括 2 部 PAP 104/ 105 型遥控可潜扫雷具、MS 14 磁性探雷指示环装置、斯佩里 MSSA Mk1 拖曳式水声扫雷装置、常规 K 8 型"奥罗柏萨"扫雷具。

| 基本参数 | |
|---|---|
| 服役时间 | 1979 年至今 |
| 同级数量 | 13 艘 |
| 满载排水量 | 750 吨 |
| 全长 | 60 米 |
| 全宽 | 9.8 米 |
| 吃水 | 2.2 米 |
| 最高航速 | 17 节 |
| 乘员 | 45 人 |

### 舰船特点

"亨特"级扫雷舰是英国皇家海军 13 艘反水雷船舰之一。除了"米德尔顿"号、"柯茨摩尔"号是由克莱德河上的著草造船有限公司建造的，其他的扫雷舰由伍尔斯顿的霍氏克罗夫特公司建造，"阔恩"号是"亨特"级建造的最后一艘。

# 英国"桑当"级扫雷艇

"桑当"级扫雷艇是英国于 20 世纪 80 年代研制的扫雷舰，已出口到沙特阿拉伯。

## 性能解析

"桑当"级扫雷舰的电子装备包括凯尔文·休斯 1007 型导航雷达系统、马可尼 2093 型变深水雷搜索 / 识别声呐。武器装备包括 1 座 DES/MSI DS30B 30 毫米舰炮、ECA 扫雷系统、2 部 PAP 104 Mk5 扫雷具、2 套"路障"诱饵发射装置。

## 舰船特点

"桑当"级扫雷舰的艇体采用目前最先进的玻璃钢艇体技术建造，为单层结构，并用先进的模压技术将骨架与艇壳制成一体。这个玻璃钢壳体本身是横骨架式，但由于将骨架和艇壳做成一体，就省去了船体结构中昂贵、复杂的连接构件。实艇抗冲击试验证明，该艇体抗冲击能力远远超过了北约标准。

| 基本参数 | |
|---|---|
| 服役时间 | 1989 年至今 |
| 同级数量 | 15 艘 |
| 满载排水量 | 484 吨 |
| 全长 | 52.5 米 |
| 全宽 | 10.9 米 |
| 吃水 | 2.3 米 |
| 最高航速 | 13 节 |
| 乘员 | 34 人 |

# 德国"恩斯多夫"级扫雷舰

"恩斯多夫"级扫雷舰是德国研制的一款扫雷舰。

## 性能解析

　　"恩斯多夫"级的外观轮廓与"弗兰肯索"级相似，框架式金字塔形主桅位于舰桥顶部，装有WM20/2对海搜索/火控雷达整流罩。该级舰的电子设备包括雷声SPS-64导航雷达、西格纳WM20/2型搜索/火控雷达、阿特拉斯DSQS-11M艇壳声呐系统、汤姆森-CSF DR2000电子支援系统。武器装备包括2座"毒刺"四联装防空导弹发射装置、2座毛瑟27毫米炮、60枚水雷，另有2部"银狗"金属箔条火箭发射装置。

| 基本参数 | |
|---|---|
| 服役时间 | 1990 年至今 |
| 同级数量 | 5 艘 |
| 满载排水量 | 650 吨 |
| 全长 | 54.4 米 |
| 全宽 | 9.2 米 |
| 吃水 | 2.8 米 |
| 最高航速 | 18 节 |
| 乘员 | 45 人 |

## 舰船特点

　　"恩斯多夫"级在"哈默尔恩"级扫雷舰的基础上进行的改进有加装1台用于扫雷控制的特洛依卡型C2系统、1部MAS-90型水雷回避声呐、长尾鲛一次性灭雷具和1个DAISY型PC机工作站。

# 德国"库尔姆贝克"级扫雷舰

"库尔姆贝克"级扫雷舰是德国于 20 世纪 80 年代末开始研制的扫雷舰。

## 性能解析

"库尔姆贝克"级扫雷舰的武器系统包括 2 座博福斯 40 毫米舰炮，2 座便携式"毒刺"防空导弹发射装置，可携带水雷。电子设备有 SPS64 导航雷达、DSQS-11M 扫雷声呐、MWS80-4 水雷对抗作战系统、希格诺尔 WM 20/2 火控系统、汤姆森 -CSF DR 2000 雷达预警系统等。

| 基本参数 | |
| --- | --- |
| 服役时间 | 1990 年至今 |
| 同级数量 | 5 艘 |
| 满载排水量 | 635 吨 |
| 全长 | 54.4 米 |
| 全宽 | 9.2 米 |
| 吃水 | 2.8 米 |
| 最高航速 | 18 节 |
| 乘员 | 37 人 |

## 舰船特点

"库尔姆贝克"级扫雷舰的结构，外观轮廓与"弗兰肯索"级非常相似，主要识别特征有：框架式金字塔形主桅位于舰桥顶部，装有 WM 20/2 对海搜索 / 火控雷达整流罩；"毛瑟"27 毫米炮塔位于舰桥前方；毛瑟 27 毫米炮塔位于上层建筑后方。

# 德国"弗兰肯索"级扫雷舰

"弗兰肯索"级扫雷舰是德国于 20 世纪 80 年代后期研制的扫雷舰。

## 性能解析

　　"弗兰肯索"级扫雷舰的电子设备有雷声 SPS-64 导航雷达、阿特拉斯电子公司 DSQS-11M 艇壳声呐系统等。该级舰的武器装备为 2 套 "毒刺"四联装防空导弹发射装置、1 座博福斯 40 毫米舰炮。

| 基本参数 | |
|---|---|
| 服役时间 | 1992 年至今 |
| 同级数量 | 12 艘 |
| 满载排水量 | 650 吨 |
| 全长 | 54.4 米 |
| 全宽 | 9.2 米 |
| 吃水 | 2.6 米 |
| 最高航速 | 18 节 |
| 乘员 | 41 人 |

# 德国"信天翁"级导弹艇

"信天翁"级导弹艇是德国于 20 世纪 70 年代初开始建造的一款快速导弹艇。

## 性能解析

"信天翁"级导弹艇的主要作战使命是袭击水面舰艇、两栖舰队和补给舰船，保证己方布雷作业的安全，以及防空反导等。该级艇的主要武器为 2 门 76 毫米奥托·梅莱拉舰炮、2 座双联装 MM38 "飞鱼"反舰导弹发射装置、2 具 533 毫米鱼雷发射管。后来，部分"信天翁"级导弹艇拆除了艇尾的 76 毫米舰炮，加装了 1 座二十一联装 Mk 49 "拉姆"防空导弹发射装置。

| 基本参数 | |
|---|---|
| 服役时间 | 1976 年至今 |
| 同级数量 | 10 艘 |
| 满载排水量 | 400 吨 |
| 全长 | 57.6 米 |
| 全宽 | 7.8 米 |
| 吃水 | 2.6 米 |
| 最高航速 | 40 节 |
| 续航距离 | 1130 海里 |
| 舰员 | 40 人 |

## 舰船特点

"信天翁"级导弹艇的前甲板较长，突出的防浪板位于 76 毫米舰炮前方，中央上层建筑狭窄修长，舰桥后缘呈阶梯状。舰桥后方框架式结构上装有醒目的 WM 27 对海搜索 / 火控雷达整流罩，高大的三角式柱状主桅位于上层建筑后缘。

# 德国“猎豹”级导弹艇

“猎豹”级导弹艇是德国在“信天翁”级基础上改进而来的一款快速导弹艇。

## 性能解析

　　“猎豹”级导弹艇的艇首装有1门奥托·梅莱拉76毫米舰炮，艇尾装有2座双联装MM38“飞鱼”反舰导弹发射装置，以及1座二十一联装Mk 49“拉姆”防空导弹发射装置。“猎豹”级导弹艇的艇员居住条件比“信天翁”级导弹艇有所改善，且由于武器及操纵系统自动化程度的提高，艇员人数也比“信天翁”级导弹艇减少了5人。

| 基本参数 | |
| --- | --- |
| 服役时间 | 1982—2016 年 |
| 同级数量 | 10 艘 |
| 满载排水量 | 400 吨 |
| 全长 | 57.6 米 |
| 全宽 | 7.8 米 |
| 吃水 | 2.6 米 |
| 最高航速 | 40 节 |
| 续航距离 | 1 620 海里 |
| 舰员 | 35 人 |

## 舰船特点

　　“猎豹”级导弹艇的中央上层建筑前缘高大，舰桥后缘呈阶梯状，醒目的WM 27对海搜索/火控雷达整流罩位于舰桥后缘短小的框架式桅杆上。高大的三角式柱状主桅位于上层建筑后缘，2座“飞鱼”反舰导弹发射装置位于上层建筑后方，前一座朝向左舷前方，后一座朝向右舷前方。

# 德国 TNC-45 级导弹艇

　　TNC-45 级导弹艇是德国吕尔森造船厂于 20 世纪 60 年代建造的快速导弹艇，主要用于出口，已出口到阿根廷、巴林、马来西亚、泰国和新加坡等国。

## 性能解析

　　TNC-45 级导弹艇的主要武器是反舰导弹，阿根廷海军版本和厄瓜多尔海军版本装有 2 座双联装"飞鱼"反舰导弹发射装置，新加坡海军版本则是 2 座双联装"鱼叉"反舰导弹发射装置，泰国海军版本装备了 5 座"加布里埃尔"反舰导弹发射装置。除反舰导弹外，各国还根据实际需要安装了其他武器，如"西北风"防空导弹发射装置（新加坡海军）、奥托·梅莱拉 76 毫米舰炮、博福斯 40 毫米舰炮、博福斯 57 毫米舰炮、厄利空 35 毫米舰炮等武器。

| 基本参数 | |
| --- | --- |
| 服役时间 | 1968 年至今 |
| 同级数量 | 33 艘 |
| 满载排水量 | 268 吨 |
| 全长 | 53.1 米 |
| 全宽 | 7 米 |
| 吃水 | 2.4 米 |
| 最高航速 | 25 节 |
| 续航距离 | 1 450 海里 |
| 舰员 | 30 人 |

## 舰船特点

　　TNC-45 级导弹艇拥有平整的舰首，低干舷，贯通式主甲板由艇首延伸至舰尾。高大的上层建筑位于艇体中部靠前，开放式舰桥顶部，封闭式舰桥。框架式主桅位于舰桥后方，短小的柱式桅杆位于后缘。

法国/荷兰/比利时"三伙伴"级扫雷舰

"三伙伴"级扫雷舰是法国、荷兰、比利时联合研制的扫雷舰。

### 性能解析

　　"三伙伴"级扫雷舰的扫雷系统由声呐、精密定位导航设备、情报中心、灭雷装置等组成。舰上 DUBM-21A 舰壳声呐能同时摸索和识别沉底雷和锚雷。搜索水雷深度可达 80 米，搜索距离大于 500 米，辨认水雷深度可达 60 米。在沿岸水域，定位误差不大于 15 米。该级舰还能以 8 节的航速拖曳切割扫雷具。扫雷系统由 1 套轻型切割扫雷具和 1 部扫雷绞车组成，主要用于扫除触发锚雷。

| 基本参数 | |
| --- | --- |
| 服役时间 | 1981 年至今 |
| 同级数量 | 45 艘 |
| 满载排水量 | 605 吨 |
| 全长 | 51.5 米 |
| 全宽 | 8.7 米 |
| 吃水 | 3.6 米 |
| 最高航速 | 15 节 |
| 续航距离 | 3000 海里 |
| 乘员 | 36 人 |

### 舰船特点

　　"三伙伴"级扫雷舰主要用于搜寻和排除沉底水雷和锚雷，也可用于巡逻、训练，以及用作遥控扫雷艇母舰、潜水作业母船和污染控制母船。

# 法国"斗士"级导弹艇

"斗士"级导弹艇是法国在1964年至1981年间建造的快速导弹艇，分为Ⅰ型、Ⅱ型和Ⅲ型。

## 性能解析

"斗士"级导弹艇装有1门76毫米舰炮，1门40毫米舰炮，2座双联装"飞鱼"反舰导弹发射装置。除此之外，"斗士"级导弹艇还装有1门20毫米M621型机炮、2挺12.7毫米机枪等武器。

## 舰船特点

"斗士"级Ⅰ型艇采用贯通式主甲板，平板式上层建筑位于艇体中部后方，上层建筑顶部装有高大粗壮的封闭式桅杆和细长的柱式桅杆。Ⅱ型艇和Ⅰ型艇的构造基本一致，各国对Ⅱ型艇的命名各不相同，武器也略有区别。Ⅲ型艇的艇体比Ⅱ型艇更大，并搭载了鱼雷。

| 基本参数 | |
|---|---|
| 服役时间 | 1971年至今 |
| 同级数量 | 30艘 |
| 满载排水量 | 265吨 |
| 全长 | 47米 |
| 全宽 | 8米 |
| 吃水 | 2.1米 |
| 最高航速 | 36节 |
| 续航距离 | 1 600海里 |
| 舰员 | 42人 |

# 意大利"勒里希"级扫雷舰

"勒里希"级扫雷舰是意大利于 20 世纪 80 年代建造的扫雷舰。

## 性能解析

　　"勒里希"级和"吉埃塔"级扫雷舰都具有较强的猎扫雷能力，每艘舰都配有 1 套 MIN 系统遥控灭雷具、1 套"冥王星"系统灭雷具和 Oropesa Mk4 机械扫雷具。每套灭雷具上都带有专用高分辨率声呐、电视摄像机、炸药包和爆炸割刀。

　　"吉埃塔"级比"勒里希"级的排水量和续航距离都更大一些，并装备了更先进的猎雷设备。

| 基本参数 | |
|---|---|
| 服役时间 | 1992 年至今 |
| 同级数量 | 12 艘 |
| 满载排水量 | 620 吨 |
| 全长 | 50 米 |
| 全宽 | 9.9 米 |
| 吃水 | 2.6 米 |
| 最高航速 | 14 节 |
| 续航距离 | 1 500 海里 |
| 乘员 | 47 人 |

# 加拿大“金斯顿”级扫雷舰

“金斯顿”级扫雷舰是加拿大研制的一款多用途扫雷舰。

## 性能解析

　　“金斯顿”级扫雷舰装有 1 座博福斯 40 毫米舰炮，2 挺 12.7 毫米机枪。该级舰的扫雷设备包括加拿大英德尔技术公司的 SLQ-38 “奥罗柏萨”扫雷装置（单部或双联装）、AN/SQS-511 航线测量系统、水雷勘察系统、ISE TB 25 遥控式海底勘察装置等。

| 基本参数 | |
|---|---|
| 服役时间 | 1996 年至今 |
| 同级数量 | 12 艘 |
| 满载排水量 | 962 吨 |
| 全长 | 55.3 米 |
| 全宽 | 11.3 米 |
| 吃水 | 3.4 米 |
| 最高航速 | 15 节 |
| 续航距离 | 5 000 海里 |
| 乘员 | 47 人 |

# 挪威"盾牌"级快艇

"盾牌"级快艇是挪威研制的一款隐形导弹快艇。

## 性能解析

"盾牌"级导弹快艇采用划时代的半气垫船、半双体船设计，速度可以达到惊人的 60 节。而且吃水仅 1 米，不但适合沿岸作业，还能避过一些大型水雷。船上大范围直接采用雷达吸收材料和斜角反射设计。舱门和导弹发射口都是内置于船身，连窗户都是紧密无边角镶嵌，可以完全反射雷达波。

## 舰船特点

"盾牌"级船体在能提供抗冲击性和减少波浪阻

| 基本参数 | |
|---|---|
| 服役时间 | 1999 年至今 |
| 同级数量 | 6 艘 |
| 满载排水量 | 274 吨 |
| 全长 | 47.5 米 |
| 全宽 | 13.5 米 |
| 吃水 | 1 米 |
| 最高航速 | 60 节 |
| 续航距离 | 800 海里 |
| 乘员 | 16 人 |

力。空气垫作用下升高的船体能减少磁性部件的磁场特征，结合双体气垫结构船体线形和喷水式推进装置提供非常高的可操作性。

# 以色列"萨尔4.5"级导弹艇

"萨尔4.5"级导弹艇是以色列海法造船厂建造的导弹艇,一共建造了10艘。

## 性能解析

  "萨尔4.5"级导弹艇的综合作战能力强,可执行多种战斗任务,包括超视距目标指示、攻潜、搜潜、电子战、搜索救援等。该级艇的导弹攻击能力强,艇上装备的2座四联装"鱼叉"反舰导弹,其射程达到130千米,为"加百列Ⅱ"型导弹射程的3倍以上。该级艇还具有较强的防空能力,艇上装备垂直发射的舰对空导弹和"密集阵"近程防御武器系统,它们与76毫米及20毫米舰炮,构成多层次的对空防御系统。

| 基本参数 | |
| --- | --- |
| 服役时间 | 1980 年至今 |
| 同级数量 | 10 艘 |
| 满载排水量 | 498 吨 |
| 全长 | 61.7 米 |
| 全宽 | 7.6 米 |
| 吃水 | 2.8 米 |
| 最高航速 | 33 节 |
| 续航距离 | 4 800 海里 |
| 舰员 | 53 人 |

## 舰船特点

  "萨尔4.5"级导弹艇的干舷设计采用特殊外形、专门装置和雷达波吸收材料以降低它的雷达信号特征,并采用特殊的涂层以降低红外信号特征。艇体前部的横剖面为外张的V形,艇体具有尖锐的底部升高部,尾部为小半径圆舷,具有良好的横摇阻尼性能和方向稳定性。

# 芬兰"哈米纳"级导弹艇

"哈米纳"级导弹艇是芬兰海军装备的快速导弹艇。

## 性能解析

"哈米纳"级导弹艇的设计更多地强调火力而不是舰艇的大小,其舰载武器的种类较全。"哈米纳"级导弹艇的主要武器包括:4座RBS–15 Mk 2反舰导弹发射装置,该导弹为主动雷达寻的制导,射程150千米;8座"长矛"舰对空导弹发射装置;1门博福斯57毫米舰炮;2挺12.7毫米NSV机枪;1座深水炸弹发射架。

## 舰船特点

"哈米纳"级导弹艇在设计上具有较多的优点,全艇从船体到上层结构都高度整合,力避侧面锐角,而且十分注意抑制红外信号,取得了很好的隐身效果。"哈米纳"级导弹艇拥有高大尖削的艇首,主甲板平整过渡到低矮的艇尾部

| 基本参数 | |
|---|---|
| 服役时间 | 1998 年至今 |
| 同级数量 | 4 艘 |
| 满载排水量 | 250 吨 |
| 全长 | 51 米 |
| 全宽 | 8.5 米 |
| 吃水 | 1.7 米 |
| 最高航速 | 30 节 |
| 续航距离 | 500 海里 |
| 舰员 | 26 人 |

分，中央上层建筑呈棱角状阶梯式，舰桥位于靠后位置。短小粗壮的封闭式主桅位于艇体中部。

# 埃及"拉马丹"级导弹艇

"拉马丹"级导弹艇是埃及海军购自英国的大型导弹艇,又名"斋月"级导弹艇。

### 性能解析

"拉马丹"级导弹艇装有4座"奥托玛特"Mk 2型反舰导弹发射装置,需要时还可以加装便携式SA-N-5型防空导弹发射装置。除导弹外,"拉马丹"级导弹艇还装有1门奥托·梅莱拉76毫米紧凑型舰炮和1座双联装布雷达40毫米舰炮。另外,还有4部固定式诱饵发射装置。

### 舰船特点

"拉马丹"级导弹艇的前甲板非常短小,76毫米舰炮安装在A位置。主上层建筑位于艇体中部靠前,大型金字塔式主桅位于上层建筑后缘,后缘顶部装有柱式桅杆。小型后上层建筑顶部装有短小的封闭式桅杆和整流罩。"奥托玛特"反舰导弹发射装置位于上层建筑之间,前两座偏左舷,后两座偏右舷。各发射装置均倾斜朝向艇首。40毫米舰炮位于Y位置。

| 基本参数 | |
| --- | --- |
| 服役时间 | 1981 年至今 |
| 同级数量 | 6 艘 |
| 满载排水量 | 317 吨 |
| 全长 | 52 米 |
| 全宽 | 7.6 米 |
| 吃水 | 2 米 |
| 最高航速 | 35 节 |
| 续航距离 | 1 390 海里 |
| 舰员 | 31 人 |

日本"初岛"级扫雷舰

"初岛"级扫雷舰是日本建造的扫雷舰。

## 性能解析

　　"初岛"级扫雷舰除采用普通的双桨双舵外，未采用任何提高操纵性的措施，操纵性可能相对较差，无法实现动力定位。"初岛"级扫雷舰配有1部ZQS-2B或ZQS-3高频舰壳猎雷声呐（从"宇和岛"号起换装），1套S-4（"初岛"级）或1套S-7遥控灭雷具（"宇和岛"级）和1套扫雷具。装备富士通公司OPS-9对海搜索雷达，或OPS-39对海搜索雷达（从"宇和岛"级第3艘"月岛"号起换装）。自卫武器为1座"海火神"JM-61三管20毫米火炮。

| 基本参数 | |
|---|---|
| 服役时间 | 1979年至今 |
| 同级数量 | 31 艘 |
| 满载排水量 | 590 吨 |
| 全长 | 55 米 |
| 全宽 | 9.4 米 |
| 吃水 | 2.5 米 |
| 最高航速 | 14 节 |
| 乘员 | 45 人 |

## 舰船特点

　　"初岛"级扫雷舰是日本建造的木壳扫雷舰，是兼有猎扫雷双任务的反水雷舰艇，主要在近海和中等深度海域执行扫除锚雷、音响雷、磁性水雷及各种复合式水雷的任务。

# 日本"管岛"级扫雷舰

"管岛"级扫雷舰是日立重工公司为日本海上自卫队制造的轻型扫雷舰。

## 性能解析

"管岛"级扫雷舰的舰壳与"宇和岛"级扫雷舰相似，但上层甲板有所延长，以容纳更多装备。该级舰的电子设备主要有 OPDS-39B 型对海搜索雷达、马可尼 GEC 2093 型变深声呐系统。武器装备则以 1 门"海火神"JM-61 三管 20 毫米炮为主。

## 舰船特点

"管岛"级的改进型 16MSC 将配备 S-10 水下自航式灭雷具。S-10 灭雷具除具备处理水雷的功能外，还兼具"活动"的可变声呐的水雷搜索功能，能够自行发现目标、接近目标、识别和处理目标，不仅提高了探测和识别目标的精度，而且使扫雷舰艇所面临的威胁明显减少，能够有效地排除很多种类的水雷。

| 基本参数 | |
| --- | --- |
| 服役时间 | 1999 年至今 |
| 同级数量 | 10 艘 |
| 满载排水量 | 510 吨 |
| 全长 | 54 米 |
| 全宽 | 9.4 米 |
| 吃水 | 2.5 米 |
| 最高航速 | 14 节 |
| 乘员 | 45 人 |

# Chapter 09

# 辅助战斗舰艇

　　辅助战斗舰艇是执行辅助战斗任务的舰艇，又称勤务舰艇，主要用于战斗保障、技术保障和后勤保障，包括：侦察船、海道测量船、运输舰、补给舰、训练舰、防险救生船、医疗船、工程船、海洋调查船、试验船、维修供应舰、消磁船、破冰船、布设舰船、基地勤务船等。

# 美国"威奇塔"级补给舰

"威奇塔"级补给舰是美国于 20 世纪 60 年代后期建造的综合补给舰。

## 性能解析

"威奇塔"级综合补给舰主要用于向航母战斗编队或舰船供应正常执勤所需的燃油、航空燃油、弹药、食品、备件等各种补给品。该级舰满载排水量超过 4 万吨，采用蒸汽动力，总功率为 23 536 千瓦，最高航速为 20 节，是世界上补给能力最强的远洋综合补给舰之一。与其他国家海军的做法不同，"威奇塔"级舰艇还拥有较强大的防御火力。

| 基本参数 | |
|---|---|
| 服役时间 | 1969—1995 年 |
| 同级数量 | 7 艘 |
| 满载排水量 | 40 151 吨 |
| 全长 | 201 米 |
| 全宽 | 29 米 |
| 吃水 | 10.6 米 |
| 最高航速 | 20 节 |

## 舰船特点

为加强舰队航行补给能力，20 世纪 80 年代初美国开始研制一级新综合补给船，这是美国海军自 1976 年完成"威奇塔"级最后一艘"罗诺基"号以来首次建造综合补给船。

# 美国"萨克拉门托"级支援舰

"萨克拉门托"级支援艇是美国于 20 世纪 60 年代建造的快速战斗支援舰。

## 性能解析

　　"萨克拉门托"级支援艇的上层建筑分设在船前、后两部分，驾驶室、军官住舱、医院设在前部上层建筑内，士兵住舱、火控室、机库等设在后部上层建筑内。前、后上层建筑之间是补给作业区，尾部有直升机平台。船上可载 3 架 UH-46"海上骑士"直升机，通常配备 2 架 UH-46E"海上骑士"直升机用于垂直补给。

| 基本参数 | |
| --- | --- |
| 服役时间 | 1964—2005 年 |
| 同级数量 | 4 艘 |
| 满载排水量 | 53 000 吨 |
| 全长 | 242.3 米 |
| 全宽 | 32.6 米 |
| 吃水 | 11.9 米 |
| 最高航速 | 26 节 |
| 乘员 | 600 人 |

## 舰船特点

　　"萨克拉门托"级支援舰的主要使命是伴随航空母舰特混舰队一起活动，对编队舰艇提供燃油、弹药、粮食、备品等各种消耗品的航行补给，使舰队能够长时间远离基地坚持在海上活动，随时执行任何指定任务。这就是世界首级综合补给舰，迄今它仍是世界最大、航速最快的综合补给舰。

# 美国"供应"级支援舰

"供应"级支援舰是"萨克拉门托"级快速战斗支援舰的接替者。

## 性能解析

　　"供应"级支援舰最大的特点是其与作战舰艇基本相当的高速航行能力，其采用 4 台 LM2500 燃气轮机，总功率达到 73 550 千瓦。所以"供应"级支援舰不对航母战斗群的战术机动速度造成影响。

　　"供应"级支援舰可以装载超过 7 000 吨船用燃油、约 9 000 吨航空燃油、200 吨润滑油、1 829 吨弹药、406 吨冷藏食品、90 吨淡水，另外还有 9 000 立方米空间根据情况装置船用燃油或航空燃油。这样，总货物装载量可达 26 000 吨。与"威奇塔"级补给舰相同，"供应"级支援舰也拥有较强的防御火力。

| 基本参数 | |
| --- | --- |
| 服役时间 | 1994 年至今 |
| 同级数量 | 4 艘 |
| 满载排水量 | 48 800 吨 |
| 全长 | 229.7 米 |
| 全宽 | 32.6 米 |
| 吃水 | 11.6 米 |
| 最高航速 | 25 节 |
| 续航距离 | 6 000 海里 |

## 舰船特点

　　"供应"级支援舰排水量比"萨克拉门托"级支援舰稍小，除配备防御性自卫武器外，还配置多种电子探测设备，以防敌方的空中袭击。另外，"供应"级支援舰对动力装置也进行了精心研究，设置了多个补给站可同时进行干、液货补给。

# 美国"观察岛"号观测船

"观察岛"号是美国海军军事海运司令部战略系统部下辖的导弹观测船。

## 性能解析

"观察岛"号观测船的核心系统就是高性能侦察雷达系统，用于搜索、探测和跟踪弹道导弹。该系统主要包括AN/ SPQ-11"眼镜蛇·朱迪"舰载S波段相控阵远距离探测雷达和X波段高分辨率跟踪雷达。

其中"眼镜蛇·朱迪"雷达由"宙斯盾"系统中的AN/ SPY-1雷达演变而来，工作频率为2900~3100MHz，可以实现360°全方位搜索和探测，具备发射、接收和测距等功能，而且探测距离受天气影响较小。该雷达主要用于对远距离高空目标，特别是对仍处于助推阶段的中远程洲际弹道导弹的探测。

| 基本参数 | |
| --- | --- |
| 服役时间 | 1953 年至今 |
| 同级数量 | 1 艘 |
| 满载排水量 | 17 015 吨 |
| 全长 | 171.6 米 |
| 全宽 | 23.2 米 |
| 吃水 | 7.6 米 |
| 最高航速 | 20 节 |
| 续航距离 | 17 000 海里 |
| 乘员 | 125 人 |

## 舰船特点

"观察岛"号是美国军事海运司令部属下两艘弹道导弹观测舰之一。"观察岛"号导弹观测船是美国专为测量弹道导弹试验服务的。该船隶属于第七舰队。船上安装有相控阵雷达、导航雷达和其他先进测量系统，曾先后跟踪和测量过潜艇发射的弹道导弹，并能收集国外弹道导弹的试验数据，具有较强的跟踪和测量能力。

# 美国"仁慈"级医疗船

"仁慈"级医疗船是美国于 20 世纪 70 年代建造的医疗船。

## 性能解析

　　"仁慈"级医疗船的医疗设施先进而齐全，设有接收分类区、手术区、观察室、病房、放射科、化验室、药房、医务保障等区域，并有血库、牙医室、理疗中心等。舰上总共有病床 1 000 张。船上配备医务人员 1 207 名，其中高级医官 9 名。

　　此外还有船务人员 68 名。平时，船上只留少数人员值勤，一旦接到命令，5 天内就可完成医疗设备的配置和检修，并装载所需物资和 15 天的给养，同时配齐各级医护人员。"仁慈"级的生活设施齐全，设有洗衣房、健身房、理发室、图书馆和酒吧等。

| 基本参数 ||
| --- | --- |
| 服役时间 | 1986 年至今 |
| 同级数量 | 2 艘 |
| 满载排水量 | 69 360 吨 |
| 全长 | 272.5 米 |
| 全宽 | 32.18 米 |
| 吃水 | 10 米 |
| 最高航速 | 17.5 节 |
| 续航距离 | 13 420 海里 |
| 乘员 | 1 275 人 |

## 舰船特点

　　"仁慈"级医疗船在战时为美军作战部队提供机动医疗保障，尤其适宜战时为两栖特混部队、海军陆战队、快速反应部队以及陆、空军部队提供应急医疗支援和收治各类伤病员；平时也可以为意外灾难提供医疗救护，还可在世界范围内实施医疗救援。

# 美国"北极星"号破冰船

"北极星"号 (WAGB-10) 是美国海岸警卫队装备的唯一一艘重型破冰船。

## 性能解析

"北极星"号装有 3 台主燃气轮机,船头呈半球形,且集中了大量的重量,航行过程中利用燃气轮机产生的速度和自身重量冲击并粉碎冰层,进而开辟航道。船上还设置了健身房和电影院,来帮助船员在长达 6 个月的远洋航行中得到充分放松。

## 舰船特点

"北极星"号的主要任务是打破一个通道,通过通道给在罗斯海的麦克默多站提供食物、燃料和其他货物,使之度过一个冬天。除此之外,"北极星"号也作为一个科学实验室和 20 个科学家的住宿研究平台。

| 基本参数 | |
|---|---|
| 服役时间 | 1976 年至今 |
| 同级数量 | 1 艘 |
| 满载排水量 | 13 623 吨 |
| 全长 | 122 米 |
| 全宽 | 25.5 米 |
| 吃水 | 9.4 米 |
| 最高航速 | 18 节 |
| 续航距离 | 16 000 海里 |
| 乘员 | 187 人 |

# 俄罗斯"别烈津河"级补给舰

"别烈津河"级补给舰是俄罗斯海军目前最大的一级综合补给舰。

## 性能解析

　　"别烈津河"级补给舰的上层建筑分设在前、后两部分。中部设补给装置，后部上层建筑的末端是直升机机库，带 2 架卡 –25C 型直升机，直升机可承担反潜和垂直补给任务。

　　机库后面是直升机平台。补给装置设在中部，有 3 个补给门架，共有 6 个横向补给站，前、后门架 4 个补给站用于干货补给，中间门架 2 个补给站用于液货补给。"别烈津河"级补给舰的武器装备较强，是俄罗斯第一艘装备舰对空导弹发射装置的补给舰，也是唯一装备六管 RBUI000 反潜火箭发射装置的辅助战斗舰艇。

| 基本参数 | |
| --- | --- |
| 服役时间 | 1977 年至今 |
| 同级数量 | 1 艘 |
| 满载排水量 | 36 000 吨 |
| 全长 | 212 米 |
| 全宽 | 26 米 |
| 吃水 | 12 米 |
| 最高航速 | 22 节 |
| 续航距离 | 15 000 海里 |

## 舰船特点

　　"别烈津河"级综合补给舰主要用于伴随"基辅"级直升机航空母舰编队进行远洋活动。该船的尾部还有较老式的纵向加油装置，可通过软管给舰艇加油。船尾部有直升机平台和机库，可搭载 2 架卡 –25 直升机。

俄罗斯"鲍里斯·奇利金"级油船

"鲍里斯·奇利金"级油船是苏联于20世纪70年代建造的舰队油船。

### 性能解析

　　"鲍里斯·奇利金"级舰队油船不是专门建造的军用舰艇，而是由民用油船改装而来的，加上服役时间已达半个世纪，其性能已跟不上俄罗斯海军的补给需要，但由于经费限制，该级舰将继续服役。

| 基本参数 | |
| --- | --- |
| 服役时间 | 1971年至今 |
| 同级数量 | 6艘 |
| 满载排水量 | 22 460吨 |
| 全长 | 162.5米 |
| 全宽 | 21.51米 |
| 吃水 | 9.04米 |
| 最高航速 | 16节 |
| 乘员 | 93人 |

# 英国"维多利亚堡"级补给舰

"维多利亚堡"级补给舰是英国海军的第一级综合补给舰。

## 性能解析

"维多利亚堡"级综合补给舰装有4座两用海上补给门架，可同时进行干、液货补给；船上共可装载12 505吨液货和6 234吨干货。船上还有可停放3架直升机的机库和2架直升机的起降平台，必要时可供"海鹞"垂直/短距起降飞机紧急降落。

## 舰船特点

"维多利亚堡"级综合补给舰是英国海军首级综合补给舰，舰上有完备的航空设施，可以为舰队提供直升机支援。舰上有充裕的居住舱室，可供在编人员和搭载航空空勤人员使用。除执行海上补给和直升机维修服务外，"维多利亚堡"级还具有执行自然灾害救援、防御布雷和提供基地后勤支援等多种任务的能力。在支援部队登陆方面还可用于输送登陆部队、运输供应物资和支援沿海作战，并设有"海鹞"应急着舰设施。

| 基本参数 | |
| --- | --- |
| 服役时间 | 1993年至今 |
| 同级数量 | 2艘 |
| 满载排水量 | 32 300吨 |
| 全长 | 203米 |
| 全宽 | 30米 |
| 吃水 | 10米 |
| 最高航速 | 20节 |
| 乘员 | 265人 |

# 法国"迪朗斯河"级补给舰

"迪朗斯河"级补给舰是法国于 20 世纪 70 年代建造的综合补给舰。

## 性能解析

　　"迪朗斯河"级补给舰采用球鼻首、方尾，有舰首楼、桥楼，补给装置在中部，尾部有直升机平台和机库，带 1 架"大山猫"直升机。弹药存放在 3 个中间舱内，配置 1 部升降机用于弹药运输。其他干货存放在舷边 6 个舱室，其中 4 个是冷藏货舱，有 2 部升降机用作货物运输。干货装在货盘内用叉车运输。考虑船的多用性，除执行航行补给外还要求每艘船能搭载 75 名突击队员，备有突击队员居住舱室，以供快速展开部队突击队员使用。

| 基本参数 | |
|---|---|
| 服役时间 | 1976 年至今 |
| 同级数量 | 5 艘 |
| 满载排水量 | 17 800 吨 |
| 全长 | 157.2 米 |
| 全宽 | 21.2 米 |
| 吃水 | 10.8 米 |
| 最高航速 | 19 节 |
| 续航距离 | 9 000 海里 |
| 乘员 | 160 人 |

## 舰船特点

　　"迪朗斯河"级补给舰的主要使命是为海军特混舰队进行航行补给，向舰艇提供燃油、航空油、弹药、食品和备件。舰上装备了"锡拉库斯"卫星通信系统，可提供对地球任一位置的即时通信，以满足海上指挥控制的需要。此级舰具有一定的出口潜力。

# 德国"柏林"级综合补给舰

"柏林"级综合补给舰是德国于 20 世纪 90 年代末设计建造的综合补给舰。

## 性能解析

　　"柏林"级综合补给舰的自卫武器为 4 门 MLG-27 型 27 毫米毛瑟舰炮和 2 套便携式"毒刺"防空导弹发射装置,并可搭载 2 架"海王"直升机或 NH90 直升机。"柏林"级综合补给舰可进行淡水、食品、燃料以及武器弹药等物资补给,舰上可运载 9 450 吨燃油、160 吨弹药等多种补给物资。同时,该级舰还可搭载集装箱化的医疗器材,参加维和行动等任务。

| 基本参数 | |
|---|---|
| 服役时间 | 2001 年至今 |
| 同级数量 | 5 艘以上 |
| 满载排水量 | 20 240 吨 |
| 全长 | 173.7 米 |
| 全宽 | 24 米 |
| 吃水 | 7.6 米 |
| 最高航速 | 20 节 |
| 续航距离 | 16 000 海里 |
| 舰员 | 139 人 |

## 舰船特点

　　"柏林"级综合补给舰是德国海军现役舰艇中吨位较大的一种,其上层建筑位于舰体后方,烟囱和桅杆等设施均在上层建筑顶部。上层建筑后方有直升机平台。补给装置位于舰体前方,有一座补给门架,门架前后各有一座集装箱用大型吊车。

# 智利"埃斯梅拉达"号风帆训练舰

"埃斯梅拉达"号是世界现役风帆训练舰中最大的一艘。

## 性能解析

　　"埃斯梅拉达"号为钢质4桅"巴肯廷"船形。舰上有4根高达48.5米的桅杆,可悬挂29面巨帆,帆面积为2 500平方米。动力装置为1台柴油机,功率1 029千瓦,单轴推进。舰员271人,可搭载80名学员。

## 舰船特点

　　"埃斯梅拉达"号四桅风帆训练舰是目前世界上最大的风帆训练舰。由西班牙仿造该国海军"胡安·塞巴斯蒂安·德·埃尔卡诺"号风帆训练舰建成。

| 基本参数 | |
|---|---|
| 服役时间 | 1954年至今 |
| 同级数量 | 1艘 |
| 满载排水量 | 3 754吨 |
| 全长 | 109.8米 |
| 全宽 | 13.1米 |
| 吃水 | 7米 |
| 最高航速 | 11节 |
| 续航距离 | 8 000海里 |
| 乘员 | 271人 |

日本"摩周"级补给舰

"摩周"级快速补给舰是日本海上自卫队最重要的海上补给力量。

### 性能解析

　　"摩周"级补给舰采用了长首楼、平甲板、方尾设计，舰体丰满，水线以上部分明显外飘，并有明显的折角线，舰体最宽处到舰尾末端等宽。这种设计不仅增加了内部空间和甲板面积，同时也有利于舰上设备的布置。舰首部首次采用了球鼻首，不仅可以提供更大的浮力，而且有利于减小舰首的兴波阻力，提高推进效率、纵向稳定性和航速。

### 舰船特点

| 基本参数 | |
| --- | --- |
| 服役时间 | 2004 年至今 |
| 同级数量 | 2 艘 |
| 满载排水量 | 30 000 吨 |
| 全长 | 221 米 |
| 全宽 | 27 米 |
| 吃水 | 11.6 米 |
| 最高航速 | 24 节 |
| 续航距离 | 10 000 海里 |

　　"摩周"级补给舰的设计更偏向与美军协同的海外联合任务，所以不仅排水量与储油量更大，而且拥有更好的乘员适居性，在更长的海上作业期间能保持人员的士气与能力。"摩周"级补给舰舰内也设有十分完善的医疗设施，包括手术室、X光室、牙科治疗室、集中治疗室以及病房等，最多能安置100名伤员接受治疗。

韩国"天地"级补给舰

"天地"级补给舰是韩国于 20 世纪 80 年代建造的综合补给舰。

### 性能解析

　　"天地"级补给舰是韩国现有的大型综合补给舰，具有现代化支持舰必备的航行间补给装置，能在舰队航行时迅速地为舰艇补给燃料、干货与弹药。该级舰可装载液态物资 4 200 吨、其他物品 450 吨。"天地"级补给舰还装有 2 门 BREDA L70 40 毫米自动舰炮，2 门 Varukan 20 毫米舰炮。

### 舰船特点

　　"天地"级补给舰的基本设计衍生自韩国在

| 基本参数 | |
|---|---|
| 服役时间 | 1992 年至今 |
| 同级数量 | 3 艘 |
| 满载排水量 | 9 200 吨 |
| 全长 | 136 米 |
| 全宽 | 18.2 米 |
| 吃水 | 6 米 |
| 最高航速 | 20 节 |
| 续航距离 | 4 500 海里 |
| 乘员 | 130 人 |

20 世纪 80 年代为新西兰海军建造的"坚忍"号补给舰，现代重工也以此系列补给舰设计为基础，在国际市场上推出油弹补给舰、物资补给舰或燃油补给舰。

# 参 考 文 献

[1] 于向昕. 航空母舰 [M]. 北京：海洋出版社，2010.

[2] 查恩特. 现代巡洋舰驱逐舰和护卫舰 [M]. 北京：中国市场出版社，2010.

[3] 陈艳. 潜艇——青少年必知的武器系列 [M]. 北京：北京工业大学出版社，2013.

[4] 哈钦森. 简氏军舰识别指南 [M]. 北京：希望出版社，2003.

# 世界武器鉴赏系列

现代舰船 鉴赏指南（珍藏版）第3版

现代飞机 鉴赏指南（珍藏版）第3版

现代战机 鉴赏指南（珍藏版）第3版

单兵武器 鉴赏指南（珍藏版）第3版

特种作战装备 鉴赏指南（珍藏版）第3版

世界名枪 鉴赏指南（珍藏版）第3版

坦克与装甲车 鉴赏（珍藏版）第3版

二战尖端武器 鉴赏指南（珍藏版）第2版

世界手枪 鉴赏指南（第2版）

早期经典战机 鉴赏指南（第2版）

美国海军武器 鉴赏指南（珍藏版）第2版

空战武器 鉴赏指南（第2版）

陆战武器 鉴赏指南（第2版）

无人装备 鉴赏指南（第2版）

特殊武器 鉴赏指南（第2版）

海战武器 鉴赏指南（第2版）